Sc. A. a. 110.

Ex Libris

PHILOSOPHIE
Congregation MORALE *Missionis*

DIVISÉE EN QVATRE
Domus S. Caroli Parties. *Parisiensis*

Par LOVIS DE LESCLACHE.
Catalogo Inscriptus

A PARIS,
Chez l'Autheur, ſur le Quay de la Megiſſerie, proche
le Pont Neuf.

M. DC. LV.
Auec Priuilege du Roy.

DE LA NATVRE,
ET DE L'VTILITE
DE LA
PHILOSOPHIE MORALE.

CHAPITRE PREMIER.

BIEN que la Nature d'vne Habitude puisse estre connuë par son Objet, mon but n'est pas d'expliquer en ce lieu celuy de la Philosophie Morale, ny d'examiner si elle doit estre mise au nombre des Sciences, ou des Arts : car puis que la Fin est la mesure des Moyens qu'il faut prendre pour y arriuer, nous ne deuons traiter en chaque Science que des choses qui peuuent nous conduire à la Fin qu'elle se propose. Cette proposition generale nous apprend, que nous ne deuons chercher dans l'étude de la Philosophie Morale, que les choses qui peuuent seruir pour la conduite de nostre vie. Il est tres-éuident que les difficultez que les Philosophes font ordinairement au commencement

A

de cette Science, dont la Solution peut estre facilement tirée des Principes de la Science Generale, ne peuuent aucunement contribuer à la moderation de nos Passions; Il faut donc suiure vne Methode plus conuenable à la Philosophie Morale, pour en découurir la Nature, & les auantages que nous en pouuons receuoir.

Comme nous pouuons connoistre la nature, & l'vtilité d'vne Science par rapport aux auantages que nous deuons attendre de celle qui la precede, nous pouuons découurir la Nature, & l'vtilité de la Philosophie Morale par rapport aux auantages que nous pouuons receuoir de la Physique.

Si la Physique est vtile à l'Homme, pour luy faire connoistre sa Nature, & son Origine, la Philosophie Morale luy est tres-necessaire, pour luy montrer ce qu'il doit faire pour arriuer à sa derniere Fin. Pour entendre cette proposition, il faut supposer que nous deuons tascher d'aquerir la derniere perfection de nostre Raison, qui consiste dans sa plus noble connoissance; & puis que la connoissance emprunte sa noblesse de l'Objet qu'elle regarde, nous deuons occuper nostre Esprit à la contemplation de Dieu. Comme nous ne pouuons arriuer à cette Fin que par certains degrez, la Physique doit considerer les choses naturelles, qui sont les Effets de Dieu, pour nous donner quelque connoissance de leur cause; & puis que l'Homme, qui est l'Abregé des merueilles de la Nature, est le plus noble des Effets de Dieu que nous puissions con-

de la Philosophie Morale.

noistre, il doit estre le principal Objet de la Physique. Cette Science nous apprend ce que nous sommes, & d'où nous tirons nostre Origine : car elle nous enseigne que l'Ame raisonnable, qui nous sepáre de la condition des autres Animaux, est Spirituelle; qu'elle ne peut estre tirée de la puissance de la Matiere par aucun Agent; qu'estant indiuisible elle ne peut estre vne partie de l'Ame de celuy qui engendre son semblable ; & qu'elle vient immediatement de Dieu.

Apres que la Science des choses naturelles nous a donné ces connoissances, celle qui regle nostre vie nous fait connoistre ce que nous deuons faire, & nous découure le But auquel nous deuons rapporter toutes nos Actions. Si nous sçauons par la Physique que nostre Ame est Spirituelle, nous connoissons par la Philosophie Morale que les Actions que nous deuons faire doiuent estre conformes à la noblesse de leur Principe. Si la Physique nous apprend que nostre Ame vient immediatement de Dieu, la Philosophie Morale nous enseigne que nous ne pouuons estre parfaitement heureux que par la contemplation de son Essence.

Pour auoir vne plus claire connoissance de l'vtilité de la Philosophie Morale par rapport aux auantages que nous receuons de la Physique, il faut sçauoir que la Physique ayant fait connoistre à l'Homme ce qu'il est, & d'où il vient, la Philosophie Morale luy montre ce qu'il doit faire, & où il doit arriuer. Nous sçauons par la Physique que l'Ame Rai-

A ij

sonnable nous fait estre ce que nous sommes, & nous connoissons en suite par la Philosophie Morale que nos Actions doiuent estre conformes à notre Nature. La Physique examinant les Actions de l'Ame Raisonnable, prouue que cette Forme est tres-excellente; & la Philosophie Morale nous doit obliger à viure d'vne maniere tres-releuée. La Physique conclud, que l'Ame Raisonnable agissant sans Organe corporel, est Spirituelle; & la Philosophie Morale asseure, que les Actions du Corps doiuent estre assujeties à son Empire. Enfin la Physique établit l'Immortalité de l'Ame Raisonnable, & la Philosophie Morale nous apprend en suite, que toutes nos Actions doiuent tendre à l'Immortalité. Puis que l'Ame Raisonnable est immortelle, nous deuons esperer la recompense de nos bonnes Actions, & craindre la punition de nos crimes; C'est pourquoy la Philosophie Morale nous découure les Vertus que nous deuons pratiquer, & les Vices que nous deuons combattre.

 Puis que la Philosophie Morale doit expliquer les choses qui sont necessaires pour nous conduire à notre derniere Fin, elle ne doit pas seulement traiter des Vertus qui doiuent leur naissance aux Actions Humaines; mais elle doit aussi discourir des qualitez que Dieu imprime dans nos Ames pour nous éleuer à la joüissance de sa Gloire. La preuue de cette verité peut estre facilement tirée d'vne proposition qui est accordée de tous les Philosophes: car ils demeurent d'accord que le But de la Philosophie Morale est de nous conduire à notre derniere Fin; & qu'elle doit traiter des Moyens que nous deuons mettre en vsage pour y arriuer. Comme les Moyens doiuent estre proportionnez à la Fin qu'ils regardent, nous deuons connoistre la Nature de nostre derniere Fin, pour juger des Moyens que nous deuons pratiquer pour en obtenir la possession. Lors que l'Homme est arriué à sa derniere Fin, ses desirs sont entierement bornez; & puis qu'ils ne peuuent estre entierement bornez que par la jouïssance d'vn Bien vniuersel, il est tres-éuident que la parfaite Felicité de l'Homme consiste dans la Possession de Dieu. Comme il ne peut meriter la Iouïssance de Dieu par les Actions des Vertus qu'il peut aquerir, il doit attendre cét auantage des Vertus Surnaturelles; & d'autant que les Vertus dépendent de quelque Lumiere, la Morale Chrestienne ne doit pas contenir seulement les Preceptes qui peuuent estre tirez de la Lumiere naturelle, mais elle doit aussi estre composée de ceux qui sont fondez sur la Lumiere de la Grace, pour apprendre à l'Homme ce qu'il doit faire en tant qu'il est Homme, & en tant qu'il est vne partie d'vne Famille, ou d'vne Republique.

L'vtilité de la Morale Chrestienne peut estre plus clairement connuë par les choses dont elle doit estre composée.

DES CHOSES QVI DOIVENT entrer dans la composition de la Philosophie Morale.

CHAPITRE II.

COMME la Grace ne détruit pas la Nature, nous pouuons suiure les Preceptes qui sont fondez sur la Lumiere naturelle, pour conduire nos Actions; mais puis que nous ne pouuons arriuer à nostre derniere Fin par l'effort de notre Nature, nous deuons joindre les Lumieres de Saint Paul à celles d'Aristote, pour composer vne Science qui puisse regler parfaitement la vie Humaine. Ie feray connoistre en ce Chapitre par huit propositions, le Dessein que j'ay dans l'Explication de cette Science, pour en découurir l'vtilité.

1. Puis que la Lumiere que nous auons de la Nature doit estre la Regle prochaine de nos Actions, nous deuons suiure les Preceptes d'Aristote: car il a parlé des bonnes Mœurs plus parfaitement, que tous les Philosophes qui l'ont precedé, & les plus belles conclusions de ceux qui l'ont suiuy, sont fondées sur la verité de ses Principes.

2. Ie ne me contenteray pas de prendre les choses qui sont dans tous les Liures de la Morale d'Aristote; mais ie tireray de ses Problemes, de sa

de la Philosophie Morale.

Rhetorique, de sa Politique, & de ses autres Ouurages, celles qui peuuent seruir pour regler notre Vie ; me proposant de recüeillir tous les beaux Sentimens de ce grand Philosophe, pour établir les premiers Fondemens de nostre conduite.

3. I'accorderay, suiuant l'ordre des choses qui seront contenuës dans la Philosophie Morale, les propositions d'Aristote, qui paroissent opposées les vnes aux autres : comme apres auoir montré en plusieurs Chapitres de sa Morale, que celuy qui veut estre recommandable par sa Vertu, doit faire de belles Actions, à cause de l'Honnesteté, & non pour la consideration des Hommes, il semble qu'il se contredit, lors qu'il asseure au septiéme Chapitre du quatriéme Liure, que le Magnanime doit desirer l'Honneur.

Il est facile d'accorder ces propositions : car quand Aristote dit que le Magnanime desire l'Honneur, il ne veut pas soûtenir que celuy qui est Genereux prend pour Fin l'Estime des Hommes : mais il veut dire seulement qu'il se propose de faire des Actions éclatantes qui meritent l'Honneur, & la Gloire.

Pour montrer que cette pensée est conforme à celle d'Aristote, il faut supposer qu'il distingue le Desir du Choix, en ce que le Desir regarde la Fin, & que le Choix regarde les Moyens qui peuuent seruir pour y arriuer. Cette distinction nous fait connoistre, que le Magnanime desirant l'Honneur, tend à sa Fin. Comme la Fin d'vne bonne Habitude consiste dans l'Action qui en dépend, la Fin de la Generosité, qui est l'ornement des autres Vertus Morales, consiste dans vne Action éclatante. Ces Veritez qu'Aristote nous enseigne en plusieurs endroits de ses Ouurages, prouuent tres-clairement que le Magnanime desirant l'Honneur, se propose de faire des Actions tres-releuées. Ceux qui ont leu le neufiéme Chapitre du quatriéme Liure de sa Morale, sçauent qu'il oppose la Magnanimité à l'Ambition. Le Magnanime & l'Ambitieux veulent faire de belles Actions, & desirent l'Honneur; mais l'Ambitieux ne veut faire des Actions extraordinaires, que pour estre estimé des Hommes; & le Magnanime s'y porte, pource qu'il veut suiure la Lumiere de sa Raison. On peut dire qu'il desire l'Honneur comme celuy qui blanchit deux Murailles les fait semblables : car comme la ressemblance de deux Murailles est vne suite de leur Blancheur, ou de quelqu'autre Qualité, l'Estime est vne recompense Proportionnée à la Vertu.

Pour découurir plus clairement la Difference qui se rencontre entre l'Ambitieux, & le Magnanime, il faut distinguer deux Desirs qui se forment dans l'Ame de l'Ambitieux; l'vn par lequel il tend aux choses releuées, & l'autre par lequel il cherche l'approbation des Hommes: mais le Magnanime tend aux choses releuées & à l'Honneur par vn mesme Desir, de la mesme façon qu'vn Ouurier blanchit deux Murailles, & les rend semblables par vne mesme Action: C'est pourquoy nous deuons asseurer

qu'il

de la Philosophie Morale.

qu'il ne defire l'Honneur que par Accident, en tant qu'il fe porte aux chofes qui doiuent eftre eftimées, comme celuy qui s'oppofe à la violence de fes Paffions pour aquerir la Vertu, cherche par Accident le Plaifir, en tant qu'il eft infeparable de la Vertu qu'il pourfuit.

Il eft vray que le Magnanime peut defirer que fa Vertu foit connuë; mais il ne permet que ce Defir fe forme en fon Ame que pour obliger les autres à l'imiter; d'où vient qu'Ariftote dit au huictiéme Chapitre du quatriéme Liure de fa Morale, qu'il prefere la Verité à l'Opinion des Hommes, c'eft à dire qu'il s'atache à la Verité, à caufe d'elle-mefme; & qu'il ne cherche l'Opinion des Hommes que pour la Verité. Il veut faire des Actions éclatantes, à caufe qu'il cherche vne grande perfection; mais il ne defire de les faire pareftre que pour inciter les autres à la pratique de la Vertu.

4. Comme les plus belles conclufions que Saint Thomas établit dans fa Theologie, font ordinairement tirées des Principes qu'il emprunte d'Ariftote, il eft tres-important de montrer que les Regles que ce Philofophe Payen nous a prefcrites pour la conduite de noftre Vie, ne font pas oppofées aux Preceptes de la Religion Chreftienne : C'eft pourquoy ie tacheray d'accorder, fuiuant l'Ordre de la Philofophie Morale, plufieurs propofitions d'Ariftote auec les Veritez de d'Euangile; comme le fentiment de ce Philofophe, qui foûtient au huictiéme Chapitre du quatriéme

Liure de sa Morale, que celuy qui est Genereux doit haïr ouuertement ses Ennemis, n'est pas opposé au Precepte de Saint Mathieu, qui nous prescrit de les aymer.

Pour accorder ces deux propositions, il faut sçauoir ce que nous deuons faire, pour obeïr au Precepte de l'Euangile, qui nous oblige d'aymer nos Ennemis ; & pour en auoir la connoissance, nous deuons établir les Conditions de la Veritable Amitié, qui est fondée sur la Vertu.

La veritable Amitié a principalement six Conditions : car celuy qui ayme parfaitement quelqu'vn, a la Volonté de luy faire du Bien. Il louë ses Actions, pour obliger les autres à luy procurer quelque auantage. La loüange qu'il donne aux Actions de son Amy est vne suite de l'estime qu'il fait de son Merite. L'estime qu'il fait de sa Vertu l'incite à l'imiter, & à suiure ses sentimens. Enfin il luy fait du Bien.

Puis que la Sainte Ecriture commande à ceux qu'elle conduit à la derniere perfection de la Vertu d'aymer leurs Ennemis, il est tres-certain qu'elle leur commande d'aymer ceux qui sont coupables de quelque Vice ; mais peut-on aymer parfaitement ceux qui sont déreglez dans leurs Actions ? puis que la parfaite Amitié est fondée sur la Vertu.

Pour répondre à cette difficulté, il faut dire que nous ne deuons pas pratiquer toutes les Conditions de l'Amitié à l'égard de nos Ennemis, pour suiure le Precepte que l'Euangile nous donne sur ce sujet. Il est tres-éuident que nous ne deuons pas loüer leurs Actions: car si nous loüons ceux que nous n'estimons pas, nous trahissons nos sentimens, & les loüanges que nous leur donnons sont des effets de la Complaisance, ou de la Flaterie.

Nous ne deuons pas estimer nos Ennemis pour obeïr au Precepte de Saint Mathieu: car puis que l'Estime suppose le Merite, celuy qui estime ceux dont la Vie est déreglée, n'obserue point d'ordre dans ses Actions; & comme il s'éloigne des Regles de la Sagesse, il doit estre condamné de Folie.

On voit tres-clairement que la Sainte Ecriture nous commandant d'aymer nos Ennemis, ne nous commande pas de les imiter, ny de suiure leurs Sentimens: car nous ne deuons imiter que les Actions de ceux qui sont recommandables par leur Vertu; & il est tres-dangereux de suiure les Sentimens de ceux qui sont déprauez par la violence de leurs Passions. Il faut donc conclure que Saint Mathieu, nous commande seulement de pratiquer, à l'égard de nos Ennemis, la premiere & la derniere Condition de l'Amitié; c'est à dire qu'il nous oblige d'auoir la Volonté de leur faire du Bien, & de leur procurer quelque auantage, lors qu'ils en ont absolument besoin. Ce Precepte est tres-vtile, pource que nous sommes grandement disposez à nuire à nos Ennemis, & nos Ennemis sont en grand peril de receuoir quelque injure.

Nous sommes disposez à nuire à nos Ennemis:

B ij

car puis que nous ne voulons rien perdre, celuy qui nous rauit le Bien qui nous appartient, fait naistre la Douleur dans notre Ame, la Douleur y produit la Colere, & l'Excez de cette Passion nous porte à la Vengeance.

Nos Ennemis sont en grand peril de receuoir quelque injure : car comme remarque Aristote au douziéme Chapitre du premier Liure de sa Rhetorique, celuy qui se met en état de faire du mal à quelqu'vn, est en grand peril d'en receuoir; dautant que celuy qui l'attaque se persuade facilement qu'il fait vne Action de Iustice, en punissant Celuy qui est coupable.

Ce Precepte qui s'oppose à l'Inclination que nous auons à nuire à nos Ennemis, n'est pas combatu par le Sentiment d'Aristote, lors qu'il asseure que nous les deuons haïr ouuertement : car si nous considerons le lieu auquel Aristote fait cette proposition, nous trouuerons qu'elle n'est pas opposée à la Verité de l'Euangile.

Aristote dit que le Magnanime doit haïr ouuertement ses Ennemis au huictiéme Chapitre du quatriéme Liure de sa Morale, apres auoir montré au septiéme Chapitre du mesme Liure, que celuy qui est Genereux étant digne d'vn tres-grand Honneur, doit estre tres-parfait; & qu'il doit faire quelque chose de grand en chaque Vertu. Ces propositions nous enseignent tres-clairement que la Fin du Magnanime, dans la pensée d'Aristote, est de faire des Actions Eclatantes, qui meritent l'Honneur, & la

Gloire : ſes Actions pour eſtre Eclatantes doiuent eſtre releuées au deſſus des Actions des Hommes ordinaires, qui obeïſſent à la Violence de leurs Paſſions ; Il eſt donc tres-éuident qu'il ne doit pas haïr ſes Ennemis, à cauſe qu'ils l'ont attaqué, mais pource qu'ils ſont Vicieux : car pour faire quelque choſe de grand qui puiſſe meriter vn grand Honneur, il ne doit pas haïr la perſonne de ſon Ennemy ; mais ſeulement le Vice qui le rend coupable. Haïr ſes Ennemis en cette maniere, c'eſt les haïr de la meſme façon que Dauid, qui les haïſſoit d'vne haine parfaite. La Haine, qui eſt indifferente de ſa Nature, peut eſtre bonne, ou Mauuaiſe, entant qu'elle ſuit la Raiſon, ou qu'elle s'en éloigne. Celuy qui haït la perſonne de ſon Ennemy s'éloigne de la Raiſon ; C'eſt pourquoy ſa Haine eſt imparfaite ; mais celuy qui haït le Vice de ſon Ennemy ſuit la lumiere de ſa Raiſon ; d'où vient que la haine qui ſe forme en ſon Ame eſt parfaite. Lors qu'on haït parfaitement vne choſe on la veut détruire ; Nous deuons donc aſſeurer que Dauid, qui haïſſoit ſes Ennemis d'vne haine parfaite, haïſſoit leur Vice ; & qu'il ſe mettoit en état de le combatre. Nous deuons faire le meſme Iugement du Magnanime, qui fait quelque choſe de grand en chaque Vertu : C'eſt pourquoy celuy qui haït ſes Ennemis, ſuiuant les Regles d'Ariſtote, les ayme de la façon que Saint Matthieu luy preſcrit de les aymer ; d'autant qu'il pratique, à l'égard de ſes Ennemis, la premiere & la derniere condition de l'Amitié : car puis qu'il tend à la destruction du Vice de son Ennemy, il nous apprend qu'il a la volonté de luy faire du Bien; & qu'il tasche de luy procurer vn grand auantage.

Il est vray qu'Aristote met la vengeance au nombre des choses loüables au neufiéme Chapitre du premier Liure de sa Rhetorique; mais il adjoute au mesme endroit que la Victoire est vne chose honneste; c'est pourquoy pour se bien venger de son Ennemy, suiuant le Sentiment de cét admirable Philosophe, qui n'étoit éclairé que par la Lumiere de la Nature, il faut tascher de le surpasser en Vertu: pour ce qu'il ne permet la Vengeance qu'à celuy qui veut surpasser son Ennemy, & il soûtient que les vns ne peuuent estre proprement au dessus des autres que par la Vertu: puis qu'il enseigne au premier Chapitre du cinquiéme Liure de sa Politique, que cette Qualité établit absolument l'Inegalité entre les Hommes. Celuy qui agit par Passion ne suit pas ce Precepte; dautant qu'il veut ordinairement surpasser par la grandeur du Crime celuy qui l'a offensé, comme lors qu'il veut oster la Vie à celuy qui luy a rauy les Biens de la Fortune. Il ne surpasse pas proprement son Ennemy; mais il est au dessous de luy: car puis qu'il est plus Vicieux que son Ennemy, il est plus éloigné que luy de la Vertu, qui est la veritable Regle de l'Inegalité.

5. Ie me propose d'expliquer en cét Ouurage toutes les Reflexions que j'ay faites en Public depuis vingt ans sur les beaux passages d'Aristote. Pour découurir le dessein que j'ay sur ce sujet,

de la Philosophie Morale.

ie rapporteray en ce Chapitre quelque passage de ce Philosophe, auec les meditations que j'ay faites pour en donner la connoissance.

Aristote, au second Chapitre du premier Liure de sa Politique, dit que l'Homme est le plus méchant de tous les Animaux, quand il n'obeit pas aux Loix qui sont établies dans les Republiques: pource que l'injustice armée est tres-pernicieuse; & l'Homme naist armé de la Prudence, & de la Vertu, qui luy peuuent seruir pour faire des choses contraires.

La premiere Reflexion qu'il faut faire sur ce passage, est qu'Aristote ayant dit que l'Homme naist armé de la Prudence, & de la Vertu, pour faire des choses contraires, veut nous apprendre par cette proposition que l'homme peut mettre en vsage la Prudence, & la Vertu, pour faire de belles Actions, & pour commettre plusieurs Crimes.

Il semble que cette interpretation ne soit pas conforme au Sentiment d'Aristote; puis qu'il soûtient au premier Chapitre du premier Liure de sa Rhetorique, que les Hommes ne peuuent abuser de la Vertu.

Il est facile d'accorder ces deux propositions : car quand Aristote dit au premier Chapitre du premier Liure de sa Rhetorique, que les Hommes ne peuuent abuser de la Vertu, il est tres-éuident qu'il parle en ce lieu de la Vertu Morale; mais quand il asseure au second Chapitre du premier Liure de sa Politique, que l'Homme naist armé de la

Prudence, & de la Vertu, pour faire des choses contraires ; C'est à dire pour faire de belles actions, & pour commettre plusieurs Crimes, les termes dont il se sert pour exprimer sa pensée, montrent clairement qu'il parle en ce lieu de la Prudence, & de la Vertu qui viennent de la Nature. Par la Prudence il entend vne subtilité d'Esprit, & par la Vertu il entend vne disposition que la Nature nous donne à cette Qualité.

La disposition que la Nature nous donne à la Vertu, peut estre considerée à l'égard des Principes des Actions Humaines, qui sont l'Entendement, la Volonté, & l'Apetit Sensuel : car nous connoissons naturellement les Principes Generaux qui regardent la conduite de nostre vie ; nostre volonté se porte de sa Nature à la Vertu, & l'Apetit Sensuel est la source des Passions qui peuuent contribuer à la naissance de cette Habitude.

Quand Aristote dit, que la disposition que nous auons naturellement à la Vertu peut estre l'Origine de plusieurs maux, il est tres-certain qu'il ne parle pas de celle qui se rencontre dans nostre Entendement, ny de celle qui conuient à nostre volonté : car la connoissance des Principes Generaux qui reglent nostre Vie, & l'inclination que nous auons à la Vertu ne peuuent estre les instrumens de l'iniustice ; mais il parle seulement de la disposition qui appartient à l'Apetit Sensuel, & principalement de la Hardiesse, qui est necessaire pour aquerir la Vaillance.

Ces

de la Philosophie Morale.

Ces propositions nous enseignent, que pour bien entendre le Passage d'Aristote que nous expliquons, nous deuons asseurer que celuy qui a receu de la Nature beaucoup d'Esprit, & vne grande Hardiesse, peut commettre plusieurs Crimes, quand il n'obeït pas aux Loix : car la Subtilité d'Esprit luy sert pour inuenter plusieurs méchancetez, & la Hardiesse luy sert pour executer ses iniustes desirs.

6. Comme les Lumieres d'Aristote ne suffisent pas pour nous éclairer dans les choses que nous deuons faire pour arriuer à notre derniere Fin, i'adioûteray plusieurs choses de la Sainte Ecriture, aux connoissances que ce Philosophe nous a données, pour composer vne Morale Chrétienne ; me proposant sur ce suiet d'accorder plusieurs propositions qui paressent contradictoires, & d'expliquer les Reflexions que i'ay faites sur les plus beaux Passages de la Sainte Ecriture, qui regardent la perfection de la Vie Chrétienne.

Les Libertins, qui combattent ordinairement les Veritez de l'Ancien, & du Nouueau Testament, s'efforcent d'y trouuer quelque Contradiction ; comme ils soûtiennent que Saint Mathieu ayant dit qu'il faut faire reluire sa Vertu deuant les Hommes, se contredit, lors qu'il asseure qu'il faut faire l'Aumosne sans faire pareistre son Action.

Il est facile d'accorder ces deux propositions, par la suite des Veritez qui nous sont enseignées au cinquiéme, & sixiéme Chapitre de Saint Mathieu. Il est vray que celuy qui fait l'Aumosne ne doit pas faire parestre son Action, pour en tirer de la Vanité; mais il doit faire reluire sa Lumiere deuant les Hommes, pour faire connoitre la Gloire de Dieu.

Pour montrer plus clairement que ces deux propositions ne sont pas Contradictoires, il faut supposer que l'Honneur ayant été promis dans l'Ancienne Loy, comme vne recompense, les Scribes, & les Pharisiens soûtenoient qu'il falloit faire de bonnes Actions pour aquerir de la Gloire. Dieu voulant détruire cette erreur dans sa nouuelle Loy, nous enseigne au sixiéme Chapitre de Saint Mathieu, que l'Honneur ne doit pas estre la Fin de l'Aumosne, de la Priere, ny du Ieusne; d'où vient qu'il dit que celuy qui donne l'Aumosne ne doit pas faire parestre son Action; c'est à dire qu'il ne la doit pas faire connoitre pour en receuoir de la Vanité: mais lors qu'il asseure au cinquiéme Chapitre du mesme Euangeliste, qu'il faut faire reluire sa Vertu deuant les Hommes, il établit vne des Qualitez que ses Apostres deuoient auoir pour publier sa Doctrine. Il est certain qu'ils deuoient faire connoitre leur Vertu pour obliger les autres à les imiter, & pour faire reluire la Gloire de Dieu. I'accorderay, suiuant l'ordre de la Philosophie Morale, plusieurs autres propositions de la Sainte Ecriture, qui paressent opposées les vnes aux autres; & ie feray quelques Reflexions sur les plus beaux Passages qui s'y rencontrent, pour combattre les Libertins, & pour nous éclairer dans les choses que nous deuons faire. Pour découurir le dessein que j'ay sur ce sujet, j'expliqueray en ce Chapitre vn Passage de Saint Paul. Les Chrétiens, dit cét incomparable Apostre, au cinquiéme Chapitre de l'Epitre aux Romains, se glorifient dans les Maux qui les persecutent, pource qu'ils sçauent que les afflictions les disposent à receuoir la Patience; que la patience est vne preuue que Dieu les ayme ; que l'Amour que Dieu leur porte fait naistre en leur ame l'Esperance de joüir de sa Gloire; & que la Honte n'est pas vn effet de leur Esperance, à cause que la Charité de Dieu est répanduë dans leurs Cœurs, par le Saint Esprit qui leur a été donné.

Quand Saint Paul dit que les Chrétiens se glorifient dans les afflictions qui les attaquent, il ne veut pas dire qu'ils cherchent dans leurs souffrances la Gloire Humaine, ou l'Approbation des Hommes ; mais il veut nous apprendre qu'ils supportent les plus grands Maux auec beaucoup de Constance pour faire reluire la Gloire de Dieu. Pour montrer que cette explication est conforme à la pensée de Saint Paul, il faut supposer que la recherche est vne suite du desir, & que la Priere est l'interprete de nos desirs. Les Chrétiens, par la premiere Priere qu'ils font à Dieu, luy demandent que sa Gloire soit connuë. Ils montrent par cette Priere que le premier desir qui se forme en leur Ame, est de faire connoitre la Gloire de Dieu. Dieu fait connoitre la Grandeur de sa Gloire par celle de sa Puissance, & il donne des marques de sa Puissance lors qu'il triomphe des Maux qu'on fait souffrir à ceux qu'il ayme. Disons donc que les Chrétiens se glorifient dans les afflictions, pource qu'ils sont des instrumens en qui Dieu fait parestre la Grandeur de sa Puissance. Comme ils veulent arriuer à la joüissance de sa Gloire ils l'ayment, & puis que l'Amour est fondé sur la Ressemblance, ils tafchent de l'imiter. Dieu leur a donné plusieurs exemples de patience; il est donc tres-certain qu'ils doiuent tirer leur Gloire des afflictions qui les preparent à receuoir cette Vertu. Il faut remarquer en ce lieu que les grands Maux ne sont pas la Cause Efficiente; mais seulement la Matiere, ou l'Objet de la Patience.

La Patience des Chrétiens est vne preuue tres-asseurée que Dieu les ayme: car cette Vertu ne peut estre sans la Charité, & la Charité suppose la Grace, qui est vn effet de l'Amour que Dieu nous porte.

Pour montrer que la Patience ne peut estre sans la Charité, il en faut connoitre la Nature, que nous pouuons découurir par son Vsage; & dautant que la connoissance des choses Generales doit preceder celle des choses Particulieres, nous deuons sçauoir l'Vsage des Vertus qui perfectionnent l'Homme en soy-mesme, pour discourir clairement de celuy de la Patience.

Les Vertus qui perfectionnent l'Homme en soy-mesme, conseruent le Bien de sa Raison, en s'opposant aux choses qui le peuuent détruire; A sçauoir à ses Passions, comme le plaisir pouuant détruire par son Excez la connoissance des Principes qui regardent la conduite de la Vie Humaine, nous tirons de grands auantages de la Temperance qui le modere.

Entre les Passions qui font la Guerre à nostre Raison, la Douleur qui nous attaque est tres-puissante; pource qu'elle empesche facilement nostre Raison de faire sa fonction: C'est pourquoy nous auons besoin d'vne Vertu pour la supporter, & nous sommes redeuables de ce Bon-heur à la Patience. L'Vsage de cette Vertu nous apprend qu'elle ne peut estre sans la Charité: car son deuoir est de nous faire souffrir volontairement la Douleur qui nous persecute.

Puis que la Douleur est au nombre des Maux, qu'il est impossible de se porter au Mal en qualité de Mal, & que personne ne souffre volontairement vn Mal que pour quelque Bien; il est certain que celuy qui exerce la Patience ne supporte volontairement la Douleur que pour quelque Bien qu'il cherche.

Lors qu'on choisit vn Bien plûtost que l'autre, on le prefere à l'autre: c'est pourquoy celuy qui pratique la Patience, supportant la Douleur pour quelque Bien, ayme dauantage le Bien pour qui il souffre, quelque Douleur que celuy dont l'Absence fait naistre la Douleur, qui est la Matiere de la Patience.

Comme la Patience a pour Objet la Douleur qui peut prouenir de l'Abfence de tous les Biens que nous poffedons en cette Vie, celuy qui eſt recommandable par cette Vertu ſupporte la Douleur pour vn Bien qu'il prefere à tous les Biens Naturels; puis que ce Bien n'eſt autre que Dieu, il ayme Dieu ſur toutes choſes: Cette Action eſt vn effet de la Charité; Il eſt donc tres-éuident que la Patience ne peut eſtre ſans la Charité. C'eſt le ſentiment de Saint Paul, qui aſſeure dans le Paſſage que nous expliquons, que la Patience des Chrétiens eſt vn ſigne que Dieu les ayme, à cauſe que la Charité de Dieu eſt répanduë dans leurs Cœurs. Il adjoute qu'ils doiuent cét auantage au Saint Eſprit qui leur a été donné, pour montrer que la Charité ſuppoſe la Grace; pource que la Grace ſe rapporte aux Vertus Theologales, de la meſme façon que la Lumiere Naturelle de la Raiſon ſe rapporte aux Vertus Morales: car comme les Vertus Morales font agir l'Homme ſuiuant la Raiſon, qui en eſt la Regle, les Vertus Theologales le font agir ſuiuant la Lumiere de la Grace qui les conduit.

L'Amour que Dieu porte aux Chrétiens fait naiſtre en leur Ame l'Eſperance de joüir de ſa Gloire. Il faut ſuppoſer deux choſes pour auoir la connoiſſance de cette Verité. Premierement, que l'Eſperance regarde vn Bien difficile, que l'on croit Poſſible. En ſecond lieu, qu'vne choſe eſt Poſſible à l'Homme, ſuiuant le Sentiment d'Ariſtote, au dixneufiéme Chapitre du ſecond Liure de ſa Rhetorique, ou lors qu'il peut l'obtenir par ſa propre force, ou quand elle dépend de la Puiſſance de ceux qui l'ayment. Il eſt vray que nous ne pouuons obtenir la Poſſeſſion de Dieu par l'Effort de notre Nature; mais nous pouuons attendre cét auantage de ſa Grace, qui eſt vn Effet de l'Amour qu'il a pour nous: c'eſt pourquoy il faut conclure que l'Amour que Dieu porte aux Chrétiens fait naiſtre en leur Ame l'Eſperance de joüir de ſa Gloire.

La Honte qui ſe forme facilement dans l'Ame des Ieunes Hommes, lors qu'ils ont fait quelque Action qui eſt contraire à l'Honneſteté, ne peut tirer ſa Naiſſance d'vn defaut commun à tous les Hommes, comme ils ne ſont pas Honteux d'aoüer qu'ils ſont ſujets à la Mort. Cette Verité nous enſeigne que la Honte n'attaque pas les Chrétiens, bien qu'ils ſoient contraints de reconnoiſtre qu'ils ne peuuent arriuer à leur derniere Fin par leur propre Force. S'ils demeurent d'accord que la Poſſeſſion de Dieu ne peut eſtre vn Effet de leur Vertu, ils ſçauent qu'ils peuuent eſtre éleuez à ce dernier Degré de perfection par le moyen d'vne Qualité Surnaturelle que Dieu imprime dans leur Ame. La premiere penſée vient de leur Humilité; la ſeconde vient de la Confiance qu'ils ont en Dieu; & ces deux Qualitez compoſent la Generoſité Chrétienne.

L'Explication de ce Paſſage eſt vne marque tres-éuidente de la profonde Doctrine qui eſt contenuë dans les Ecrits de Saint Paul, & de l'Aueuglement des Libertins, qui n'ont pas assez de respect pour ses Ouurages. Ce déreglement vient du defaut de leur Raison, & de celuy de leur Volonté. Ils font pareſtre la Baſſeſſe de leur Eſprit, quand ils negligent la connoiſſance des plus belles Veritez, pour s'attacher à l'Etude des Fables. Comme ils se laiſſent conduire par l'Imagination, & qu'ils n'agiſſent pas par la Force du Iugement, ils reçoiuent plus de Plaiſir de la Lecture des Poëtes qui flatent leur Imagination par leurs Fictions, que de celle de Saint Paul, qui établit les plus hautes Veritez de la Religion Chrétienne. Enfin, puis qu'ils font déreglez dans leurs Paſſions, ils preferent la Lecture des Poëtes prophanes, qui les entretient dans leur Folie, à celle de Saint Paul, qui condamne leurs Impietez.

7. I'adjouteray à cét Ouurage quelques Reflexions que j'ay faites ſur les plus beaux Paſſages des Peres de l'Egliſe. Pour faire connoitre le Deſſein que i'ay ſur ce ſuiet, i'expliqueray en ce Chapitre deux propoſitions de Saint Ambroiſe, qui ſoûtient que l'Homme peut eſtre appellé Sage, lors qu'il cherche la Sageſſe; & que celuy qui penſe qu'il est arriué au dernier Degré de la Sageſſe, doit eſtre condamné de Folie.

Pour auoir vne claire connoiſſance de ces deux Veritez, il faut ſçauoir que l'Homme ne peut

peut receuoir le nom de Sage que lors qu'il s'aquite de son Deuoir, à l'égard de son Entendement, & de sa Volonté.

Il semble que l'Homme pour estre Sage doit seulement exercer la plus noble Action de son Entendement; pource que la Sagesse est vne perfection de cette Faculté.

Il est vray que la Sagesse est vne Habitude de l'Entendement; mais elle dépend des vertus de la Volonté qui s'opposent à l'Excez des Passions qui nous empeschent de contempler Dieu; d'où vient que la Prudence, qui regle les Mouuemens de la Partie inferieure de l'Ame, commande pour la Sagesse, comme l'Intendant d'vne Maison commande pour le Repos de son Maistre; Il faut donc conclure que l'Homme pour estre Sage doit s'acquiter de son Deuoir à l'égard de son Entendement, & de sa Volonté.

Comme la derniere perfection de son Entendement, qui luy conuient en l'autre Vie, consiste dans la Contemplation de l'Essence Diuine, il doit contempler Dieu en ce Monde par la consideration des Merueilles de la Nature.

Pour sçauoir ce qu'il doit faire à l'égard de sa Volonté, il faut supposer que la derniere perfection de cette Faculté, qui luy arriuera en l'autre Vie, consiste dans la joüissance de Dieu.

Puis que la joüissance de Dieu est vn parfait Repos, elle dépend du Mouuement qui nous y peut conduire.

D

Le Defir de nous vnir à Dieu eft le Veritable Mouuement que nous deuons mettre en vfage pour arriuer à la joüiffance de fa Gloire.

Comme le Mouuement qui nous porte à quelque chofe fuppofe l'Inclination que nous auons pour elle, le Defir que nous auons de nous vnir à Dieu fuppofe l'Amour que fa Bonté imprime dans nos Ames.

Pour aymer Dieu nous deuons pratiquer l'Humilité: car puis que l'Amitié qui eft entre les Inegaux fe conferue par l'Inegalité, l'Humilité eft la Veritable Marque de l'Amour que nous deuons porter à Dieu.

Apres auoir montré ce que l'Homme doit faire fuiuant fon Entendement & fa Volonté pour eftre Sage, il faut prouuer que cét auantage doit eftre attribué à celuy qui cherche la Sageffe; & que celuy qui fe perfuade qu'il eft éleué au dernier Degré de cette perfection doit eftre condamné de Folie.

Il eft tres-certain que celuy qui cherche la Sageffe peut meriter le nom de Sage: pource qu'il occupe fon Efprit à la confideration des chofes Naturelles, pour connoiftre Dieu. Il s'acquite auffi de fon Deuoir à l'égard de fa Volonté : car puis qu'il cherche la Sageffe, il ne penfe pas qu'il foit parfaitement Sage : il donne par cette Action des preuues de fon Humilité: la pratique qu'il fait de cette Vertu montre qu'il ayme Dieu: l'Amour qu'il a pour Dieu excite en fon Ame le Defir de s'vnir à cét objet Infiny; & ce Mouuement le met en état d'arriuer à la Iouïssance de sa Gloire.

Celuy qui s'estime tres-Sage doit estre condamné de Folie: pource qu'il est déreglé dans les Actions de son Entendement & de sa Volonté: car puis qu'il se persuade qu'il est éleué au dernier Degré de la Sagesse, il n'occupe pas son Esprit à la recherche des moyens qui sont necessaires pour y arriuer. Il donne des preuues tres-éuidentes de sa Vanité : étant coupable de ce Vice, qui détruit l'Humilité, il n'ayme pas Dieu: comme il n'a point d'Inclination pour le Souuerain Bien, il n'y tend pas ; & le defaut de ce Mouuement le rend incapable d'en obtenir la Possession.

Enfin pour executer tous les desseins que j'ay proposez, ie suiuray la Doctrine de Saint Thomas, qui s'est rendu aussi recommandable par les Qualitez de son Esprit, que par celles de sa Volonté. Il a fait parestre son Humilité, en renonçant aux Honneurs ausquels il pouuoit estre éleué par sa Naissance , & il a donné des marques du zele qu'il auoit pour la Gloire de Dieu, en combattant les Opinions qui étoient injurieuses à sa Sagesse, à sa Bonté, & à sa Puissance. Les Commentaires qu'il a faits sur les Ouurages d'Aristote, l'ont rendu, suiuant le Consentement des plus Raisonnables Philosophes, l'Arbitre des difficultez qui peuuent estre proposées sur les choses que nous connoissons par la Lumiere Naturelle , & les plus Sages Theologiens, apres auoir admiré sa maniere d'expliquer les Veritez de la Sainte Escriture l'ont choisi auec beaucoup de Iustice pour le Maistre de leur Escole. Les deux Parties de sa Theologie Morale sont incomparables; & puis que toutes les choses qu'elles contiennent peuuent seruir pour regler la Vie Humaine, ie les feray entrer dans la Composition de la Morale Chrestienne, & ie tireray des autres Liures de ce Docteur Angelique tout ce qui peut contribuer à la conduite de nostre Vie.

Comme la Clarté de nos Connoissances dépend de l'Ordre, l'Vtilité de la Philosophie Morale peut estre clairement connuë par l'Ordre des choses qu'elle doit examiner.

L'ORDRE DE LA PHILOSOPHIE Morale.

CHAPITRE III.

LA premiere connoissance qui nous est necessaire pour bien viure, est sans doute celle de nostre derniere Fin. Puis que la Cause Finale fait agir la Cause Efficiente nous deuons connoistre en suite les Facultez qui produisent les Actions Humaines. Comme nous deuons passer de la connoissance des Causes à celle des Effets qui en dépendent, nous deuons examiner les Actions qui nous sont communes auec les Bestes, & celles qui nous releuent au dessus de leur Nature, afin de connoistre tous les Mouuemens que nous deuons conduire; & dautant que nos Actions doiuent estre reglées par les Vertus, nous pouuons tirer de grands auantages de la connoissance des Vertus que nous deuons pratiquer.

Puis que toutes les choses qui peuuent seruir pour la conduite de nostre Vie peuuent estre reduites à quatre, la Philosophie Morale sera diuisée en quatre Parties. La premiere traitera de la Felicité. La seconde expliquera les Principes des Actions Humaines. La troisiéme établira l'Ordre des Actions Humaines. Et la quatriéme découurira les Vertus qu'il faut pratiquer, & les Vices qu'il faut combattre.

Pour auoir la connoissance de cét Ordre, il faut sçauoir que le But de la Philosophie Morale est de nous rendre Heureux par la pratique des Vertus. Il est vray que les Vertus Surnaturelles doiuent leur Naissance à la Bonté Diuine qui les imprime dans nos Ames; mais les Vertus Morales, qui sont les premieres Qualitez qui les perfectionnent, y sont engendrées par quelques Actions; c'est pourquoy le traité des Actions Humaines doit preceder celuy des Vertus. Il est tres-certain que les Actions dependent de quelques Principes; & nous deuons asseurer que l'Explication de la Felicité doit preceder celle des Principes des Actions Humaines. Il faut supposer deux choses pour établir la verité de cette proposition. Premierement, que l'Entendement, la Volonté, & l'Appetit Senfuel font les Facultez qui produifent les Actions Humaines. En fecond lieu, que la Caufe qui regarde vne Fin Vniuerfelle fait agir les Puiffances qui tendent à quelque Fin Particuliere, qui eft contenuë fous cette Fin Generale. Ces Veritez nous enfeignent que l'Entendement, & l'Appetit Senfuel dependent de la Volonté, qui les meut, entant qu'elle tend au Bien en General. Le Bien qui l'attire reçoit le nom de Felicité; il eft donc tres-éuident que le premier Traité de la Philofophie Morale doit eftre celuy de la Felicité.

Puis que la Felicité fait agir la Volonté, & que la Volonté meut les autres Facultez de l'Ame, nous deuons traiter dans la feconde Partie de la Philofophie Morale des Principes des Actions Humaines. La Troifiéme doit expliquer les Actions Humaines; & la Quatriéme doit examiner les Habitudes qui nous rendent Heureux, ou Mal-heureux par leurs Actions.

Cét Ordre nous apprend que la Felicité eft la premiere chofe qui excite nos Defirs, & la derniere à laquelle nous arriuons; d'où vient qu'Ariftote en parle dans le premier, & dans le dernier Liure de fa Morale; mais j'expliqueray toutes les chofes qui luy appartiennent, dans la premiere Partie de cette Science, pour en donner vne claire connoiffance.

Quelqu'vn pourroit dire qu'oppofant le Traité de la Felicité à celuy des Actions Humaines, ie tombe dans vne éuidente contradiction, lors que j'asseure dans la premiere Table de la Philosophie Morale, que les Discours que l'on doit faire de la Felicité, regardent, ou l'Objet qui peut rendre l'Homme Heureux, ou l'Action qui l'vnit au Souuerain Bien.

Il est facile de répondre à cette difficulté : car quand j'oppose le Traité de la Felicité à celuy des Actions Humaines, ie parle des Actions Humaines pour en découurir la Nature, & ie les considere, dans la troisiéme Partie de la Philosophie Morale, entant qu'elles precedent les Vertus qu'elles produisent ; mais lors que ie soutiens que la Felicité consiste dans vne Action, ie considere l'Action entant qu'elle dépend de la Vertu qui la produit; d'où vient que j'ay dit auparauant, que la Felicité est la premiere chose que nous desirons, & la derniere à laquelle nous arriuons.

Pour auoir vne plus claire connoissance de ces Veritez, & de l'Ordre de la Philosophie Morale, il faut sçauoir que le plus excellent Objet de notre connoissance, & de nos Desirs, qui reçoit le nom de Souuerain Bien, fait agir notre Volonté ; que notre Volonté meut les Facultez qui releuent de son Empire ; que notre Volonté, & les autres Facultez qu'elle meut exercent leurs Actions ; que les Actions qui viennent de ces Facultez font naistre les Vertus Morales, ou les Vices qui leur sont opposez ; & que les Vertus produisent des Actions qui nous vnissent au Souuerain Bien.

On pourroit faire plusieurs difficultez pour combattre l'Ordre des choses qui seront expliquées dans la seconde Partie de la Philosophie Morale; car traitant des Principes des Actions Humaines, il semble qu'elle contient tout ce qui appartient à cette Science; dautant que Dieu, qui est notre Felicité, est au nombre des Principes des Actions Humaines, entant qu'il nous instruit, par la Loy; & qu'il nous ayde, par la Grace qu'il imprime dans nos Ames. Les Passions, qui sont des Actions Humaines, en peuuent estre les Principes, entant qu'elles font agir l'Entendement, & la Volonté. Enfin les Bonnes & Mauuaises Habitudes, qui seront disposées par Ordre dans la quatriéme Partie, peuuent estre reduites aux Principes des Actions Humaines.

Ie répondray à toutes ces difficultez, au commencement de la seconde Partie de la Philosophie Morale, en découurant l'Ordre des choses qu'elle doit examiner, & ie me contenteray d'établir en ce Chapitre celuy de la premiere Partie.

Comme nous deuons auoir la connoissance du But auquel nous deuons tendre, & du Moyen qui nous y doit conduire, les discours que nous deuons faire de la Felicité, dans la premiere Partie de la Philosophie Morale, regardent, ou l'Objet qui peut rendre l'Homme Heureux, ou l'Action par laquelle il peut estre vny au Souuerain Bien. Cette premiere Partie est expliquée en six Tables, dont les deux premieres établissent l'Objet que nous deuons

uons chercher, & les quatre suiuantes traitent de l'Action qui nous y attache. Les Conditions du Souuerain Bien sont disposées par Ordre dans la premiere Table; & la seconde montre qu'elles n'appartiennent qu'à Dieu, qui doit estre le Veritable Objet de nos Desirs.

Pour découurir l'Ordre des quatre Tables qui traitent de l'Action qui nous vnit au Souuerain Bien, il faut sçauoir que cette Action reçoit proprement le nom de Felicité, qui conuient à l'Homme, ou en cette Vie, ou en l'autre Vie. La Felicité qui conuient à l'Homme en cette Vie, est, ou Naturelle, ou Surnaturelle. La Felicité Naturelle est, ou Imparfaite, ou Parfaite.

Ces Diuisions nous enseignent qu'il y a quatre Degrez de Felicité, qui sont disposez par Ordre en quatre Tables. Celuy qui cherche la Science, & la Vertu, à cause qu'il est honneste de bien agir suiuant les Facultez qui luy sont propres, est dans le premier Degré de Felicité; mais cét Etat est inferieur à celuy dans lequel l'Homme s'attache à la Contemplation, & à l'Amour de Dieu. Celuy qui ayme Dieu comme Autheur de la Nature, jouït seulement d'vne Felicité Naturelle; mais celuy qui l'ayme comme Autheur de la Grace, jouït d'vne Felicité Surnaturelle; & ce troisiéme Degré de Felicité le met en état d'arriuer au quatriéme, en le conduisant au Bon-heur de l'autre Vie, qui consiste dans la Contemplation de l'Essence Diuine.

E

LA PREMIERE PARTIE DE LA PHILOSOPHIE MORALE,
DE LA FELICITÉ.

L'VSAGE DES DISCOVRS que l'on doit faire de la Felicité dans la Philosophie Morale.

CHAPITRE PREMIER.

POVR auoir vne parfaite connoissance des Tables, il faut sçauoir l'Ordre des Diuisions qui s'y rencontrent, & particulierement celuy des premieres Diuisions : car comme elles sont le Fondement des Veritez qui sont contenuës en chaque Table, elles

Explication de la premiere Table.

peuuent seruir pour répondre aux difficultez que l'on peut faire pour les combattre.

La premiere Diuision de la premiere Table de la Philosophie Morale, montre que nous y deuons considerer trois choses ; à sçauoir, que les discours que l'on doit faire de la Felicité dans la Philosophie Morale sont tres-vtiles ; qu'il en faut traiter amplement ; & qu'il faut supposer deux choses pour en discourir clairement.

L'Ordre de ces trois Veritez peut estre facilement connu : car comme la Fin est la Mesure des Moyens que nous deuons prendre pour y arriuer, nous ne deuons considerer en chaque Science que les choses qui peuuent nous conduire à la Fin qu'elle se propose ; nous ne deuons donc examiner dans la Philosophie Morale que celles qui peuuent seruir pour la conduite de notre Vie. Puis que nous y traitons de la Felicité, nous deuons découurir les auantages que les Hommes peuuent receuoir des discours que les Philosophes font de cette Matiere.

Il ne suffit pas de parler de la Felicité ; mais il en faut discourir amplement, pour combattre l'Aueuglement des Hommes, qui preferent les Biens du Monde à celuy qui doit estre le Veritable Objet de leurs Desirs ; & dautant que ceux qui sont obligez de traiter amplement de quelque chose tombent facilement dans la confusion, il est tres-vtile de sçauoir ce qu'il faut supposer pour discourir clairement de la Felicité.

Pour expliquer en ce Chapitre la premiere Partie de la premiere Table de la Philosophie Morale, il faut montrer que les discours que l'on y doit faire de la Felicité sont tres-vtiles. La preuue de cette Verité peut estre tirée de la Nature de la Philosophie Morale, de la Lumiere Naturelle, & d'vne Comparaison qu'Aristote fait au premier Chapitre du premier Liure de sa Morale.

Puis que la Philosophie Morale est vne Science Pratique, qui nous enseigne à bien viure, en nous donnant des Preceptes pour moderer nos Passions, elle doit nous éclairer dans la recherche des Moyens qui sont vtiles pour nous conduire à notre derniere Fin; & comme cette Fin est la Mesure des Moyens que nous deuons choisir pour y arriuer, il est tres-éuident que nous en deuons auoir la connoissance.

La Lumiere qui est naturellement imprimée dans nostre Entendement, nous enseigne que nous deuons connoitre notre derniere Fin, & les Moyens qui sont necessaires pour y arriuer: c'est pourquoy nous pouuons receuoir de grands auantages du Traité de la Felicité, qui nous découurira l'Objet que nous deuons chercher, & les Moyens que nous deuons employer pour en obtenir la Iouïssance.

Aristote, au premier Chapitre du premier Liure de sa Morale, dit que nous deuons connoitre notre derniere Fin, comme celuy qui tend à vn But en doit auoir la connoissance.

Cette Comparaison nous apprend que nous ne deuons pas seulement connoitre notre derniere

Fin : mais que nous deuons mettre en vſage la connoiſſance que nous en auons de la Nature ; c'eſt à dire qu'elle doit eſtre toûjours preſente à notre Eſprit, pour eſtre la Regle de nos Actions : car comme ceux qui tendent à vn But y doiuent auoir les yeux continuellement attachez, la connoiſſance du Souuerain Bien doit eſtre auſſi toûjours preſente à l'Eſprit de ceux qui ſe propoſent d'y arriuer : pource que cette connoiſſance en excite vn ardent Deſir dans leur Ame, & ce Deſir les incite à chercher le Bien qui les attire.

Cette Action met vne grande Difference entre l'Homme de Bien, & celuy qui eſt Méchant : car comme les Sçauans ne ſe ſeruent pas de la Science qu'ils poſſedent lors qu'ils dorment, ceux dont la Vie eſt déreglée ne ſe ſeruent pas de la connoiſſance de leur derniere Fin qui eſt imprimée dans leur Entendement.

Puis que dans l'Explication des Tables de la Philoſophie Morale ie dois tirer des Conſequences des propoſitions qu'elles contiennent, pour regler la Vie Humaine, ie puis aſſeurer en ce lieu, que ſuiuant le ſentiment meſme d'Ariſtote, qui n'étoit éclairé que par la Lumiere de la Nature, nous deuons toûjours penſer à Dieu : car ce grand Philoſophe nous ayant fait connoitre au premier Chapitre du premier Liure de ſa Morale, que notre derniere Fin doit eſtre toûjours preſente à notre Eſprit, ſoûtient à la Fin de la Morale à Eud. que Dieu eſt le dernier Terme de l'Ame, & la derniere Fin des Vertus : d'où vient qu'il ne se contente pas d'en traiter dans sa Metaphysique ; mais qu'il en parle presque dans tous ses Liures, pour s'opposer à la naissance de plusieurs Erreurs, par le moyen de la premiere Regle de toutes choses ; comme apres auoir montré, au dernier Chapitre du septiéme Liure de sa Morale, que l'Homme n'a pas toûjours les mesmes Plaisirs, à cause de la diuersité des Parties qui le composent, il dit que s'il y a quelque Nature Simple, elle joüit toûjours des mesmes Plaisirs. S'il s'arrétoit à cette proposition, il pourroit nous faire douter de l'Existence d'vne Nature Simple ; c'est pourquoy il adjoute que Dieu, qui n'est point sujet au changement, a toûjours les mesmes Plaisirs. Il asseure au premier Chapitre du mesme Liure, que ceux qui sont dans le dernier Degré de la Vertu s'approchent de Dieu ; & que ceux qui sont dans le dernier Degré du Vice, ne sont pas beaucoup éloignez des Bestes. Il adjoûte qu'il n'y a point de Vertu dans Dieu, & qu'il possede des perfections qui sont plus admirables que la Vertu : car comme le Remede suppose la Maladie qu'il doit combattre, la Vertu Morale suppose les Passions qu'elle doit moderer. Lors qu'il examine au huitiéme Chapitre du dixiéme Liure de sa Morale, par qu'elle Action l'Homme peut estre Heureux, il prend Dieu pour sa Regle ; & apres auoir prouué que Dieu, qui est vn Acte Simple, ne peut estre Heureux, par la Pratique des Vertus, ny par la moderation des Passions, il conclud qu'il est Heureux par la Contemplation de son

Explication de la premiere Table. 39

Essence ; & que la Felicité de l'Homme consiste dans la Contemplation de Dieu. Celuy qui est arriué à ce dernier Degré de perfection, peut estre attaqué de Vanité ; mais s'il consulte le dixiéme Chapitre du mesme Liure d'Aristote, il connoitra que ce qui rend l'Homme veritablement Heureux vient d'vne Cause Exterieure, & Diuine. Enfin cét incomparable Philosophe voulant établir les Qualitez de ceux qui commandent aux autres, soutient au seiziéme Chapitre du troisiéme Liure de sa Politique, qu'ils doiuent imiter Dieu ; c'est à dire qu'ils doiuent commander sans Passion, pour le Bien de ceux qui releuent de leur Empire, comme Dieu commande pour le Bien de ses Creatures.

Comme Aristote parle de Dieu dans tous les Liures de sa Morale, il parle aussi du Plaisir dans les mesmes Liures : car si la connoissance de notre derniere Fin doit estre toûjours presente à notre pensée, nous deuons toûjours connoitre le plus puissant Ennemy qui nous empesche d'y arriuer. Cét Ennemy est le Plaisir Etranger, qui produit le mesme Effet que la propre Douleur ; dautant que ces deux Passions nous éloignent de notre derniere Fin: pource que le Plaisir Etranger nous conduit par Degrez au plus grand de tous les Vices, qui est la Haine de Dieu, & la propre Douleur peut en suite nous faire douter de l'Existence d'vne premiere Cause. Il faut prouuer ces deux Veritez, pour apprendre à l'Homme qu'il doit employer tous ses Efforts, pour s'opposer à la Violence des Plaisirs Etrangers.

Le Plaisir Etranger est opposé au propre Plaisir; & comme le propre Plaisir de l'Homme est celuy qui luy conuient entant qu'il est Homme, le Plaisir Etranger est celuy qui luy est commun auec les Bestes. Ce Plaisir l'attaque, en le portant aux choses dont sa Raison le détourne, le conduit à l'Incontinence, & en suite à l'Intemperance. Ce Vice, qui fait regner l'Appetit Sensuel sur la Volonté, détruit la connoissance des Principes qui regardent la conduite de la Vie Humaine. Comme il n'efface pas entierement celle des Principes Generaux, celuy qui en est coupable demeure d'accord qu'il y a vn Dieu; mais puis qu'il se porte au Plaisir, & que Dieu qui en defend la poursuite, a la Puissance de punir ceux qui s'y addonnent, il peut haïr Dieu, à l'égard de ces deux Effets, qui sont contraires à sa Volonté déprauée par l'Excez de ses Passions. Il faut donc conclure que le Plaisir Etranger conduit l'Homme par Degrez au plus grand de tous les Vices, qui est la Haine de Dieu. La propre Douleur peut en suite l'obliger à douter de l'Existence Diuine.

Pour entendre cette proposition, il faut supposer que par la propre Douleur de l'Homme, nous n'entendons pas en ce lieu celle qui accompagne les Vices qu'il commet: car cette Douleur l'incite à chercher les Remedes qui sont necessaires pour combattre les Maladies qui attaquent ses plus nobles

Explication de la premiere Table.   41

bles Facultez. Comme le propre Plaisir de l'Homme est bon, étant vne suite des Actions qui sont conformes à sa Nature, sa propre Douleur est mauuaise, entant qu'elle luy fait chercher de mauuais Remedes. Cette propre Douleur est celle qui accompagne la Crainte de la Punition Diuine dans l'Ame de l'Intemperant. Puis que la connoissance de Dieu est encore imprimée dans son Entendement, il craint la Punition Diuine : cette Crainte est accompagnée de Douleur : c'est pourquoy il voudroit qu'il n'y eust point de Dieu : & dautant que la violence de ce Desir corrompt son Iugement, il doute de son Existence.

Apres auoir prouué que les discours que l'on doit faire de la Felicité dans la Philosophie Morale sont tres-vtiles, il faut expliquer la seconde Partie de la premiere Table.

F

QVIL FAVT TRAITER amplement de la Felicité.

CHAPITRE II.

La seconde Partie de la premiere Table nous enseigne que nous deuons traiter amplement de la Felicité, pour combattre l'Erreur de ceux qui se laissent ébloüir par l'Eclat des Richesses, des Honneurs, & de la Puissance; pour montrer que Dieu doit estre le Veritable Objet, ou le dernier Terme de nos Desirs; & pour découurir le chemin que nous deuons suiure pour estre vnis à Dieu, qui est le premier Principe, & la derniere Fin de toutes choses.

L'Ordre de ces trois propositions est tres-clair: car nous deuons discourir de la Felicité, pour établir l'Objet qui doit exciter nos Desirs, & pour découurir les Moyens qui nous y peuuent conduire. Dans l'Etablissement de l'Objet que nous deuons chercher, nous deuons faire connoitre l'Aueuglement de ceux qui s'attachent aux Biens de la Fortune comme à leur derniere Fin, & suiure les Lumieres de ceux qui méprisent les Biens du Monde pour aymer Dieu.

Il faut faire quelques Reflexions par Ordre sur les mots qui composent la premiere proposition,

Explication de la premiere Table.

pour montrer qu'il est tres-vtile de parler amplement de la Felicité.

Les Richesses, les Honneurs, & la Puissance ont de l'Eclat; puis que ceux qui possedent ces auantages sont au dessus des autres. Il est vray que, suiuant la pensée des Philosophes, la Beauté qui doit estre recherchée ne se rencontre que dans les Actions de la Science & de la Vertu; mais les Biens de la Fortune ont des charmes assez puissans pour attirer ceux qui obeïssent à leurs Passions.

Comme l'Eclat des choses Materielles éblouït les yeux, les empesche de faire leur fonction, & leur cache plusieurs defauts: l'Eclat des Biens de la Fortune éblouït l'Esprit des Auares, & des Ambitieux; les empesche de mettre en vsage la connoissance qu'ils ont de leur derniere Fin, & leur cache les defauts qui se recontrent dans les Biens qu'ils desirent.

Ces Veritez nous enseignent, qu'il se trouue des Hommes qui preferent les Biens de la Fortune à toutes choses. Pour découurir plus parfaitement la Source de leur Aueuglement, il faut examiner qu'elle est la Nature des Hommes, & il faut sçauoir qu'elle peut estre connuë par leurs Inclinations.

L'Homme a deux sortes d'Inclinations: les vnes luy sont Propres, comme celle qu'il a pour les Sciences, ou pour les Vertus: & les autres luy sont Communes, ou auec les Plantes, comme lors qu'il desire la conseruation de sa Vie, ou auec les Bestes, com-

F ij

me l'Inclination qu'il a au Plaisir.

Celuy dont la vie est bien reglée, suit les Inclinations qui conuiennent à sa Nature ; mais celuy qui se laisse conduire par les Mouuemens de la Partie Inferieure de l'Ame, suit les Inclinations qui luy sont Communes auec les Plantes, & auec les Bestes. Il est donc grandement attaché à la Vie, & à la recherche des Plaisirs. Il desire auec beaucoup d'ardeur les Richesses, qui sont necessaires pour la conseruation de la vie ; & comme il veut viure agreablement, il veut Vaincre, & Commander ; d'où vient que le Desir des Honneurs, & de la Puissance, fait vne forte impression dans son Ame. Puis qu'il agit par Passion, il est déreglé ; & changeant l'Ordre de la Fin, & des Moyens, il prend pour Fin ce qu'il ne deuroit prendre que pour Moyen. Il se trompe, & son Erreur peut estre cause de plusieurs Maux : car choisissant les Moyens qui peuuent le conduire plus promptement à la Fin qu'il se propose, il commet plusieurs crimes, pour augmenter ses Richesses, & sa Puissance. Il est donc tres-vtile de traiter amplement de la Felicité, dans la Philosophie Morale, pour combattre l'Erreur de ceux qui se laissent éblouïr par l'Eclat des Richesses, des Honneurs, & de la Puissance. Il seroit encore plus vtile de s'opposer à la naissance des Maux qui peuuent estre les Effets de leur Insolence ; mais c'est le Deuoir des Superieurs ; & les Philosophes Chrétiens, qui sont obligez de les éclairer, leur doiuent representer que la Puissance a été donnée aux vns pour defen-

Explication de la premiere Table.

dre les autres; & que ceux qui ne s'opposent pas aux desordres qu'ils doiuent empescher, sont trescoupables.

Quelqu'vn pourroit dire que toutes les propositions precedentes prouuent seulement qu'il faut traiter de la Felicité, dans la Philosophie Morale; mais qu'elles ne prouuent pas que le Philosophe Moral soit obligé d'en discourir amplement.

Il est facile de répondre à cette difficulté: car pour combattre entierement l'Opinion des Auares, il ne suffit pas de montrer que les Richesses ne peuuent estre le Souuerain Bien; mais il faut faire vne ample description du déreglement des Hommes dans l'vsage des Richesses, afin d'instruire les vns, en condamnant la Folie des autres. Pour détruire vtilement l'Opinion des Ambitieux; c'est à dire pour en tirer quelque auantage pour la conduite de la Vie Humaine, il ne suffit pas de prouuer que la Puissance Humaine ne peut estre le Souuerain Bien; mais il faut examiner amplement les defauts qui accompagnent ordinairement la Puissance des Hommes, pour regler les Desirs de ceux qui veulent estre éleuez au dessus des autres, & pour apprendre à ceux qui ont beaucoup de Puissance à connoitre les defauts qu'ils doiuent éuiter.

Puis qu'il est facile de tomber dans la confusion en traitant amplement de quelque Matiere, il faut sçauoir ce qu'il faut supposer pour discourir clairement de la Felicité.

CE QV'IL FAVT SVPPOSER
pour discourir clairement de la Felicité.

CHAPITRE III.

La troisiéme Partie de la premiere Diuision de la premiere Table nous apprend qu'il faut supposer deux choses pour discourir clairement de la Felicité. Premierement, que les discours que l'on doit faire de la Felicité dans la Philosophie Morale dépendent des Principes Generaux qui appartiennent à la Cause Finale, qui ont été établis dans la Science Generale. En second lieu, que les discours que l'on doit faire de la Felicité regardent, ou l'Objet qui peut rendre l'Homme Heureux, qui reçoit proprement le nom de Souuerain Bien, ou l'Action par laquelle l'Homme peut estre vny au Souuerain Bien, qui reçoit proprement le nom de Felicité.

Il est facile de rendre la raison de l'Ordre de ces deux suppositions : car la premiere est tirée de la Science Generale, qui contient les Fondemens des autres Sciences ; & la seconde est disposée suiuant l'Ordre des choses qui doiuent estre expliquées dans la premiere Partie de la Philosophie Morale.

Pour discourir clairement de quelque chose, il faut descendre de la proposition Generale aux pro-

Explication de la premiere Table. 47

positions Particulieres qui en dépendent. Ce Précepte, dont l'vsage a été expliqué dans la Logique, nous fait connoitre que le traité de la Felicité suppose celuy de la Cause Finale : car puis que la Fin conuient à toutes choses, elle est plus Generale que la Felicité, qui conuient seulement à celles qui ont l'vsage de la Raison.

Le Traité de la Fin suppose celuy du Bien, qui en est le Fondement : pource que la Fin nous attire, à cause de la Bonté qui s'y rencontre.

I'ay montré dans la Science Generale que le Bien est Parfait; qu'il peut Perfectionner; qu'il est Conuenable; & qu'il peut estre Desiré. La premiere de ces quatre choses découure l'Essence, ou la Nature du Bien; & les trois autres en sont les Proprietez : dautant que l'Essence d'vne chose est la Source de toutes ses Proprietez; & il est tres-certain que la Perfection du Bien, est l'Origine de toutes les Proprietez qui luy appartiennent : car nous le desirons, à cause qu'il nous conuient. Il nous conuient, pource qu'il a la Puissance de nous perfectionner. Enfin cette Puissance dépend de sa Perfection. Il est donc tres-éuident que la Perfection est l'Essence du Bien, étant la Source de toutes les Proprietez qui luy conuiennent : pource que le Bien étant Parfait, peut perfectionner. Il est en suite Conuenable; & cette Proprieté est cause que nous le desirons.

Ces quatre choses peuuent estre attribuées à la Fin, qui est fondée sur le Bien, & en suite à la Felicité : car dans l'Ordre des choses, dont les vnes sont plus Generales que les autres, ce qui conuient à la Superieure conuient à l'Inferieure, suiuant les Regles de la Logique.

Comme la Fin de chaque chose consiste dans sa propre Action, la Fin de l'Homme, qui reçoit le nom de Felicité, consiste dans vne Action qui est conforme à sa Nature.

Puis que le Traité de la Felicité suppose celuy de la Fin ; & que la Fin est fondée sur le Bien, celuy qui veut auoir vne parfaite connoissance de la premiere Partie de la Philosophie Morale, doit lire auparauant les Tables de la Science Generale.

Pour discourir clairement de la Felicité, il ne suffit pas d'estre éclairé par les Lumieres de la Science Generale ; mais il faut disposer par Ordre toutes les propositions qui doiuent estre faites sur ce sujet ; & il faut supposer qu'elles appartiennent, ou à l'Objet qui peut rendre l'Homme Heureux, ou à l'Action par laquelle il peut estre vny au Souuerain Bien : car nous deuons connoitre le But auquel nous deuons tendre, & le Moyen qui nous y doit conduire.

La Table que nous expliquons, montre qu'il faut considerer deux choses pour parler clairement de l'Objet qui peut rendre l'Homme Heureux, qui reçoit proprement le nom de Souuerain Bien. La premiere nous fait connoitre le Consentement des Hommes ; & la seconde nous découure la diuersité de leurs Opinions sur ce sujet. Ces deux choses seront examinées dans le Chapitre suiuant.

DES

Explication de la premiere Table.

DES OPINIONS QVE LES
Hommes ont du Souuerain Bien.

CHAPITRE IV.

ARISTOTE, au second Chapitre du premier Liure de sa Morale, dit que le Vulgaire, & les Philosophes, sont d'accord du Nom du Souuerain Bien; mais qu'ils ne sont pas d'accord de la Chose. Ils auoüent que le Souuerain Bien est tres-Parfait ; qu'il nous attire par son Absence, & qu'il nous contente par sa Presence ; mais leurs Opinions sont differentes pour sçauoir à quelle chose ces Conditions doiuent estre attribuées.

Pour auoir vne plus parfaite connoissance de ce Passage d'Aristote, qui exprime le consentement des Hommes, & la diuersité des Opinions qu'ils ont du Souuerain Bien, il faut supposer qu'il est tres-parfait, qu'il peut grandement perfectionner, qu'il est en suite tres-Conuenable, & que c'est la premiere chose que nous deuons desirer. Il faut aussi supposer que tous les Hommes en desirent la Possession, suiuant l'Inclination qu'ils ont naturellement d'y arriuer; & nous pouuons dire qu'ils en ont quelque connoissance, par certaines Conditions, qui sont exprimées par quelques Noms: c'est pourquoy il faut asseurer que tous les Hommes sont d'accord

G

des Conditions, & des Noms du Souuerain Bien; mais ils en font de differentes applications, fuiuant la diuerſité de leurs Paſſions.

Il faut expliquer en ce lieu les Conditions du Souuerain Bien, & il faut remarquer que celles qui ſont les Principes de pluſieurs Concluſions qui appartiennent au Traité de la Felicité, peuuent eſtre reduites à quatre, qui ſont diſpoſées dans la Table que nous expliquons en cét Ordre.

1. Le Souuerain Bien eſt tres-Parfait.
2. Il eſt deſiré pour luy-meſme.
3. Toutes choſes y doiuent eſtre rapportées.
4. Il peut borner entierement nos Deſirs.

La Verité de ces quatre Conditions peut eſtre facilement connuë: car puis que tout Bien eſt Parfait, le Souuerain Bien, qui ſurpaſſe tous les autres Biens, par ſon Excellence, eſt tres-Parfait.

Cette premiere Condition peut ſeruir de Fondement pour établir la ſeconde: car ce qui eſt tres-Parfait eſt deſiré pour luy-meſme, ne pouuant eſtre au nombre des Moyens, qui empruntent la Bonté qu'ils ont de leur Fin.

Comme le Souuerain Bien eſt la derniere Fin de toutes choſes, il eſt tres-éuident que toutes choſes y doiuent eſtre rapportées, & qu'il borne entierement les Deſirs de ceux qui le poſſedent: pource que la preſence de la Fin fait ceſſer les Mouuemens qui ſont des Moyens pour y arriuer.

Puis que les Diſcours Generaux ſont les Fondemens de pluſieurs Veritez qui en peuuent eſtre

Explication de la premiere Table.

tirées, les quatre principales Conditions du Souuerain Bien peuuent seruir pour détruire les Erreurs de ceux qui mettent leur derniere Fin dans les Biens du Corps, ou de la Fortune. Comme il est facile d'en faire le denombrement pour découurir l'Aueuglement des Auares, qui s'attachent entierement à la poursuite des Richesses, qui n'ont aucune des quatre Conditions precedentes. Il est certain qu'elles ne sont pas tres-parfaites, puis qu'elles peuuent seruir pour commettre plusieurs Crimes. Elles ne sont pas desirées pour elles-mesmes; pource qu'elles ne sont que des Moyens que l'Homme doit employer, pour s'opposer aux defauts de sa Nature, ou pour auoir les choses qui sont necessaires pour la conseruation, ou pour la commodité de sa Vie. Celuy qui voudroit rapporter toutes choses aux Richesses, seroit ridicule de preferer les Biens de la Fortune à ceux de l'Ame. Enfin l'Experience ordinaire nous apprend que les Richesses ne peuuent borner entierement les Desirs des Hommes; & il arriue souuent que ceux qui les possedent souffrent plus de Douleur, par l'Absence des Biens qu'ils desirent, que ceux qui sont tres-miserables.

Comme les Conditions du Souuerain Bien sont tres-necessaires pour combattre plusieurs Erreurs, il est tres-vtile d'en auoir vne parfaite connoissance; c'est pourquoy il les faut prouuer si clairement, que ceux qui ont l'vsage de la Raison n'en puissent douter. Pour arriuer à cette Fin, il faut supposer, suiuant les Preceptes de la Logique, que la Resolution

52 Premiere Partie de la Philosophie Morale.

d'vne Conclusion en ses premiers Principes est le veritable moyen qu'il faut mettre en vsage, pour prouuer parfaitement toute sorte de Conclusions, & pour conuaincre entierement l'Esprit de ceux qui pouroient douter de leur Verité. Cette Resolution doit estre faite par Degrez iusques au premier Principe de Connoissance, qui a été exprimé dans la Science Generale en ces Termes, il est impossible qu'vne mesme chose soit & ne soit pas à l'égard de toutes choses semblables.

Il est vray que la premiere Condition du Souuerain Bien est vn Principe, à l'égard de plusieurs Conclusions qui en peuuent estre tirées ; mais c'est vne Conclusion, à l'égard des Principes de la Science Generale. Pour éclairer ceux qui en pourroient douter, elle doit estre reduite au premier Principe de Connoissance par ces Degrez.

Ce qui a toute sorte de perfections est tres-parfait ;
Le Souuerain Bien a toute sorte de perfections ;
Donc le Souuerain Bien est tres-parfait.

La premiere proposition de cét Argument est tres-éuidente, & il est facile de la reduire au premier Principe de Connoissance: car si ce qui possede toute sorte de perfections n'étoit pas tres-parfait, il seroit priué de quelque perfection ; il auroit donc toute sorte de perfections, & ne les auroit pas, ce qui est impossible. La seconde proposition doit estre prouuée en cette façon.

Explication de la premiere Table. 53

Ce qui ne peut rien receuoir a toute forte de perfections ;
Le Souuerain Bien est vne chose qui ne peut rien receuoir;
Donc le Souuerain Bien a toute forte de perfections.

La premiere proposition de cét Argument est tres-claire: car puis que suiuant les Principes de la Science Generale la Puissance de receuoir quelque chose ne peut estre ostée que par l'Acte, il est tres-certain que ce qui ne peut rien receuoir possede toute forte de perfections. La seconde proposition doit estre prouuée en cette maniere.

Ce qui est absolument Independant est vne chose qui ne peut rien receuoir;
Le Souuerain Bien est absolument Indépendant;
Donc le Souuerain Bien est vne chose qui ne peut rien receuoir.

La premiere proposition de ce Syllogisme est si claire qu'elle peut estre reduite immediatement au premier Principe de Connoissance : car si ce qui est absolument Indépendant pouuoit receuoir quelque chose, il seroit absolument Indépendant, & ne le seroit pas, ce qui est impossible. La Verité de la seconde proposition peut estre clairement connuë par ce Raisonnement.

Le premier de tous les Biens est absolument Indépendant;
Le Souuerain Bien est le premier de tous les Biens;

G iij

Donc le Souuerain Bien est absolument Indépendant.

La premiere proposition de ce Syllogisme est tres-éuidente : car si le premier de tous les Biens n'étoit pas absolument Indépendant, il seroit le premier, & ne le seroit pas, ce qui est impossible. La seconde proposition est aussi tres-claire, & il est tres-facile de la reduire au premier Principe de Connoissance : car puis que le Souuerain de chaque Ordre est le premier de cét Ordre, le Souuerain dans l'Ordre des Biens est le premier de tous les Biens, autrement il seroit le Souuerain Bien, & ne le seroit pas.

Apres auoir reduit par Degrez la première Condition du Souuerain Bien iusques au premier Principe de Connoissance, pour connoitre encore plus clairement que le Souuerain Bien est tres-parfait, il faut descendre par les mesmes Degrez iusques à cette Conclusion en cét Ordre.

Le Souuerain Bien est le premier de tous les Biens :

Etant le Premier de tous les Biens il est absolument Indépendant :

Comme il est absolument Indépendant, il ne peut rien receuoir.

Ne pouuant rien receuoir il possede toute sorte de perfections.

Enfin puis qu'il possede toute sorte de perfections il est tres-parfait.

Toutes ces propositions sont tres-claires, à cause du premier Principe qui s'y rencontre, & qui est à l'égard de toute sorte de Veritez ce que la Lumiere est à l'égard des Couleurs.

La Logique nous enseigne que nous pouuons tirer plusieurs Conclusions de quelques Principes Generaux, lors qu'ils sont disposez par Ordre. Il faut pratiquer en ce lieu ce Precepte, en prouuant les trois autres Conditions du Souuerain Bien, par les mesmes Degrez qui ont fait connoitre la Verité de la premiere.

Pour montrer que le Souuerain Bien est desiré pour luy-mesme, il faut prendre les deux premiers Degrez en cette maniere. Le Souuerain Bien est le premier de tous les Biens, autrement il seroit le Souuerain Bien, & ne le seroit pas. Etant le premier de tous les Biens il est absolument Indépendant. Puis qu'il est absolument Indépendant il est desiré pour luy-mesme : car s'il étoit desiré pour autruy, il ne seroit pas absolument Indépendant : pource qu'il dépendroit de la chose pour laquelle il seroit desiré, comme les Moyens dépendent de leur Fin.

Les deux premiers Degrez sont aussi les Principes qu'il faut prendre pour expliquer la troisiéme Condition du Souuerain Bien : car étant le Premier de tous les Biens, & absolument Indépendant, toutes choses sont au dessous de luy comme sous leur derniere Fin : c'est pourquoy elles y doiuent estre rapportées.

Enfin la Verité de la quatriéme Condition du

Souuerain Bien doit estre connuë par les mesmes Degrez qui ont prouué la premiere : c'est à dire que pour montrer que le Souuerain Bien peut borner entierement nos Desirs, il faut descendre par les quatre Degrez precedans en cette façon.

    Le Souuerain Bien est le premier de tous les Biens :

Etant le Premier de tous les Biens il est absolument Indépendant :

Puis qu'il est absolument Indépendant, il ne peut rien receuoir :

Ne pouuant rien receuoir il possede toute sorte de perfections : Il faut donc conclure qu'il peut borner entierement nos Desirs : car possedant toute sorte de perfections il contient tout ce qui peut estre desiré.

    Pour auoir vne entiere connoissance des quatre Conditions du Souuerain Bien, il ne suffit pas d'en faire parestre la Verité ; mais il en faut découurir l'Ordre. On peut croire que celle qui occupe le premier lieu ne doit estre expliquée qu'apres la seconde, & la troisiéme, & suiuant cette disposition il faut asseurer que le Souuerain Bien est desiré pour luy-mesme, que toutes choses y doiuent estre rapportées, & qu'il est tres Parfait. Il semble que cét Ordre soit plus conforme que le precedant à celuy des quatre Degrez : car en descendant du premier Principe de Connoissance on sçait que le Souuerain Bien est desiré pour luy-mesme, & que toutes choses y doiuent estre rapportées, auant que

Explication de la premiere Table.

que de connoistre qu'il soit tres-Parfait : dautant qu'il suffit de prendre les deux premiers Degrez pour prouuer qu'il est desiré pour luy mesme, & que toutes choses y doiuent estre rapportées; mais il faut descendre iusques au quatriéme pour montrer qu'il est tres-parfait. Comme les Conditions du Souuerain Bien sont expliquées par les Principes de la Science Generale, on peut croire que celles qui sont plus proches du premier Principe de Connoissance, qui est la premiere Lumiere qui nous éclaire dans la recherche de la Verité, doiuent preceder à l'égard de leur clarté celles qui en sont plus éloignées.

Il ne faut pas suiure cette Regle pour iuger de la Clarté des propositions : dautant qu'vne mesme Conclusion peut estre prouuée par plusieurs Moyens, comme la seconde Condition du Souuerain Bien peut estre tirée de son Indépendance : car on peut asseurer que le Souuerain Bien est desiré pour luy-mesme, à cause qu'il est absolument Indépendant; mais la Verité de cette Conclusion peut estre aussi fondée sur la perfection du Bien : car, comme i'ay dit au commencement de ce Chapitre, ce qui est tres-parfait est desiré pour luy mesme, ne pouuant estre au nombre des Moyens qui empruntent la Bonté qu'ils ont de leur Fin. Il faut donc suiure la premiere disposition, & conclure que le Souuerain Bien est tres-parfait, qu'il est desiré pour luy-mesme, que toutes choses y doiuent estre rapportées, & qu'il peut borner entierement nos Desirs.

H

Il faut supposer deux choses qui ont été expliquées dans la Science Generale, pour sçauoir la raison de cét Ordre. Premierement que la Fin est fondée sur le Bien. En second lieu qu'il y a quelque Difference entre le Bien, & la Fin, qui doit estre tirée des differans rapports que ces deux choses ont auec l'Appetit, & auec l'Action : car le Bien pouuant estre desiré a du rapport auec l'Appetit qui le desire, & la Fin a du rapport auec l'Action, étant la premiere chose qui fait agir la cause Efficiente.

Les deux premieres Conditions du Souuerain Bien luy conuiennent, entant qu'il est au nombre des Biens, & les deux autres luy appartiennent, entant qu'il est la derniere Fin de toutes choses. La preuue de ces deux propositions fera connoitre que l'Ordre precedant des Conditions du Souuerain Bien est conforme à celuy de la Nature.

Il est facile de prouuer la premiere : car puis que l'Essence du Bien est d'estre parfait, & que c'est vne de ses Proprietez de pouuoir estre desiré, lors que nous asseurons que le Souuerain Bien est tres-parfait, & qu'il est desiré pour luy-mesme, nous découurons des Conditions qui luy conuiennent, entant qu'il est au nombre des Biens. Il est tres-éuident que celle qui occupe le premier lieu doit preceder la seconde : pource que l'Essence precede par Nature la Proprieté qui en dépend.

Pour sçauoir que les deux dernieres Conditions

Explication de la premiere Table. 59

du Souuerain Bien luy appartiennent, entant qu'il est la derniere Fin de toutes choses, il faut supposer que la Fin qui nous attire par son Absence, nous contente par sa Presence. Ces deux auantages se rencontrent dans la derniere Fin d'vne façon particuliere : car elle nous attire de telle sorte que nous y deuons rapporter toutes nos Actions, & sa Possession nous donnera vn si parfait contentement que nous ne pourrons rien plus desirer : pource que nous serons vnis à la Source de tous les Biens. Ces Veritez nous enseignent que lors que nous disons que toutes choses doiuent estre rapportées au Souuerain Bien, & qu'il peut borner entierement nos Desirs, nous faisons le denombrement des Conditions qui luy appartiennent, entant qu'il est la derniere Fin de toutes choses, & qui doiuent estre disposées en cét Ordre, suiuant celuy des auantages qui se rencontrent dans la derniere Fin.

Les Hommes, qui sont d'accord des Conditions du Souuerain Bien, en font de differantes applications. Les vns les attribuent à quelque Bien de la Fortune, & ceux-là ont de differentes Opinions, suiuant la diuersité de leurs Passions. Les autres les attribuent aux Biens du Corps, les autres aux Biens de l'Ame, & les autres soutiennent qu'elles n'appartiennent qu'à Dieu. Cét Ordre, qui est dans la Table que nous expliquons, découure l'Aueuglement des vns, & le veritable sentiment des autres : car puis que le Souuerain Bien est desiré pour

H ij

luy-mesme, il est certain qu'il ne consiste pas dans les Biens de la Fortune, qui sont desirez pour le Corps : comme la Matiere est pour la Forme, le Corps est pour l'Ame, & l'Ame doit faire des Actions conformes à sa Nature, pour vnir l'Homme à Dieu, qui est la derniere Fin de toutes choses, comme ie montreray dans l'Explication de la seconde Table, apres auoir détruit l'Erreur de ceux qui se laissent ébloüir par l'Eclat des Richesses, des Honneurs, & de la Puissance.

On peut demander en ce lieu d'où vient que les Hommes apres auoir accordé les Conditions du Souuerain Bien, ne sont pas d'accord de la chose que doit estre le dernier Terme de leurs Desirs. La Réponse qu'il faut faire à cette difficulté doit estre tirée de la diuersité de leurs Inclinations, où il faut remarquer qu'ils accordent facilement les propositions Generales qui regardent la conduite de la Vie Humaine, & qu'ils nient ordinairement les propositions Particulieres : car puis que le Bien a des charmes tres-puissans pour les attirer, ils auoüent qu'il est raisonnable de le poursuiure; mais les difficultez qui se rencontrent dans la Pratique de la Vertu obligent ceux qui ne possedent pas cette Qualité à changer de sentiment. Celuy qui se laisse vaincre par les Passions soutient aussi bien que celuy qui les modere, que la Vie luy a été donnée pour faire des Actions conformes à sa Nature; mais s'il faut endurer des Maux pour arriuer à cette Fin, leur Image se presente à sa Pensée, sa

Explication de la premiere Table. 61

Foiblesse luy fait croire qu'ils sont insupportables, & cette Opinion est cause qu'il prefere le Bien apparant à celuy qui est Veritable. Celuy qui a beaucoup de Foiblesse demeure d'accord qu'il faut seruir sa Patrie ; mais lors qu'il se trouue au milieu des Perils, il est saisi d'Etonnement, & le Desir qu'il auoit de faire de belles Actions est détruit par la Crainte qu'il a de perdre la Vie. Enfin les Hommes veulent s'approcher du Ciel ; mais ils ne veulent pas rompre les Liens qui les attachent fortement à la Terre. La Contrarieté de leurs sentimens sur ce sujet vient de la diuersité de leurs Inclinations. Il est vray qu'ils veulent aquerir ce qu'ils n'ont pas ; mais ils ne veulent pas perdre ce qu'ils possedent, comme ils veulent aquerir la Vertu ; mais ils ne veulent pas renoncer à leurs Plaisirs. Le Combat de ces deux Inclinations est cause qu'ils preferent souuent le Plaisir apparant au Bien Veritable.

Puis que les Hommes ont de differentes Opinions du Souuerain Bien, les vns, ou les autres se trompent. Il faut combattre l'Erreur de ceux qui se trompent, & suiure le Veritable sentiment des autres. Comme pour détruire quelque Maladie il en faut connoitre la Cause, pour attaquer les fausses Opinions que les Hommes ont du Souuerain Bien, il en faut sçauoir la Source. La Table que nous expliquons nous apprend qu'elles viennent, ou de l'Ignorance, ou de la Passion.

QVE LES FAVSSES OPINIONS que les Hommes ont du Souuerain Bien viennent de l'Ignorance, ou de la Passion.

CHAPITRE V.

IL semble que la Diuision qui doit estre examinée en ce Chapitre soit fausse: car puis que l'Erreur est opposée à la perfection de l'Entendement, on peut dire qu'elle vient toûjours de l'Ignorance.

Il est facile de répondre à cette difficulté, par le moyen de la Table que nous expliquons, qui nous enseigne que la premiere Source des fausses Opinions que les Hommes ont du Souuerain Bien, est, ou l'Ignorance, ou la Passion.

Il est vray que l'Erreur suppose toûjours l'Ignorance; mais la Passion en peut estre la premiere Source. Cette proposition sera prouuée en ce Chapitre, apres que nous aurons montré qu'Eudoxus, qui a mis le Souuerain Bien dans le Plaisir, s'est trompé par Ignorance, & par vn defaut de sa Raison, plûtost que par vne foiblesse de sa Volonté.

Quelqu'vn pourroit dire que l'Opinion d'Eudoxus ne doit pas estre condamnée en ce lieu: car puis que la Felicité peut estre prise, ou pour l'Objet qui

Explication de la premiere Table. 63

peut rendre l'Homme Heureux, qui reçoit proprement le nom de Souuerain Bien, ou pour l'Action qui vnit l'Homme au Souuerain Bien, qui reçoit proprement le nom de Felicité, il semble que l'Opinion d'Eudoxus ne doit pas estre examinée dans la premiere Table de la Philosophie Morale : pource que cette Table traite seulement de l'Objet qui nous rend Heureux par sa Possession, & Eudoxus a mis le Souuerain Bien dans le Plaisir, qui est vne Action.

Il est vray que le Plaisir est vne Action ; mais il n'est pas au nombre de celles qui attachent l'Homme au Souuerain Bien, & il se trouue des Hommes qui regardent le Plaisir comme l'Objet qui les attire. Pour connoitre plus clairement que le Plaisir peut estre pris pour le Souuerain Bien, il faut sçauoir que cét Objet est le But auquel nous tendons, & que l'Action qui nous y attache est vn Moyen qui nous y conduit, ou qui nous en donne la Possession. Il arriue souuent que les Hommes tendent au Plaisir, & qu'ils s'appliquent à la recherche de plusieurs Moyens pour arriuer à ce dernier Terme de leurs Desirs.

Ces Veritez nous enseignent qu'Eudoxus a pû prendre le Plaisir pour le Souuerain Bien, c'est pourquoy l'Ordre que ie dois suiure en ce lieu, m'oblige à détruire son Erreur.

La Solution de cette difficulté en fait naistre vne seconde, qui est plus grande que la premiere : car si le Plaisir a passé pour le Souuerain Bien dans l'Esprit d'Eudoxus, il s'est laissé vaincre par ses Passions, d'où vient que nous pouuons asseurer que l'Ignorance n'a pas été la premiere Source de son Erreur.

Pour répondre à cette difficulté, il faut sçauoir que deux sortes de personnes ont mis le Souuerain Bien dans le Plaisir, comme remarque Aristote au troisiéme Chapitre du premier Liure de sa Morale; à sçauoir le Vulgaire, qui cherche les Plaisirs du Corps, & quelques Philosophes qui ont attribué les Conditions du Souuerain Bien aux Plaisirs de l'Ame. La Passion est sans doute la premiere Cause de l'Erreur du Vulgaire; mais l'Erreur d'Eudoxus a été seulement vn Effet de son Ignorance. Aristote condamne en ce lieu la Vie du Vulgaire, où il faut remarquer que le mot dont il se sert pour exprimer le déreglement de ceux qui s'adonnent aux Plaisirs du Corps, nous apprend qu'ils sont dans le dernier degré de Bassesse, & qu'ils degenerent de leur Condition: car au lieu de faire des Actions conformes à la Nature des Hommes, ils viuent d'vne façon qui leur est commune auec les Bestes.

Il semble pourtant qu'Aristote se contredit dans la suite de ce Passage: car apres auoir blâmé la Vie des Voluptueux, il l'excuse, asseurant qu'elle est fondée sur quelque raison. Il n'y a pas d'apparence qu'on doiue receuoir quelque raison contre la Raison mesme; & on ne peut excuser ceux qui preferent la conduite de la Passion à celle de la Raison, qui abandonnent la Vertu pour suiure le Vice, & qui perdent l'Eclat, & en suite la Beauté de leur Ame,

Explication de la premiere Table.

Ame, en s'attachant par l'Excez de l'Amour & du Desir, aux choses Corporelles.

Pour defendre Aristote, il faut sçauoir que ceux qui l'attaquent ne considerent pas ordinairement la suite des propositions qu'ils condamnent. Il est vray qu'il dit au troisiéme Chapitre du premier Liure de sa Morale, que les Voluptueux sont fondez sur quelque raison; mais il adjoûte qu'ils suiuent l'Exemple de ceux qui ont beaucoup d'Authorité & de Puissance, qui imitent les Actions de Sardanapale. On voit clairement qu'il ne soûtient pas que les Voluptueux ayent quelque raison pour authoriser leur Vie; mais il veut dire seulement qu'il y a quelque Cause qui les entretient dans leur déreglement: car puis que l'Exemple fait vne forte impression dans l'Ame du Vulgaire, il imite facilement ceux qui sont éleuez au dessus de luy, pour estre les Regles de sa conduite.

Pour penetrer plus auant dans la pensée d'Aristote, & pour en tirer quelques Consequences qui puissent seruir pour regler ceux qui doiuent éclairer les autres, il faut remarquer qu'il se trouue des Hommes qui passent toute leur Vie dans la poursuite des Plaisirs qui leur sont communs auec les Bestes ; & qu'il arriue souuent que ceux qui ont droit de les faire punir, ne s'opposent pas à leur insolence. On pourroit s'étonner de la Bassesse des vns, & de la Negligence des autres; d'où vient qu'Aristote soûtient que ces deux defauts peuuent estre attribuez à la façon de viure de ceux qui ont beau-

I

coup d'authorité, quand elle est semblable à celle de Sardanapale. Comme le Vulgaire n'agit que par l'Imagination, il imite ceux qui sont éleuez au dessus de luy pour le conduire; & quand les Superieurs sont déreglez, ils ne s'opposent pas à la naissance des defauts, qu'ils semblent approuuer par leurs Actions. Ils doiuent sçauoir que ceux qui sont assujettis à leur Puissance suiuent facilement leur Exemple : car on imite facilement les Actions que l'on doit respecter. La Puissance des grands les met en état d'éleuer les vns, & d'abaisser les autres : ces auantages font naistre dans l'Ame de leurs Inferieurs le Desir d'aquerir ce qu'ils n'ont pas, & la Crainte de perdre ce qu'ils possedent. Enfin ces Passions portent les Inferieurs à l'Imitation des Qualitez de leurs Superieurs, qu'ils regardent en quelque façon comme l'Objet de leurs Esperances, & de leurs Craintes. Puis que les Superieurs sont éleuez au dessus des autres par les Ordres de la Diuine Prouidence, pour les éclairer, ou pour les secourir, ils sont grandement obligez de bien Viure, & quand leurs Actions s'éloignent de l'Ordre de la Raison, ils ne sont pas seulement coupables du Vice qui se forme en leur Ame ; mais aussi des Crimes que les autres commettent à leur Exemple.

On pourroit dire qu'Aristote, au troisiéme Chapitre du premier Liure de sa Morale, parle seulement de l'Opinion du Vulgaire, qui s'addonne aux Plaisirs du Corps, & qu'il n'y traite pas de celle

Explication de la premiere Table. 67

d'Eudoxus, qui a mis le Souuerain Bien dans les Plaisirs de l'Ame.

Il est vray que nous serons de ce Sentiment, si nous voulons suiure la Traduction de Lambin, & des autres Traducteurs d'Aristote; mais si nous considerons les deux mots qu'il a mis en vsage pour expliquer l'Opinion de ceux qui ont pris le Plaisir pour leur derniere Fin, nous trouuerons que l'vn exprime celle du Vulgaire, & que l'autre découure celle de quelques Philosophes. Aristote nous fait connoitre plus clairement sa pensée sur ce sujet, au second Chapitre du dixiéme Liure de sa Morale, quand il dit qu'Eudoxus pouuoit auoir beaucoup de Sectateurs, à cause que sa vie étoit bien reglée. Il asseure que ce Philosophe ne prenoit pas le party de la Volupté, comme ceux qui l'ayment; mais qu'il parloit suiuant son veritable sentiment. Ces propositions nous enseignent que l'Erreur d'Eudoxus a été seulement vn Effet de son Ignorance.

Eudoxus a creu que le Plaisir étant desiré pour luy-mesme, étoit le Souuerain Bien. Il s'est trompé, pource qu'il n'a pris qu'vne Condition du Souuerain Bien, qui conuient au Plaisir, qui ne peut auoir les autres Conditions qui ont été disposées par Ordre dans le Chapitre precedant; comme il est certain qu'il n'est pas tres-parfait, puis qu'il ne contient pas toute sorte de perfections.

Pour auoir vne plus parfaite connoissance de l'Erreur d'Eudoxus, il faut sçauoir que s'étant trompé par Ignorance, il a combattu les Regles

I ij

du Raisonnement, quand il a raisonné en cette façon.

    La Felicité est desirée pour elle-mesme;
    Le Plaisir est desiré pour luy-mesme;
    Donc le Plaisir est la Felicité.

Pour faire connoitre la fausseté de ce Syllogisme, il faut faire vn autre Argument dans la mesme Forme, en cette maniere.

    L'Homme est vn Animal;
    Le Lion est vn Animal;
    Donc le Lion est vn Homme.

Comme il est tres-éuident que la Consequence de ce Syllogisme est fausse, il faut faire le mesme Iugement de la Consequence du premier, pource que la disposition de leurs Termes est semblable.

Les Logiciens connoissent que les deux Syllogismes precedans sont dans la seconde Figure, & qu'ils sont faux, à cause que l'vne des propositions de cette Figure doit estre Negatiue, autrement le Moyen, qui est l'Attribut de ses deux propositions, seroit pris en particulier dans l'vne & dans l'autre; puis que l'Attribut d'vne proposition Affirmatiue, est pris en particulier. Quand le Moyen du Syllogisme est pris en particulier dans ses deux premieres propositions, il est pris autrement dans l'vne que dans l'autre; c'est pourquoy ce Syllogisme est faux, à cause qu'vn parfait Syllogisme ne doit estre composé que de trois Termes: car comme vne mesme Mesure nous sert pour mesurer deux choses, nous ne deuons prendre qu'vn Moyen pour conjoindre,

Explication de la premiere Table. 69

ou feparer les deux Extremitez d'vne Conclufion.

Comme le fentiment d'Epicure, dans l'établiffement du Souuerain Bien, eft femblable à celuy d'Eudoxus, ceux qui l'excufent fe trompent. Nous deuons dire pourtant que ceux qui le condamnent fe trompent ordinairement, en ce qu'ils n'entendent pas fon Opinion. Comme c'eft le Vulgaire qui donne les noms aux chofes, & qu'il s'arrefte à celles qui font les plus communes, il donne principalement le nom de Plaifir aux Plaifirs du Corps; d'où vient qu'Epicure, ayant mis le Souuerain Bien dans le Plaifir, a paffé dans l'Opinion de la plufpart des Hommes pour vn Homme brutal, qui a été entierement attaché aux Plaifirs du Corps. Ceux qui fçauent qu'il a donné des Preceptes pour aquerir la Vertu, & pour s'éloigner du Vice, n'ont pas beaucoup de peine à le defendre de cette calomnie; mais ils font pareftre qu'ils n'ont pas affez de connoiffance de la Philofophie Morale, quand ils affeurent que fon Opinion eft entierement conforme à la Raifon: car comme j'ay montré contre Eudoxus, le Plaifir mefme de l'Ame ne peut eftre le Souuerain Bien; pource que les Conditions du Souuerain Bien ne luy appartiennent pas. Il faut auffi remarquer en ce lieu, que la Felicité étant prife pour l'Action qui nous vnit au Souuerain Bien, ne confifte pas dans le Plaifir, qui peut eftre vne fuite de l'Amour, ou de la Contemplation de Dieu.

Pour montrer que la Paffion peut eftre la premiere Source des fauffes Opinions que les Hommes ont du Souuerain Bien, il faut supposer que celuy qui se laisse conduire par les Mouuemens de la Partie Inferieure de l'Ame, suit les Inclinations qui luy sont communes auec les Plantes, & auec les Bestes : c'est pourquoy il est grandement attaché à la Vie, & à la recherche des Plaisirs. Le Desir qu'il a de viure excite en son Ame celuy des Richesses, qui sont necessaires pour la conseruation de la Vie. Comme ses Passions ne sont pas moderées, il cherche les Richesses auec beaucoup d'Ardeur ; & comme les Richesses ont de l'Eclat, il les prend facilement pour le Souuerain Bien. Il se trompe, & il est tres-éuident que la Passion qui éblouit sa Raison, est la premiere Source de son Erreur. La Passion fait naistre dans son Esprit vne Opinion qu'il a du Bon-heur d'autruy, qui le trompe, quand il raisonne en cette maniere : celuy-là est Heureux, & ie suis mal-Heureux ; donc le Bon-heur consiste dans la chose que ie n'ay pas, & qu'il possede. J'ay autant d'Amis que luy ; il n'est pas plus sçauant que moy ; la Nature nous a également distribué les Biens du Corps. Enfin il ne me surpasse qu'en Richesses ; donc l'Homme est Heureux quand il est Riche.

Ce faux raisonnement nous apprend que les Opinions des Hommes, sur ce sujet, sont innombrables : car ils donnent ordinairement le nom de Souuerain Bien à la chose qu'ils desirent ; c'est pourquoy ils pensent que celuy qui la possede soit Heureux ; mais comme celuy-là peut desirer quelque chose qu'il n'a pas, il croit que celuy qui en joüit soit Heureux; d'où vient que ceux qui obeïssent à leurs Passions ne sont pas contens de leur Condition.

QVE CEVX QVI OBEISSENT à leurs Passions, ne sont pas contens de leur Condition.

CHAPITRE VI.

QVAND les Hommes se laissent conduire par leurs Passions, ils ne sont pas contens de leur Condition: car puis que leur Nature est depravée, ils cherchent ce qui leur est contraire. Comme ils desirent toute sorte de Biens, il n'y a point de Condition qui puisse borner entierement leurs Desirs. L'Experience, & le defaut d'Experience sont ordinairement les Sources de leur Inquietude. Ils ont l'Experience de la Misere qui se rencontre dans leur Condition; mais ils n'ont pas celle du Mal qui attaque les autres: c'est pourquoy leur Condition leur donne de l'Inquietude, à cause de la misere qui l'accompagne; mais celle des autres excite l'Enuie dans leur Ame, à cause de l'Eclat qui les éblouït. Enfin ils ne doiuent pas estre si contens de leur Condition, qu'il ne leur reste rien à desirer; pource qu'ils seroient trop attachez à la Terre.

Bien que les Hommes qui font déreglez dans leur Vie ne foient pas contens en quelque état qu'ils foient, il s'en trouue plufieurs qui ne voudroient pas quitter leur Condition pour en prendre vne autre : car puis que la Coûtume engendre la familiarité, ceux qui ont vefcu long-temps dans vne Condition auroient de la peine à la quitter. Ils fçauent qu'on peut fe repentir du changement. Il arriue fouuent que les chofes qui les attirent à quelque Condition, les y retiennent. Enfin le Bien Commun demande que les Hommes exercent long-temps vne mefme profeffion, pour aquerir la perfection des Arts, qui font neceffaires pour la conferuation des Republiques.

Pour montrer que les Hommes qui abandonnent la Vertu, ne peuuent eftre contens de leur Condition, & pour découurir la Source des raifons qu'il faut prendre pour auoir la connoiffance de cette Verité, il faut examiner qu'elles font les Caufes du Mécontentement.

La Douleur prouient de plufieurs Caufes, comme il eft tres-éuident qu'elle eft vn Effet du Mal qui nous attaque. Elle peut eftre produite par la perte d'vn Bien qui nous contentoit par fa Prefence. Nous la reffentons quand nous fommes contraints d'abandonner la pourfuite du Bien que nous defirons, ou quand nous demeurons long-temps dans la recherche de quelque Bien qui nous attire. Enfin la Crainte du Peril, le Mépris que l'on fait de nous, ou des chofes que nous aymons, la Violence

qui

Explication de la premiere Table. 73

qui nous perfecute, le reſſouuenir des Maux que nous auons commis, & pluſieurs autres Cauſe, peuuent exciter la Douleur dans nos Ames.

Puis que les Cauſes de la Douleur ſont innombrables, il faut taſcher de les reduire à quelques Cauſes Generales, auſquelles nous puiſſions rapporter toutes les Cauſes Particulieres qui la peuuent engendrer.

Nous pouuons reduire toutes les Cauſes de la Douleur à trois Principales, & nous deuons aſſeurer que cette Paſſion ſe forme en notre Ame, ou par la Preſence du Mal qui nous attaque, ou par l'Abſence du Bien que nous deſirons, ou par la Crainte du Mal qui n'eſt pas beaucoup éloigné de nous; d'où vient que les Ieunes Hommes ſont ſi ridicules qu'ils ne craignent pas la Mort, à cauſe qu'ils ſe perſuadent qu'ils en ſont grandement éloignez.

Il ſemble que les Ieunes Hommes ne doiuent pas eſtre blâmez, de ce qu'ils ne craignent pas la Mort; pource que la Vaillance reluit dans cette Action.

Il eſt facile de répondre à cette difficulté : car ie condamne ſeulement la raiſon qui empeſche les Ieunes Hommes de craindre la Mort, ſans combattre leur ſentiment. Il eſt vray qu'il ne faut pas craindre la Mort, puis que la Vaillance doit s'oppoſer à la Crainte des Perils qui peuuent détruire la Vie; mais les Ieunes Hommes ſont ridicules de ne craindre pas la Mort, à cauſe qu'ils penſent qu'ils en ſont

K

grandement éloignez. Quand ceux qui sont obligez de les éclairer les veulent conduire à la Vertu, ils répondent qu'il faut accorder quelque chose à la Ieunesse, & qu'ils veulent changer de vie; mais qu'ils ne doiuent pas encore s'appliquer à ce changement, pource qu'ils ont beaucoup de Temps à Viure. Ils se trompent de dire qu'il n'est pas Temps de bien viure dans la Ieunesse; & la raison qu'ils prennent pour leur defense, est tres-fausse. On doit resister à la Passion quand elle commence à naistre en l'Ame; & on se met en peril de trauailler inutilement pour obtenir cét auantage, lors qu'on attend qu'elle ait vsurpé vne Puissance absoluë sur la Raison. Comme le deuoir d'vn sage Politique est de connoitre les Maux dans leur Naissance, afin d'éuiter les desordres qu'ils peuuent exciter dans la Republique; le deuoir de la Prudence est de s'opposer à la Naissance des Passions qui peuuent obscurcir la Lumiere de la Raison. Les Ieunes Hommes sont dans l'Erreur de croire qu'il n'est pas Temps de resister à vn Ennemy qui a beaucoup de Puissance pour leur faire la Guerre: car c'est dans la Ieunesse que les Passions, aydées par la Force de la Nature, entreprennent d'assujetir la Raison à leur Empire; ils doiuent donc changer de sentiment, & ils doiuent considerer la foiblesse de la raison qu'ils apportent pour soûtenir leur Opinion. Ils disent qu'ils n'ont que quinze, ou vint ans, & qu'il leur reste beaucoup de Temps à Viure; mais ils doiuent parler plus proprement; ils doiuent dire qu'ils ont perdu vint ans, & que peut-eſtre il ne leur reſte qu'vn Moment à Viure. Il eſt vray que la ſuite de pluſieurs Années fait approcher les Hommes du Tombeau; & ie demeure d'accord, que les Vieillards ſont plus proches de la Mort que les Ieunes Hommes, ſuiuant l'Ordre de la Nature; mais ie ſoûtiens que les Ieunes Hommes en ſont plus proches que les Vieillards, ſuiuant le deſordre de leurs Paſſions, qui les engagent tous les jours en pluſieurs Perils qui leur peuuent oſter la Vie.

Apres auoir montré que toutes les Cauſes de la Douleur peuuent eſtre reduites à trois Principales, il faut prouuer qu'elles ſe rencontrent en toute ſorte de Conditions.

Il eſt tres-éuident que l'Homme peut eſtre attaqué par la Preſence de quelque Mal, en quelque Etat qu'il puiſſe eſtre: car les Maladies ne reſpectent aucune Qualité, les coups de la Fortune n'épargnent perſonne, & ceux qui commandent aux autres ſont contraints d'Obeïr aux Loix de la Nature.

Il eſt auſſi tres-certain que les Hommes peuuent toûjours craindre quelque choſe. Comme ils ſont Mortels, ils peuuent craindre la Mort; & ceux qui ſont d'vne Condition tres-releuée, ne peuuent eſtre à couuert des attaques de la Crainte; pource que l'Indignation & l'Enuie ſe forment facilement dans l'Ame de ceux qui conſiderent leur Proſperité.

Il ſemble que la Douleur qui doit ſa Naiſſance à l'Abſence des Biens que l'on peut deſirer, ne peut faire aucune impreſſion dans le Cœur de ceux qui poſſedent les premieres Charges d'vne Republique ; mais ſi nous conſiderons les Inclinations qui accompagnent leur Authorité, nous trouuerons que la Puiſſance qui les met en état de pourſuiure toutes choſes, les met auſſi en Peril de ſouffrir plus de Douleur par l'Abſence des Biens qu'ils deſirent, que ceux qui ſont miſerables, qui ne deſirent ordinairement que ce qui eſt neceſſaire pour la Conſeruation de leur Vie.

Pour auoir la connoiſſance de cette Verité, il faut ſçauoir que nous deuons Iuger de l'Excez de la Douleur qui vient de l'Abſence des Biens que nous pouuons deſirer par la Grandeur du Deſir : c'eſt à dire que la Douleur que nous auons d'eſtre priuez de quelque Bien que nous deſirons, eſt plus ou moins grande, ſuiuant que le Deſir que nous auons de l'aquerir a plus ou moins de Violence. Cette Regle nous apprend, que ſi les Deſirs de ceux qui ſont éleuez au deſſus des autres ſont plus grands que les Deſirs de leurs Inferieurs, ils ſont en Peril de receuoir plus de Douleur par l'Abſence des Biens qu'ils deſirent, que ceux qui ſont tres-miſerables.

Pour montrer que les Deſirs des Superieurs ſurpaſſent en Grandeur les Deſirs de leurs Inferieurs, il faut ſçauoir que nous deuons Iuger de la Grandeur des Deſirs, ou par leur Etenduë, ou par leur Violence ; c'eſt à dire que les Deſirs ſont plus grands, ou quand ils ont plus d'Etenduë, ou lors

Explication de la premiere Table. 77

qu'ils se forment en l'Ame auec plus de Violence.

Les Desirs des Grands ont plus d'Etenduë que les Desirs des miserables. Pour faire connoitre la Verité de cette proposition, il faut supposer que les Desirs tirent leur Etenduë, ou de la Diuersité des Objets, ou de la Quantité d'vn mesme Objet.

Puis que ceux qui sont tres-miserables ne possedent rien, ils peuuent souhaiter toutes choses; il semble donc que leurs Desirs ayent plus d'Etenduë, suiuant la diuersité des Objets, que les Desirs de ceux qui sont considerables par la diuersité des Biens qui leur appartiennent. On peut faire le mesme Iugement de l'Etenduë des Desirs, suiuant la Quantité d'vn mesme Objet : car ceux qui surpassent les autres en Richesses, ou en Puissance, tendent seulement à l'Augmentation de leurs Richesses, ou de leur Puissance : mais ceux qui sont dans le dernier degré de Pauureté peuuent desirer les Biens qui sont possedez, & ceux qui sont desirez par ceux qui les surpassent : c'est pourquoy il semble que leurs Desirs ayent plus d'Etenduë, suiuant la Quantité d'vn mesme Objet, que les Desirs de ceux qui sont d'vne Condition tres-releuée.

Pour répondre à ces difficultez, il faut remarquer que nous parlons en ce lieu des Desirs qui nous engagent à la recherche du Bien que nous desirons. Pour sçauoir quels sont ces Desirs, il faut considerer qu'il y en a de deux sortes. Les vns precedent la Deliberation, & les autres la supposent. Les premiers sont ordinairement supprimez dans

K iij

leur Naissance, & les autres nous font tendre au Bien qui nous attire. Quand l'Image de quelque Bien se presente à notre pensée, nous le desirons; & si nous jugeons que le Moyen, qui est absolument necessaire pour l'obtenir, ne soit pas en notre Puissance, nous cessons de le desirer, ou le Desir que nous en auons ne nous incite pas à surmonter les difficultez qui l'enuironnent; mais si nous pensons que nous puissions disposer des Moyens qui sont vtiles pour y arriuer, nous continuons à le desirer, & le nouueau Desir que nous en auons, qui suppose la Deliberation, nous met en état de le poursuiure.

On voit clairement que si nous parlons des Desirs qui supposent la Deliberation, ceux qui surpassent les autres en Richesses, & en Puissance, desirent plus de choses que ceux qui sont accablez de misere; pource que les Richesses, & la Puissance leur font entreprendre plusieurs choses qui ne sont pas l'Objet de l'Esperance de ceux qui sont priuez de ces auantages; il est donc tres-certain que leurs Desirs ont plus d'Etenduë que les Desirs des miserables, suiuant la diuersité des Objets. Ils ont aussi plus d'Etenduë, suiuant la Quantité d'vn mesme Objet. Pour auoir la connoissance de cette Verité, & pour répondre à la difficulté que j'ay proposée auparauant, il faut sçauoir que nous parlons en ce lieu des Desirs qui supposent la Deliberation, & qu'il y a quelque Ordre dans nos Desirs.

Celuy qui est tres-pauure ne desire pas, par vn

Explication de la premiere Table.

Desir qui suppose la Deliberation, d'estre aussi riche que ceux qui sont éleuez aux plus éminentes Charges d'vne Republique. Il demande seulement ce qui luy est absolument necessaire : les plaintes ordinaires de ceux qui sont reduits à cette misere, qui sont les marques de leurs Desirs, nous enseignent qu'ils ne cherchent que les Biens qui sont vtiles pour la Conseruation de leur Vie; mais s'ils peuuent arriuer à la Fin qu'ils se proposent, ils se rendent ordinairement plus miserables qu'ils n'étoient auparauant, par le dereglement de leurs Desirs. Vn Esclaue au milieu de ses chaisnes ne souhaite pas d'égaler la Puissance des Roys, & il ne tend qu'à la Liberté; mais si ce bon-heur luy arriue, ses Desirs s'augmentent auec sa Puissance.

Les raisons precedentes prouuent que les Desirs se forment dans l'Ame des Grands auec plus de Violence que dans le Cœur des Pauures : c'est pourquoy il faut conclure, que la Puissance, qui les met en état de tendre à toutes choses, les met aussi en peril de souffrir plus de Douleur, par l'Absence des Biens qu'ils desirent, que ceux qui sont miserables, qui ne desirent ordinairement que ce qui est necessaire pour la Conseruation de leur Vie.

Apres auoir donné la connoissance de la Source des fausses Opinions que les Hommes ont du Souuerain Bien, & de la suite de leur Erreur, il faut disposer par Ordre les raisons qu'il faut prendre pour la combattre, & pour établir la Verité qui luy est opposée.

L'ORDRE QV'IL FAVT SVIVRE
pour détruire les fausses Opinions que les Hommes ont du Souuerain Bien, & pour découurir celuy qui doit estre le dernier Terme de uos Desirs.

CHAPITRE VII.

Es deux choses qui doiuent estre expliquées en ce Chapitre, peuuent estre connuës par la Diuision des Biens, qui sont, ou de la Fortune, comme les Richesses; ou du Corps, comme la Beauté; ou de l'Ame, qui sont; ou dans l'Ame, comme ses Facultez, & ses Habitudes; ou hors de l'Ame, à sçauoir les choses qui doiuent estre l'Objet de sa Connoissance, & de ses Desirs.

Pour entendre cette Diuision, & pour répondre aux difficultez qu'on pourroit faire pour en combattre l'Ordre, il faut supposer qu'il faut changer d'Ordre, suiuant la diuersité des lieux où les choses doiuent estre examinées. Ce Precepte que j'ay donné, en traitant de la Methode dans la quatriéme Partie de la Logique, m'oblige à disposer les Biens en differans ordres, comme voulant refuter les fausses Opinions que les Hommes ont du Souuerain Bien, & faire connoitre celuy qui doit estre

le

Explication de la seconde Table. 81

le principal Objet de nos Desirs, dans la seconde Table de la Philosophie Morale, j'ay deu commencer cette Table par la Diuision des Biens, où j'asseure qu'ils sont, ou de la Fortune, ou du Corps, ou de l'Ame. L'Ordre de cette Diuision répond aux deux Fins que ie me propose en cette Table : car puis que le Souuerain Bien est desiré pour luy-mesme, les Auares se trompent, quand ils attribuent cét auantage aux Richesses, qui sont desirées pour la conseruation de la Vie. Comme les Richesses, qui sont des Biens de la Fortune, sont pour le Corps, le Corps est pour l'Ame, & le principal deuoir de l'Ame est de nous vnir à Dieu, qui doit estre le dernier Terme de notre Connoissance, & de notre Amour.

Les Biens de la Fortune sont recherchez, ou par les Auares; à sçauoir les Richesses, ou par les Ambitieux; à sçauoir l'Honneur, & la Puissance. Pour entendre cette Diuision; qui est la seconde de la Table que nous expliquons, il faut sçauoir si nous deuons parler en ce lieu de l'Opinion des Auares, & si la refutation de leur Erreur doit preceder celle de l'Erreur des Ambitieux.

Nous pouuons juger des Opinions que les Hommes ont du Souuerain Bien, par rapport aux différantes façons de viure, suiuant la Doctrine d'Aristote, qui asseure au troisiéme Chapitre du premier Liure de sa Morale, que la Vie est; ou Voluptueuse, qui a pour Objet les Plaisirs du Corps; ou Actiue, qui tend principalement à la Vertu; ou Contemplatiue, qui s'attache à la Contemplation

L

de la Verité. Le mesme Philosophe enseigne au mesme Chapitre, que l'occupation des Auares, qui leur donne plus d'Inquietude que de Plaisir, ne merite pas d'estre mise au nombre des façons de Viure ; il semble donc qu'il soit inutile d'examiner leur Opinion.

Pour répondre à cette difficulté, on pourroit croire qu'Aristote se contredit; pource que la liaison de plusieurs propositions qu'il a faites en plusieurs endroits de ses Ouurages, prouue que l'Occupation des Auares peut estre mise au nombre des façons de Viure : car il soûtient au dernier Chapitre du neufiéme Liure de sa Morale, que nous donnons le nom de Vie à l'Action qui est conforme à notre Inclination, apres auoir dit au premier Chapitre du premier Liure, que chaque chose a Inclination à sa Fin.

La liaison de ces deux propositions montre que la diuersité des façons de Viure doit estre tirée de la diuersité des Fins que les Hommes se proposent.

La Fin est bonne de sa Nature, & les Moyens empruntent leur Bonté de leur Fin. Comme Aristote demeure d'accord de ces Veritez, au premier Chapitre du troisiéme Liure de ses Topiques, on peut dire que dans sa pensée le nombre des façons de Viure doit répondre à celuy des Biens; & puis que le Bien est, ou Honneste, ou Plaisant, ou Vtile, il semble qu'il y ait trois sortes de Vies, suiuant le veritable sentiment d'Aristote ; à sçauoir celle des Philosophes, qui a pour But le Bien Honneste ;

celle des Voluptueux, qui pourfuit les Plaifirs du Corps; & la Vie des Auares, qui tend au Bien Vtile.

Si nous confiderons pourtant attentiuement la liaifon des propofitions precedantes, nous y trouuerons la defenfe d'Ariftote, & nous jugerons auec luy, qu'il eft raifonnable d'exclure l'Occupation des Auares du nombre des façons de Viure.

Il eft vray que la diuerfité des façons de Viure doit eftre tirée de la diuerfité des Fins que les Hommes fe propofent. Il eft auffi tres-certain que la Fin étant bonne de fa Nature, le nombre des Vies doit répondre à celuy des Biens; mais la fuite de ces propofitions nous fait connoitre que la diuerfité des façons de Viure eft fondée fur la diuerfité des Biens qui meritent le nom de Fin, & que les Auares ne viuent pas proprement; pource qu'ils s'occupent entierement à la recherche des Richeffes, qui ne font que des moyens pour arriuer à quelque Fin.

Si les Auares ne viuent pas proprement, leurs Actions font grandement éloignées de la Vie qui conuient à la Nature Humaine, & nous pouuons dire qu'ils font en quelque façon femblables aux Enfans; mais peut-on faire quelque Comparaifon des Enfans, qui viuent encore dans l'Innocence, auec les Auares, qui employent la Tromperie, le Parjure, la Fraude, la Trahifon, & la Violence, pour vfurper le Bien d'autruy.

La réponfe que l'on doit faire à cette difficulté,

L ij

dépend des Regles que nous deuons fuiure dans les Comparaisons. Aristote, au dix-septiéme Chapitre du premier Liure de ses Topiques, en établit vne tres-Vtile, quand il asseure qu'il faut tascher de trouuer quelque rapport entre les choses qui sont grandement differantes les vnes des autres. Suiuant ce Precepte, nous pouuons soûtenir que les Auares sont en quelque façon semblables aux Enfans.

Pour entendre la Comparaison qui peut estre faite des Auares auec les Enfans, il faut sçauoir que les Enfans pensent qu'ils n'ont pas vescu long-temps, & qu'ils sont tres-éloignez de la Mort : car pour conceuoir le Temps, il en faut connoitre la Mesure : le Temps peut estre mesuré par le Mouuement, & le Mouuement dépend de l'Action ; on voit donc clairement que les Ieunes Hommes, qui n'ont pas encore laissé de marques de leur Vie, pensent qu'ils n'ont pas vescu long-temps. On peut faire le mesme jugement de l'Auare : car bien qu'il ait veu écouler plusieurs années, qui luy auoient été données pour éleuer son Ame à Dieu, s'étant entierement attaché à la Terre, n'ayant point fait de loüables Actions, & taschant de perdre la memoire des Crimes qu'il a commis, pour se deliurer de la Crainte des peines qu'il ne peut éuiter, il regarde sa vie passée comme vn Songe ; & le soin qu'il a d'augmenter ses Richesses, nous apprend qu'il ne pense jamais à la Mort. Il est semblable à celuy qui dort : car comme celuy qui dort peut

Explication de la seconde Table.

craindre, en songeant, ce qu'il ne faut pas craindre, & ne craindre pas ce qu'il faut craindre, l'Auare craint la Mort du Corps, qui peut estre le commencement de la Vie Eternelle; & il ne craint pas la Mort de l'Ame, qui l'éloigne de la joüissance de Dieu. Il craint des peines qui ne sont grandes que dans son Imagination, & il ne craint pas de veritables supplices qui surpassent la pensée des Hommes. Enfin il craint de n'auoir pas assez d'industrie pour vsurper le Bien d'autruy, & il ne craint pas de manquer de conduite pour conseruer son propre Bien. Plus il s'approche de la Vieillesse, plus sa chaleur Naturelle se diminuë, & plus l'Experience qu'il a des maux qui arriuent au Monde s'augmente: c'est pourquoy il deuient tres-timide, & la crainte qu'il a de perdre les Biens qu'il possede augmente son Auarice. Enfin il deuient incurable: car s'il se trouue quelqu'vn qui n'ait plus de Douleur d'auoir quitté la Vertu, c'est l'Auare, qui s'accoustume d'estre insensible au Mal; puis qu'il arriue souuent qu'il tire du Plaisir de l'Infortune des miserables.

Si les Auares ne viuent pas, on peut dire la mesme chose des Voluptueux: pource que le Plaisir qui les attire, peut détruire les Principes qui regardent la conduite de la Vie Humaine. Il est donc difficile d'accorder en ce lieu deux propositions d'Aristote: car il asseure au troisiéme Chapitre du premier Liure de sa Morale, que les Auares ne viuent pas; & au mesme Chapitre, il met les Actions des Voluptueux au nombre des façons de Viure.

Il eſt vray que les Voluptueux conuiennent auec les Auares, en ce qu'ils s'éloignent par leurs Actions de la Vie qui conuient proprement à l'Homme; mais puis que la diuerſité des façons de Viure eſt fondée ſur la diuerſité des Fins, les Actions des Voluptueux peuuent receuoir en quelque façon le nom de Vie, & nous ne deuons pas faire le meſme jugement de celles des Auares: pource que les Voluptueux cherchent le Plaiſir, qui eſt deſiré pour luy meſme, & les richeſſes, que les auares pourſuiuent, ne ſont que des moyens pour arriuer à quelque Fin.

Puis que le nombre des Vies doit répondre à celuy des Biens qui peuuent receuoir le nom de Fin, il ſemble qu'il n'y ait proprement que deux façons de Viure: car le Bien qui eſt deſiré pour luy-meſme, eſt; ou ſuiuant la Raiſon, à ſçauoir le Bien Honneſte; ou ſuiuant le Sens, à ſçauoir le Bien Plaiſant.

Il faut ſuppoſer deux choſes, pour répondre à cette difficulté, & à pluſieurs autres que l'on peut faire en ce lieu. Premierement, que par le Bien Plaiſant, entant qu'il eſt oppoſé à celuy qui eſt Honneſte, on entend la Volupté, qui eſt ſuiuant le Sens. En ſecond lieu, que la Raiſon eſt, ou Pratique, ou Speculatiue. La premiere regarde les choſes qui peuuent eſtre faites, & la ſeconde regarde celles qui peuuent eſtre connuës ſeulement.

Ces Veritez nous enſeignent que la Vie eſt; ou

Voluptueuſe, qui cherche le Bien Plaiſant ; ou Actiue, qui tend au Bien qui eſt conforme à la Raiſon Pratique ; ou Contemplatiue, qui a pour Fin le Bien qui conuient à la Raiſon Specula-tiue.

Bien qu'il ſoit raiſonnable d'exclure l'occupation des Auares du nombre des façons de Viure, il n'eſt pas pourtant inutile de refuter leur Opinion: car il ne ſuffit pas de juger des Opinions que les Hommes ont du Souuerain Bien, par rapport aux differantes façons de Viure ; il faut encore examiner dans la Philoſophie Morale celles qui ſont tres-communes, & qui peuuent eſtre la ſource de pluſieurs Maux.

Le deuoir de cette Science n'eſt pas ſeulement de nous donner la connoiſſance des degrez qui nous conduiſent à la Vertu ; mais elle doit auſſi expliquer ceux qui nous portent au Vice. Bien que les Auares ſoient attaquez d'vne maladie incurable, il eſt pourtant neceſſaire de combattre leur Opinion, pour empeſcher les autres de tomber dans le Vice dont ils ſont coupables.

Comme le principal deuoir du Medecin eſt de remedier aux plus grandes Maladies, le principal ſoin du Philoſophe Moral eſt de trauailler à la deſtruction des plus grands Maux ; c'eſt pourquoy la refutation de l'Erreur des Auares doit preceder celle de l'Erreur des Ambitieux ; d'autant que l'Auarice eſt vn plus grand Vice que l'Ambition.

Il ſemble que l'Ambition ſoit vn plus grand

Vice que l'Auarice : pource que les Maux que l'Ambition excite dans les Republiques sont plus grands que ceux qui doiuent leur naissance à l'Auarice ; car l'Auarice est ordinairement le Vice du Vulgaire : mais l'Ambition établit particulierement son Empire dans l'Ame de ceux qui commandent aux autres. Il est vray que l'Auare ne peut arriuer à la Fin qu'il se propose, sans rauir injustement à quelques-vns les Biens de la Fortune ; mais l'Ambitieux ne peut executer les desseins criminels qui se forment en son Ame, sans faire perdre la Vie à beaucoup de personnes. L'Ambition a plus d'Etenduë que l'Auarice : car si quelqu'vn est priué des Biens de la Fortune, il ne craint point la Finesse, ny la Violence de l'Auare ; mais ceux qui sont dans le dernier degré de Pauureté, ne peuuent estre à couuert de la persecution de l'Ambitieux : dautant que la Pauureté arriue, ou à celuy qui est Vertueux, & c'est vn Moyen qui fait réluire sa Constance, ou à celuy qui est Vicieux. Nous pouuons dire qu'elle augmente son Vice, & que luy faisant mépriser sa Vie, elle le met en état de disposer de celle des autres. L'Ambitieux tend à la ruine de ceux qui sont tres-Méchans, & de ceux qui sont recommandables par leur Vertu. Il attaque les Méchans, non pource qu'il est juste de les punir ; mais pource qu'il craint les Effets de leur Malice. Il fait la guerre à ceux qui sont estimez à cause de leur Vertu ; pource qu'il ne peut souffrir dans les autres quelque perfection qui ait assez d'Eclat pour

obscurcir

obscurcir sa Gloire. L'Ambitieux est plus insolent que l'Auare: car l'Auare, dont toutes les pensées, & tous les soins ont pour Objet les Richesses, s'abaisse facilement deuant ceux qu'il veut tromper. Il accorde tous leurs sentimens; il obeït à leurs Volontez; il se compose suiuant leurs Inclinations: Enfin il n'est point de flaterie dont il ne soit capable; mais l'Ambitieux veut assujetir tout le Monde à son Empire.

Puis que les Maux qui viennent de l'Ambition sont plus grands que ceux qui viennent de l'Auarice, le premier de ces deux Vices est plus pernicieux que le second; on peut donc asseurer, contre la proposition que j'ay faite auparauant, que la refutation de l'Erreur des Ambitieux doit preceder celle de l'Erreur des Auares.

Pour répondre à cette difficulté, il faut considerer que les Maux qui ont été attribuez auparauant à l'Ambition, sont des Effets de l'Injustice, & de plusieurs autres Vices. Comme l'Ambitieux tend aux grandes choses, celuy qui commet de grands Crimes pour vsurper le Bien d'autruy, passe ordinairement pour Ambitieux dans l'Esprit du Vulgaire; mais si nous voulons expliquer parfaitement la Nature de l'Ambitieux, nous deuons dire auec Aristote, au neufiéme Chapitre du quatriéme Liure de sa Morale, qu'il ne fait aucun mal à personne; qu'il imite le Genereux, en ce qu'il tend aux choses releuées; qu'il s'y porte, pour estre estimé des Hommes; & qu'il doit estre condamné de Folie, plûtoſt que de Malice. Ces Veritez nous enſeignent que l'Ambition eſt vn moindre Vice que l'Auarice; il faut donc conclure que la refutation de l'Erreur des Auares doit preceder celle des Ambitieux.

Pour détruire l'Opinion des Auares, qui mettent le Souuerain Bien dans les Richeſſes, il faut connoitre la Nature des Richeſſes.

DE LA NATVRE
des Richesses.

CHAPITRE VIII.

POvr montrer que les Richesses ne peuuent estre le Souuerain Bien, il en faut examiner la Nature; & pour en auoir la connoissance, il faut faire la Diuision des Biens.

Comme nous deuons changer d'Ordre, suiuant la diuersité des lieux où les choses sont examinées, la Diuision des Biens que nous deuons faire en ce lieu, doit auoir du rapport auec la fin que nous auons; c'est à dire que nous deuons diuiser les Biens, autant qu'il est necessaire, pour connoitre la Nature des Richesses.

Aristote, au second Chapitre du premier Liure des grandes Morales, dit que les Biens sont, ou Honnorables, ou Loüables, ou en Puissance; & il soûtient au mesme Chapitre, que les Richesses sont contenuës dans la troisiéme Partie de cette Diuision; dautant qu'elles peuuent seruir pour exercer la Vertu, & pour commettre plusieurs Crimes. Quand ce Philosophe asseure que les Richesses sont des Biens en Puissance, il veut nous faire connoitre qu'elles peuuent estre des Biens ou des

Maux, suiuant le bon, ou le mauuais vsage que nous en pouuons faire; il est donc plus raisonnable de les rapporter au nombre des Maux, qu'à celuy des Biens; pource qu'elles sont plus souuent la matiere du Crime, que celle de la Vertu. Aristote nous découure cette Vérité. L'Experience ordinaire la prouue, & le témoignage infaillible de la Sainte Ecriture nous defend de la reuoquer en doute. Aristote, au huitiéme Chapitre du cinquiéme Liure de sa Politique, dit que les Hommes deuiennent ordinairement insolens dans la prosperité. Les Termes dont il se sert pour exprimer sa pensée, montrent qu'il n'appartient pas à toute sorte de personnes de supporter la bonne Fortune. Il semble que c'est vn fardeau qui accable sous sa pesanteur ceux qui le portent; & nous pouuons dire que c'est vne fumée qui obscurcit la Lumiere de notre Raison, & vn Ennemy étranger qui donne des forces à nos Ennemis domestiques pour nous faire la guerre. L'Experience ordinaire nous apprend que les Hommes qui ont receu des auantages de la Nature, & de la Fortune, pour éclairer les autres, & pour les secourir, mettent souuent en vsage l'excellence de leur Lumiere, pour triompher de la foiblesse des Ignorans, & la grandeur de leur Puissance, pour accabler les miserables. Enfin plusieurs Passages de la Sainte Ecriture nous enseignent que ceux qui possedent beaucoup de biens de la Fortune, ont ordinairement peu de Charité; que le Desir qu'ils ont d'augmenter leurs Richesses, les éloigne de Dieu,

Explication de la seconde Table. 93

& qu'ils ne peuuent eftre que tres-difficilement éleuez à la Contemplation de fon Effence.

Pour connoitre plus clairement la Nature des Richeffes, & pour conclure qu'elles ne peuuent eftre le Souuerain Bien, il faut fçauoir qu'elles font, ou Naturelles, ou Artificielles.

Nous mettons au nombre des Richeffes Naturelles, les Alimens, les Veftemens, les Baftimens, & plufieurs autres chofes qui feruent à l'Homme, pour s'oppofer aux defauts de fa Nature.

Pour les Richeffes Artificielles, nous entendons la Monnoye, qui a été inuentée par l'induftrie des Hommes, pour auoir les chofes qui font neceffaires, pour la conferuation, ou pour la commodité de leur Vie.

Par entendre cette Diuifion, qui eft dans la Table que nous expliquons, & qui eft tirée du premier Liure de la Politique d'Ariftote, il faut fuppofer que fuiuant les Preceptes de la Logique, il ne faut pas diuifer ce qui doit eftre conjoint ; d'où vient que nous deuons affeurer que les Veftemens & les Baftimens, qui ne font pas des chofes Naturelles, font pourtant des Richeffes Naturelles, entant que l'Homme s'en fert, pour s'oppofer aux defauts de fa Nature. Il eft vray que les Baftimens font auffi bien que la Monnoye des Effets de l'induftrie Humaine ; mais comme il y a de la difference entre le droit des Gents, & le droit Pofitif, il y a auffi de la difference entre les premieres chofes que les Hommes ont inuentées, & celles, qui par

M iij

la suite du temps, ont été introduites dans les Republiques. Le droit des Gents, & le droit Positif, viennent du droit Naturel ; mais par le droit des Gents nous entendons les consequences qui ont été tirées naturellement des premieres Lumieres qui nous conduisent à ce qui est honneste, & par le droit Positif nous entendons ce qui est tiré des Preceptes generaux de la Loy Naturelle, comme vne determination particuliere. Nous pouuons dire aussi que l'Iuention des Bastimens, & celle de la Monnoye dépendent de la Lumiere Naturelle, comme de leur premiere Source, & que ces deux choses sont des Effets de l'industrie Humaine ; mais comme la premiere a été facilement tirée du Precepte Naturel qui nous apprend que nous deuons conseruer notre Vie, nous la mettons au nombre des Richesses Naturelles, & nous attribuons particulierement à l'industrie Humaine l'inuention de la Monnoye : car apres que les Hommes eurent connu que la permutation étoit difficile à pratiquer, ils inuenterent la Monnoye, pour auoir les choses qui étoient necessaires pour la conseruation, ou pour la commodité de leur Vie.

 La Diuision des Richesses nous enseigne tres-clairement qu'elles ne peuuent estre le Souuerain Bien, & il faut auoir perdu le Sens commun pour douter de cette Verité ; dautant que les Richesses n'ont aucune des Conditions du Souuerain Bien qui ont été expliquées dans le quatriéme Chapitre de cét Ouurage.

Explication de la seconde Table.

Il est tres-évident que la premiere Condition du Souuerain Bien, qui est d'estre tres-parfait, ne peut estre attribuée veritablement aux Richesses: car elles ne contiennent pas toute sorte de perfections, puis qu'elles peuuent estre separées des autres Biens. Si nous en considerons la Nature, nous trouuerons, comme j'ay dit auparauant, qu'elles doiuent estre rapportées au nombre des Maux, plûtost qu'à celuy des Biens. Enfin celuy qui est parfaitement vny au Souuerain Bien, ne peut estre attaqué d'aucune douleur; pource qu'il joüit d'vn Bien vniuersel, qui exclud toute sorte de Maux; il faut donc auoir perdu la Lumiere Naturelle, pour mettre le Souuerain Bien dans les Richesses, qui ne mettent pas à couuert de toute sorte de Maux ceux qu'elles fauorisent de leur presence; & il arriue souuent que les Riches, qui excitent l'Indignation, ou l'Enuie dans le Cœur de ceux qui se laissent éblouïr par l'Eclat de leur prosperité, se trouuent en état de donner de la Compassion à ceux qui auroient vne parfaite connoissance de leur misere; pource qu'ils reçoiuent ordinairement beaucoup d'inquietude, par la crainte de perdre les auantages qui les rendent considerables, par le Desir de les augmenter, & par l'Inclination au Commandement que les Richesses font naistre dans l'Ame de celuy qui les possede.

Le Souuerain Bien étant desiré pour luy-mesme, ne consiste pas dans les Richesses, qui ne sont que des Moyens pour arriuer à quelque Fin. La preuue de cette Verité peut estre facilement tirée de la Diuision des Richesses qui a été faite auparauant: car les Artificielles se rapportent aux Naturelles, & les Naturelles sont des moyens que l'Homme doit employer pour s'opposer aux defauts de sa Nature.

Comme toutes choses doiuent estre rapportées au Souuerain Bien, celuy qui le cherche dans les Richesses trauaille inutilement : car puis que les Moyens doiuent ceder à la noblesse de la Fin dont ils empruntent leur Bonté, il n'y a pas d'apparence de rapporter la Science, & la Vertu aux Richesses, qui ne sont que des Biens de la Fortune.

Les raisons precedantes prouuent que la derniere Condition du Souuerain Bien ne conuient pas aux Richesses : car puis qu'elles ne contiennent pas toute sorte de Biens, il est impossible qu'elles puissent borner entierement les Desirs des Hommes; d'où vient que le Sage dit au cinquiéme Chapitre de l'Ecclesiaste que l'Auare ne sera iamais rassasié quelque auantage qu'il puisse obtenir de la Fortune. Il semble que cette raison prouue que Dieu mesme ne peut estre le Souuerain Bien : car il nous apprend au vint-quatriéme Chapitre de l'Ecclesiastique que ceux qui le mangent auront encore faim, & que ceux qui le boiuent auront encore soif.

Pour accorder ces deux passages de la Sainte Ecriture, & pour montrer que le Desir du Souuerain Bien n'est pas infiny de la mesme façon que celuy

celuy des Richesses, il faut sçauoir si le Desir de toute sorte de Richesses peut estre infiny. La Solution de cette difficulté peut estre facilement tirée du neufiéme Chapitre du premier liure de la Politique d'Aristote, où ce Philosophe montre que le Desir des Richesses Naturelles a des bornes, qui luy sont prescrites par la Nature; mais que celuy des Richesses Artificielles peut estre infiny, étant vn Effet de la Concupiscence Humaine, qui n'a point de bornes, quand elle est dereglée. Nous pouuons dire que les Desirs de celuy qui possede parfaitement le Souuerain Bien sont bornez, & qu'ils sont infinis. Ils sont bornez, en ce qu'il ne peut desirer aucun autre Bien, étant vny à vn Bien Vniuersel, qui contient toute sorte de Biens; mais ils sont infinis, en ce qu'il ne se lasse iamais de contempler les merueilles qui s'y rencontrent. Plus on possede le Souuerain Bien, & plus on l'ayme; pource que l'Amour que nous auons pour luy répond à la connoissance que nous auons de ses perfections; d'où vient que nous n'aymons pas Dieu en ce Monde si parfaitement que nous l'aymerons en l'autre Vie: car il ne peut estre connu en cette vie que par la consideration des merueilles de la Nature; mais en l'autre Vie son Essence sera vnie par elle-mesme à l'Esprit des Bien-Heureux, qui sera releué au dessus de sa Nature par la Lumiere de Gloire. Nous ne deuons pas faire le mesme Iugement des Richesses: car celuy qui les possede peut souhaiter plusieurs autres Biens; c'est pourquoy il ne peut estre entierement satisfait, pource qu'il connoist clairement qu'en possedant les Richesses il n'a pas tous les auantages qu'il peut desirer.

Il ne suffit pas de sçauoir que les Richesses ne peuuent estre le Souuerain Bien; mais il faut examiner les Inclinations des Riches, pour instruire les vns en condamnant la folie des autres, pour regler les Desirs de ceux qui s'attachent entierement à la poursuite des Biens de la Fortune, & pour apprendre à ceux qui ont beaucoup de Biens à connoitre les defauts qu'ils doiuent éuiter.

DES INCLINATIONS
des Riches.

CHAPITRE IX.

Evx qui surpassent les autres en Richesses se persuadent facilement qu'ils doiuent les surpasser en Honneurs. Aristote nous enseigne cette Verité au seizième Chapitre du secód Liure de sa Rhetorique, où il montre que les Riches sont ordinairement Ambitieux; pource que le Desir immoderé des Honneurs s'engendre facilement dans leur Ame : car ils jugent qu'il faut rendre vn grand Honneur à celuy qui a tous les Biens, & ils pensent qu'ils soient en puissance de les aquerir, à cause que les Richesses sont des Moyens que l'on peut mettre en vsage pour faire toute sorte de choses. L'Honneur est deu à celuy qui doit commander, & les Riches s'imaginent qu'ils doiuent commander aux autres. La Nature commence à former cette Inclination, & les Richesses acheuent de l'imprimer dans leur Ame. Il est tres-éuident que les Hommes ont vne Inclination naturelle au Commandement : car puis qu'ils cherchent naturellement le Plaisir, ils veulent vaincre ; & comme celuy qui commande est au dessus de celuy qui obeït, l'Inclination de commander est naturelle aux Hommes. Cette Inclination, qui vient de la Nature s'augmente par l'abondance des Richesses: car puis qu'elles sont vtiles pour tout le Monde, ceux qui les possedent pensent que les autres doiuent releuer de leur Empire. Enfin Aristote conclud à la fin du mesme Chapitre, que les Richesses conduisent souuent les Hommes à la folie; & que ceux qui ont aquis beaucoup de Biens en peu de temps, sont ordinairement plus déreglez que ceux qui sont d'vne illustre naissance, dautant qu'ils n'ont pas encore l'Experience de l'vsage des Richesses. L'Insolence ordinaire de ceux qui sont éleuez de la lie du Peuple aux plus éminentes charges des Republiques, nous découure clairement la seconde de ces deux Veritez; & il est facile d'établir la premiere, si nous considerons les pensées des Riches.

Il faut auoir perdu la Raison, pour croire que l'on peut aquerir toute sorte de Biens par le moyen des Richesses, pource qu'on ne peut achepter les Biens de l'Ame; d'où vient que le Sage dit admirablement au dix-septiéme Chapitre des Prouerbes, qu'il est inutile aux Foux d'auoir des Richesses, puis qu'elles ne peuuent estre le prix de la Sagesse.

On voit clairement que le Sage veut en ce lieu condamner de folie ceux qui s'appliquent entierement à la recherche des Biens de la Fortune, & qu'il veut montrer que l'Etude de la Sagesse doit estre la principale occupation des Hommes. Il veut découurir l'Aueuglement des Auares, qui s'éloignent de la Sagesse, lors qu'ils taschent d'augmenter leurs Richesses. Son but est de nous faire connoitre, qu'il faut auoir perdu le Sens commun, pour croire que tous les Biens dépendent des Richesses; puis que la Sagesse, qui doit estre la Regle de nos Actions, ne peut estre vn Effet de leur Puissance. Enfin il veut blasmer le defaut ordinaire de ceux qui s'occupent à la poursuitte des Biens qui les peuuent inciter à commettre plusieurs Crimes, & qui méprisent la Sagesse, qui les pourroit conduire à la derniere perfection de la Vertu. Il faut remarquer qu'il ne dit pas que les Richesses soient inutiles à tous les Hommes: car puis qu'elles sont des Biens en Puissance, elles peuuent seruir pour exercer la Vertu, comme pour soulager les Pauures dans leur misere; mais il asseure seulement, qu'elles sont inutiles aux foux; c'est à dire à ceux qui les ayment, & qui ne les appliquent pas à vn bon vsage; d'où vient que pour en faire parestre la Vanité il soutient au cinquiéme Chapitre de l'Ecclesiaste que celuy qui les ayme n'en receura aucun fruit: car le veritable fruit que nous deuons attendre des Richesses est l'vsage que nous en deuons faire pour aquerir la perfection de notre Entendement, & de notre Volonté. Celuy qui les ayme est bien éloigné d'en retirer ces auantages: dautant qu'il s'y attache si fortement qu'il est en peril de perdre la Raison, par la perte de ses Biens, qui sont sujets à l'Inconstance de la Fortune. L'Inclination qu'il a à les retenir le rend impitoyable, & le Desir de les augmenter le met en état d'employer la Finesse, & la Violence pour vsurper le Bien d'autruy. Nous deuons aymer les Biens que nous auons autant que l'Amour que nous deuons porter à Dieu le permet. S'il arriue qu'ils nous soient rauis, nous connoitrons clairement que nous deuons accorder nos sentimens auec la Volonté de la premiere Cause, qui pour vn Bien Veritable, que nous ne connoissons pas, permet souuent qu'il nous arriue ce qui n'est mal pour nous que dans la foiblesse de nostre pensée. Nous deuons considerer que les Maux qui nous attaquent ne sont pas moins necessaires pour le bien de notre Ame que les faueurs que nous receuons du Ciel : car les coups de la Fortune nous réueillent; & ils peuuent seruir pour reparer les defauts de la Prosperité, qui porte ordinairement les Hommes à l'Insolence, & au mépris des miserables; mais comme le Mal produit la Douleur, ceux qui n'ont pas assez de force pour resister à sa Violence, ny assez de lumiere pour connoitre que le Mal qui les persecute leur arriue pour quelque Bien, s'affligent d'vne chose qui leur est vtile, suiuant les Ordres de la Diuine Prouidence. L'Inclination qu'ils ont d'éuiter le Mal les éloigne de la Compagnie de ceux qui sont exposez aux rigueurs de la Fortune, & les oblige à chercher celle des Riches. Ils se persuadent que ces Actions sont des Effets de la Prudence;

Explication de la seconde Table. 103

mais le Sage les condamne de folie, quand il dit au septiéme Chapitre de l'Ecclesiaste, qu'il est plus profitable d'entrer dans vne Maison affligée que dans celle où l'on fait vn festin; que le Cœur des Sages tend aux lieux qui sont remplis de tristesse; & que celuy des Foux se porte à ceux qui sont remplis de Ioye. On void clairement qu'il veut combatre l'Erreur des Hommes qui preferent la conuersation de ceux qui sont en Prosperité à la frequentation des Miserables: car puis qu'ils se laissent éblouïr par l'Eclat des Biens de la Fortune, ils ont plus d'Inclination à frequenter ceux qui paressent Heureux dans le monde qu'à visiter les affligez. C'est la Prosperité qui reconcilie les Ennemis; c'est la Ioye qui assemble les Compagnies: l'Affliction au contraire les refroidit, & on fuit celuy qui est miserable comme si l'on craignoit la contagion de son Infortune. Cette auersion que les Hommes ont de ceux qui ont receu quelque disgrace vient du defaut ordinaire qui leur fait auoir de l'Horreur des plus salutaires remedes. Si l'Homme s'opposoit à la Violence de ses Passions, qui obscurcissent la lumiere de sa Raison, il connoitroit clairement que les aduersitez de son semblable sont des aduertissemens de prendre garde à Soy; il sçauroit que la Tristesse est plus propre pour l'instruire que la Ioye; & qu'il est plus vtile de frequenter ceux qui sont miserables, que de viure auec ceux qui passent la Vie dans la Licence des Ieux, du Bal, & des Festins. Celuy qui cherche la

Compagnie de ceux qui sont en Prosperité est en peril de tomber en plusieurs Vices, ou par la Conuoitise des Biens qui les rendent considerables deuant les Hommes, ou par l'Imitation des mauuaises Qualitez qui les rendent desagreables à Dieu, ou par des flateries insupportables qui sont des preuues tres-éuidentes qu'il prefere les Biens de la Fortune à la Vertu ; mais celuy qui est éclairé de la lumiere de la Nature, & de celle de la Grace, prend plaisir à visiter les affligez. Il augmente par ce moyen sa Vertu, ou par l'Assistance qu'il leur rend, ou par l'Exemple qu'il reçoit de leur Constance, ou par les Consolations qu'il leur donne. Enfin l'Homme doit ietter les yeux sur la misere de son Prochain, pour connoitre ce qu'il est, & pour s'aquiter de son deuoir.

Ces Actions, qui sont les Effets d'vne éclatante Vertu, separent ceux qui les pratiquent de la condition des Hommes ordinaires, qui obeïssans à leurs Passions s'abaissent deuant ceux qui ont beaucoup d'authorité, ou pource qu'ils esperent de faire fortune, ou pource qu'ils craignent de perdre ce qu'ils possedent. Comme ils ont pour but de s'enrichir, ils se reconcilient facilement auec leurs Ennemis qui sont en Prosperité ; mais cette reconciliation, qui ne vient pas de la Vertu, doit estre attribuée au Desir qu'ils ont d'augmenter leurs Richesses, ou à la Crainte de perdre ce qui leur appartient. Nous pouuons connoitre la verité de ces propositions, si nous examinons la diuersité de leurs

leurs Actions, suiuant le changement de fortune de leur Ennemy. Quand il est en état d'exciter la compassion dans l'Ame de ceux qui n'ont pas renoncé à l'Humanité, ils blasment tous ses discours; ils asseurent qu'il a de pernicieuses Qualitez; & ils soutiennent que personne ne doit imiter ses Actions; mais si de grands auantages succedent à son mal-heur, ils approuuent ordinairement ses discours, ils estiment ses Qualitez; & ils font gloire d'imiter ses Actions. Ie ne les condamne pas encore; dautant qu'il est raisonnable de sçauoir auparauant si leur Ennemy a changé de Vie en changeant de Fortune. Il se peut faire qu'il soit plus méchant qu'il n'étoit dans sa misere; & il peut deuoir la grandeur de sa Fortune à l'excez des Crimes qu'il a commis. Cependant ils taschent de se reconcilier auec luy; mais ils ne me persuaderont pas que leur Inimitié soit entierement détruite: pource que cét auátage est vn Effet de la Prudence; & il est certain qu'ils s'éloignent de la pratique de cette Vertu: car la Prudence est la Perfection de la Raison; & la Raison est parfaite quand elle commande bien par conduite aux autres Facultez de l'Ame; c'est à dire lors qu'elle conserue la Volonté, & l'Appetit dans leur Ordre. Ces veritez nous enseignent que ceux que nous condamnons en ce lieu n'ont point de Prudence: car puis qu'ils loüent vne personne qui ne le merite pas, pour en receuoir du bien, ils montrent clairement qu'ils font plus d'état des Richesses, que de la Vertu; & que par ce moyen

O

la partie Inferieure de leur Ame assujetit la Superieure à son Empire.

Quand deux Hommes s'vnissent pour tendre à vne Fin injuste, comme pour vsurper le Bien d'autruy, il arriue souuent que leur propre interest les diuise. Il arriue aussi quelquefois que le mesme interest les reünit; mais celuy qui se reconcilie de cette façon auec son Ennemy nous apprend qu'il veut ioindre ses Desirs à ceux d'vn Homme tres-méchant, pour faire beaucoup de miserables.

Si quelqu'vn a receu vne injure la Douleur s'engendre en son Ame: la Douleur y fait naistre la Colere, & cette Passion l'incite à se venger de celuy qui l'a offensé. Celuy qui employe son Eloquence pour le détourner de cette Fin luy fait vn sensible déplaisir, & si ses plus grands Amis l'en sollicitent, il leur dit que c'est la seule chose qu'ils ne peuuent obtenir de son amitié. Il nous apprend par ce discours que son Inimitié est tres-grande. Si son Ennemy deuient tres-miserable, on luy represente qu'il doit estre satisfait du mal qu'il souffre; mais on trauaille inutilement: car l'aduersité de son Ennemy luy donne du Plaisir. Il soutient qu'il ne luy est arriué que ce qu'il merite, & qu'il n'est point de punition qui puisse estre proportionnée à la grandeur de son Crime. Enfin son Cœur ne peut estre ouuert à la Compassion, qui se forme facilement dans l'Ame des Hommes. On peut donc conclure qu'il est dans vn grand endurcissement; mais si la Fortune, qui est inconstante

Explication de la seconde Table. 107

éleue son Ennemy de la bassesse à la grandeur, la Prosperité pourra faire en vn moment ce que les Amis, le Mal-heur, & la Compassion n'auoient pû faire. Il commence à dire qu'il ne veut point de mal à son Ennemy, & il cherche toute sorte d'occasions pour se reconcilier auec luy ; mais il ne me persuadera pas que son Inimitié soit entierement détruite ; car les Hommes ordinaires comme luy ne passent pas en vn moment d'vn endurcissement extraordinaire à vne grande Vertu. On peut iuger facilement qu'il craint la Puissance de son Ennemy; que sa Crainte est vne marque de sa foiblesse : & que sa reconciliation est vne preuue tres-éuidente de sa lascheté.

Comme les Riches font parestre leur folie, quand ils disent qu'ils peuuent aquerir toute sorte de Biens par le moyen des Richesses, ils donnent des marques du mesme déreglement, quand ils soutiennent qu'ils doiuent commander aux autres : car le Commandement est deu à la Raison plûtost qu'aux Richesses. Pour auoir la connoissance de cette verité, il faut sçauoir que celuy qui commande aux autres doit executer les ordres de la Diuine Prouidence. On void clairement qu'il doit auoir beaucoup de Raison pour faire des Loix conformes à la Loy Eternelle : car ne pouuant connoitre cette Loy par elle-mesme, il en doit auoir quelque connoissance par les Preceptes de la Loy Naturelle.

Ce n'est pas assez d'auoir condamné les Riches de folie, pour éclairer ceux qui pourroient estre éblouïs par l'éclat de leur fortune ; il faut montrer qu'ils se portent facilement au Vice, suiuant le sentiment du Sage, qui asseure au vint-huitiéme Chapitre des Prouerbes, que celuy qui trauaille auec soin pour s'enrichir promtement ne sera point innocent.

Pour expliquer clairement cette verité, il faut supposer que la diuersité des Fins que les Hommes se proposent est la Régle des Moyens qu'ils prennent pour y arriuer. Quand ils suiuent la Loy Naturelle, qui leur découure le Bien qui doit exciter leurs Desirs, & le Mal qu'ils doiuent éuiter, la Fin qu'ils cherchent est juste, & les Moyens qu'ils choisissent pour l'obtenir sont conformes aux Loix de Dieu, de la Nature, & des Hommes ; mais quand ils se laissent conduire par les Mouuemens de l'Appetit Sensuel, la Fin qui les attire est injuste, & les Moyens qu'ils employent pour l'aquerir prouuent qu'ils ne craignent pas Dieu ; que leur Lumiere Naturelle est obscurcie ; & qu'ils méprisent les Loix qui sont établies pour la conseruation des Republiques. Celuy qui trauaille auec beaucoup de soin pour s'enrichir promtement prend pour Fin ce qu'il ne deuroit prendre que pour Moyen ; c'est pourquoy étant agité par l'excez de sa Passion il ne se sert pas du meilleur moyen ; mais de celuy qui peut le conduire plus promtement à la Fin qu'il se propose, & comme il peut attendre la possession de la Fin qu'il desire des moyens injustes plutost que de ceux qui sont conformes à la Raison

Explication de la seconde Table.

il faut conclure auec le Sage qu'il ne sera point innocent, & auec Aristote qu'il sera tres-coupable: car ce Philosophe ne voulant pas mettre l'occupation des Auares au nombre des façons de viure dit au troisiéme Chapitre du premier liure de sa Morale qu'elle est violente, pour nous apprendre que celuy qui a pour Fin l'abondance des Richesses se sert de la Violence pour vsurper le Bien d'autruy.

La Folie, & la Méchanceté des Riches viennent de ce qu'ils prennent pour Fin les Richesses qui ne sont que des Moyens pour arriuer à quelque Fin. Cette Verité peut estre le Fondement de quatre Conclusions, dont les deux premieres sont vtiles pour regler les pensées; & les deux autres peuuent seruir pour regler les Desirs des Hommes dans l'vsage des Richesses.

Pour regler les pensées des Hommes dans l'vsage des Biens de la Fortune, il faut détruire les Erreurs des Auares, qui mettent le Souuerain Bien dans les Richesses; & qui s'imaginent en suite qu'elles sont la source de l'Inégalité qui rend les Hommes considerables. La premiere de ces deux Erreurs a été combatuë dans le huitiéme Chapitre de cét Ouurage, & la seconde le sera dans le Chapitre suiuant.

QVE L'INEGALITE' QVI rend les Hommes considerables ne vient pas des Richesses : & qu'elle est vn Effet de la Vertu.

CHAPITRE X.

L'INEGALITE' des Conditions, qui fait naistre l'Ambition dans le Cœur des grands, & l'Enuie dans celuy des miserables, peut estre la source de plusieurs Diuisions qui se forment dans les Republiques : il ne faut pas pourtant conclure qu'elle soit pernicieuse. Les Libertins qui pensent que cette Conclusion soit veritable manquent contre les Regles de la Logique: dautant qu'ils tirent vne consequence Absoluë d'vne Proposition qui n'est veritable que par Accidant : car si les Passions des Hommes étoient bien reglées, les Pauures sçauroient que ceux qui sont nez pour obeïr trouuent leur Bonheur dans l'Obeïssance, & ceux qui sont considerables par quelques auantages de la Nature, ou de la Fortune, connoitroient qu'ils ne sont éleuez au dessus des autres, que pour les éclairer, ou pour les secourir. Il est certain que la diuersité des Conditions est vne preuue de la Iustice Diuine : pource qu'elle est necessaire pour le Bien des Etats, & pour éleuer notre Esprit à la connoissance de Dieu.

Puis que l'Inclination de Commander est naturelle aux Hommes, comme i'ay montré dans le Chapitre precedant, s'ils étoient également Riches, les vns ne voudroient pas releuer de l'Empire des autres: c'est pourquoy l'ordre que nous admirons dans les Republiques, qui est vn Effet de la premiere Cause, demande qu'il y ait des Pauures, pour exercer les Arts qui sont vtiles pour leur conseruation.

La diuersité des Conditions nous fait connoitre Dieu, qui ne peut estre connu en cette vie que par ses Effets; & qui ayant toute sorte de perfections deuoit estre representé par la Diuersité de ses Portraits. Dieu, qui est vne Lumiere Infinie, a sans doute la Puissance d'éclairer; & il y a dans le Monde des Docteurs pour instruire les autres: mais comme le Portrait n'est pas si excellent que son Original, les Docteurs qui instruisent les autres laissent souuent des tenebres dans leur Esprit, & Dieu éclaire tres-parfaitement. Dieu a l'Authorité de Commander; & les Roys en sont les Images. Puis que le Portrait n'est pas si parfait que son Original, les Roys ne peuuent estre entierement deliurez des Passions qui sont attachées à notre Nature; mais Dieu commande sans aucune Passion pour le Bien de ses Creatures. Il y a en Dieu vne Prouidence admirable, par laquelle il a soin de toutes choses; & & les Superieurs, qui executent les Ordres de cette

Prouidence en sont les Portraits. Comme le Portrait doit ceder à la Noblesse de son Original, les Superieurs, qui commandent auec Indépendance de ceux qui sont assuietis à leur Empire, dépendent de Dieu : mais Dieu commande auec Indépendance de tout Estre. Enfin Dieu a la Puissance de punir les coupables ; & les Iuges du Monde sont les Images de cette Puissance ; mais les Iuges du Monde ne punissent que les Crimes qui ont été commis ; & Dieu punit aussi la Volonté de les commettre.

Aristote au premier Chapitre du cinquiéme liure de sa Politique soutient que l'Inégalité qui rend les vns plus considerables que les autres ne peut estre fondée sur les Richesses ; & qu'elle vient de la Vertu. Pour connoitre cette Verité il faut supposer qu'il ne suffit pas d'estre Inégal aux autres pour estre loüable ; mais que trois choses sont necessaires aux vns pour estre absolument au dessus des autres.

Premierement l'Inégalité qui doit faire estimer les Hommes doit estre vn Effet de leur Industrie : car puis que la Liberté Humaine est le fondement du Blasme, & de la loüange, comme nous ne deuons pas blasmer tous ceux qui sont miserables ; mais seulement ceux qui sont attaquez du mal qu'ils pouuoient éuiter, nous ne deuons pas loüer tous ceux qui ont quelque auantage ; mais seulement ceux qui ont trauaillé pour l'aquerir.

En second lieu comme l'Industrie Humaine peut

Explication de la seconde Table.

peut estre la source du Mal, & du Bien, ceux-là seulement sont proprement au dessus des autres qui les surpassent en quelque Bien.

Enfin les vns sont absolument au dessus des autres quand ils les surpassent dans vn Bien qui est absolument Bien; c'est à dire qui peut receuoir le nom de Fin.

Ces Veritez nous enseignent clairement que l'Inegalité qui rend les vns plus considerables que les autres doit estre attribuée à la Vertu; & qu'elle ne peut estre fondée sur les Richesses: car ou celuy qui les possede les a receuës de ses Parans, ou il a employé beaucoup de soins pour les aquerir.

Celuy qui doit les Biens qui luy appartiennent à la Succession de ses Parans n'en doit attendre aucune loüange; puis qu'il n'y a rien contribué. Il faut faire le mesme Iugement de ceux qui sont au dessus des autres par leur Naissance, ou par leur Authorité; & il faut conclure que tous ces auantages ne seruent qu'à faire mépriser ceux qui les possedent, quand ils sont separez de la Vertu: car comme les Riches doiuent secourir les Pauures dans leur misere, ceux qui sont d'vne illustre Naissance sont obligez d'adjouter l'éclat de la Vertu à celuy de leur Naissance, pour éclairer les autres. Enfin la Puissance n'a pas été donnée aux vns pour détruire les autres; mais pour les secourir.

Ceux qui ont aquis beaucoup de Biens par leur Industrie se persuadent facilement que l'Honneur, qu'ils pensent meriter, doit estre proportionné à

P

la grandeur de leur fortune ; mais ils doiuent sçauoir que celuy qui cherche l'Honneur, qui est la récompense de la Vertu, ne le merite pas. Ils s'imaginent ordinairement qu'ils sont absolument au dessus des autres ; mais il est facile de combatre leur Erreur, & pour en auoir vne claire connoissance il faut examiner par quels moyens ils ont trouué l'abondance des Richesses.

Les moyens que les Hommes peuuent mettre en vsage pour s'enrichir sont, ou Iniustes, ou Loüables.

Ceux qui ont employé la Tromperie, la Fraude, la Trahison, & plusieurs autres Moyens de cette Nature, pour surpasser les autres en Richesses peuuent bien se persuader qu'ils sont absolument au dessus d'eux ; mais ils ne peuuent pas empescher les Philosophes de faire parestre leur aueuglement. Il est vray qu'ils surpassent les Pauures en Richesses ; mais il est des Pauures qui les surpassent en Vertu. Ils surpassent les Pauures en vn Bien qu'ils ont aquis par d'injustes Actions, qui leur peut estre rauy, & qui peut estre la Matiere de plusieurs Crimes ; mais les Pauures qui ont de la Vertu les surpassent en vn Bien qu'ils ont aquis par de loüables Actions, qui ne releue point de l'Empire de la Fortune, & qui est le Veritable Principe des Actions qui meritent l'Honneur, & la Gloire.

Pour estre absolument au dessus des autres il ne suffit pas d'auoir aquis des Biens, par des Moyens conformes à la Raison : car celuy qui est en cét état peut prendre les Richesses qu'il possede, ou pour Fin, ou pour Moyen. Si elles passent pour Fin dans sa pensée, il prend pour Fin ce qui ne deuroit luy seruir que de Moyen : il change donc l'Ordre qu'il doit garder dans la Fin, & dans les Moyens : le changement qu'il fait de cét Ordre prouue qu'il est déreglé : son déreglement nous apprend qu'il n'a point de Prudence ; & puis qu'il est priué de cette Vertu, qui est la regle des autres Vertus Morales, il est tres-éuident qu'il n'est pas absolument au dessus des autres.

Celuy qui prend les Richesses pour Moyen seulement s'en sert, ou pour faire de mauuaises Actions, & alors il se met au dessous des Pauures qui ont de la Vertu, comme i'ay montré auparauant, ou pour faire du Bien, comme pour assister les miserables. Celuy qui fait de semblables Actions pour estre estimé des Hommes est Inferieur à celuy qui les fait pour suiure la Raison. Le premier doit estre condamné d'aueuglement : car bien qu'il ait éuité plusieurs defauts, se proposant neantmoins d'estre estimé, il nous fait connoitre qu'il prefere l'Opinion des Hommes à la Vertu : mais le second ne cherchant pas l'Estime, la merite. Il doit estre loüé, non pource qu'il a beaucoup de Biens ; mais pource qu'il les applique à vn bon vsage : cette Action est vn Effet de la Vertu : il faut donc conclure auec Aristote, que l'Inégalité qui rend les vns plus considerables que les autres ne vient pas des Richesses ; & que c'est la Vertu qui

P ij

l'établit absolument entre les Hommes.

Ce n'est pas assez d'auoir refuté les Erreurs des Auares, pour regler les Pensées des Hommes dans l'vsage des Richesses : il faut encore tascher de regler les Desirs que ces Biens peuuent exciter dans leur Ame ; c'est pourquoy il faut examiner si les Richesses doiuent estre desirées, pour connoitre si nous deuons employer nos soins pour les aquerir, & il faut sçauoir combien nous en deuons souhaiter, pour découurir les bornes de nos Desirs, à l'égard des Biens de la Fortune.

SI LES RICHESSES DOIVENT estre l'Objet de nos Desirs, & combien nous en deuons souhaiter.

Chapitre XI.

Nous deuons connoitre la Nature des Richesses pour sçauoir si elles doiuent estre desirées, & puis qu'elles sont au nombre des Biens, la connoissance de leur Nature dépend de la Diuision des Biens, comme j'ay montré au huitiéme Chapitre de cét Ouurage, où j'ay asseuré, que suiuant le sentiment d'Aristote, au second Chapitre du premier Liure des grandes Morales, les Biens sont, ou Honnorables, ou Loüables, ou en Puissance. Le mesme Philosophe nous enseigne au mesme Chapitre que les Richesses sont contenuës dans la troisiéme partie de la Diuision precedante : car puis qu'elles peuuent seruir pour exercer la Vertu, & pour commettre plusieurs Crimes, elles ne sont pas Honnorables, ny loüables de leur Nature : nous deuons donc conclure qu'elles sont des Biens en Puissance seulement, & qu'elles n'ont point de Bonté Morale que celle qu'elles empruntent de leur Fin ; pource que la Fin donne la Bonté aux Moyens qui peuuent seruir pour y arriuer.

Pour découurir la suite de ces propositions, qui sont dans la Table que nous expliquons, il faut dire que les Richesses ne sont pas Honnorables ; puis qu'elles peuuent estre vtiles pour exercer la Vertu; qu'elles ne sont pas loüables de leur Nature, puis qu'elles peuuent estre la matiere de plusieurs Crimes, & que ne pouuans estre rapportées, ny à la premiere, ny à la seconde partie de la Diuision des Biens qui a été faite auparauant, elles sont des Biens en Puissance ; c'est à dire qu'elles peuuent estre des Biens, ou des Maux, suiuant le bon, ou le mauuais vsage que nous en pouuons faire.

Quelqu'vn pourroit douter de la Verité des deux premieres Consequences : car il semble que celuy qui soûtient que les Richesses ne sont pas Honnorables, à cause qu'elles peuuent seruir pour pratiquer la Vertu, tire de cette proposition vne Conclusion opposée à celle qui en doit estre tirée ; & bien qu'elles puissent seruir pour commettre plusieurs Crimes, il semble qu'elles ne doiuent pas estre ostées du nombre des choses Loüables : car il en faudroit oster par la mesme raison la Science, & plusieurs autres Qualitez de l'Ame qui doiuent estre estimées.

Pour répondre à ces difficultez, il faut auoir vne parfaite connoissance de la Diuision des Biens qui a été proposée, où il faut sçauoir que par le Bien Honnorable, entant qu'il est differant de celuy à qui nous donnons le nom de loüable, nous deuons entendre celuy qui est desiré pour luy-mesme

Explication de la seconde Table.

seulement, & qui doit estre le dernier Terme de nos Desirs.

Cette Explication est conforme à la pensée d'Aristote, qui nous apprend au douziéme Chapitre du premier Liure de sa Morale, que le Souuerain Bien n'est pas vne chose Loüable, mais Honnorable; à cause qu'il ne peut estre rapporté à quelqu'autre Bien, & qu'il est seulement desiré pour luy-mesme. Le mesme Philosophe parlant de la Sagesse; c'est à dire de la Science qui traite de Dieu, l'appelle au septiéme Chapitre du sixiéme Liure de sa Morale, la Science des choses Honnorables. En effet l'Honneur n'appartient proprement qu'à Dieu, & si nous sommes obligez d'honorer ceux qui nous ont donné la Vie, ceux qui sont éleuez aux premieres dignitez, & ceux qui sont recommandables par leur Vertu, c'est à cause qu'ils imitent Dieu, entant qu'ils sont les Principes, ou de notre Estre, ou de notre conduite.

Dans la Diuision que nous expliquons par le Bien loüable, nous entendons les Vertus; c'est à dire que le Bien loüable, entant qu'il est opposé aux Biens en Puissance, est celuy qui peut nous conduire à notre derniere Fin, & duquel nous ne pouuons abuser.

Enfin les Biens en Puissance sont ceux qui peuuent nous éloigner du Veritable Objet que nous deuons chercher, & qui nous y peuuent conduire.

Puis que le Bien Honnorable est desiré seulement pour luy-mesme, & que nous ne pouuons abuser de celuy qui est loüable de sa Nature, il est facile de connoitre la Nature des Richesses, & d'entendre les deux Consequences qui ont été tirées auparauant, pour montrer qu'elles ne peuuent estre, ny Honnorables, ny loüables : car puis qu'elles peuuent seruir pour exercer la Vertu, elles sont des Moyens pour arriuer à quelque Fin ; elles ne sont donc pas Honnorables ; pource que le Bien Honnorable est seulement desiré pour luy-mesme. Comme elles peuuent estre la matiere de plusieurs Crimes, on en peut abuser ; elles ne sont donc pas Loüables de leur Nature : c'est pourquoy il faut conclure qu'elles sont des Biens en Puissance seulement, & qu'elles n'ont point de Bonté Morale que celle qu'elles empruntent de leur Fin.

 Celuy qui connoit la Nature des Richesses peut facilement terminer la premiere difficulté dont nous cherchons la Solution en ce Chapitre : car puis qu'elles sont des Biens en Puissance, elles peuuent estre desirées pour vne bonne Fin. La connoissance de leur Nature ne montre pas seulement qu'elles peuuent estre l'Objet des Desirs de ceux qui suiuent la lumiere de la Raison : elle leur apprend encore de quelle façon ils doiuent souhaiter la possession des Biens de la Fortune. Ces deux connoissances, qui sont tres-vtiles pour la conduite de notre vie, peuuent estre tirées de l'admirable Priere que IESVS-CHRIST nous prescrit de luy faire au sixiéme Chapitre de Saint Mathieu : car puis qu'il veut que nous luy demandions les choses qui sont
         necessaires

Explication de la seconde Table. 121

necessaires pour la conseruation de notre Vie, il nous fait connoitre que le Desir des Richesses peut estre conforme à la Raison. Si nous faisons le rapport de cette quatriéme demande auec les trois precedantes, nous sçaurons de qu'elle façon nous deuons chercher les Richesses, & nous connoitrons clairement que nous les deuons desirer pour auoir les choses qui sont necessaires pour la conseruation de notre Vie; que nous deuons aymer la Vie pour suiure la volonté de Dieu; que nous deuons tascher de faire la Volonté de Dieu en ce Monde, pour estre Heureux en l'autre Vie, par la Contemplation de son Essence. Enfin nous sçaurons que nous deuons desirer d'estre vnis tres-parfaitement à Dieu, pour faire éclater sa Grandeur, & sa Gloire.

Ceux qui desirent les Richesses pour vne bonne Fin, sont proprement Riches, suiuant le témoignage d'Aristote, qui soûtient au cinquiéme Chapitre du premier Liure de sa Rhetorique, que ceux-là seulement sont proprement Riches, qui vsent bien des Richesses qu'ils possedent.

Quelqu'vn pourroit douter de la Verité de cette proposition: car pour estre proprement Riche, il faut auoir beaucoup de Biens, & il arriue souuent que les Hommes ne se seruent pas de l'abondance de leurs Richesses, ou qu'ils s'en seruent pour commettre plusieurs Crimes.

Pour répondre à cette difficulté, il faut sçauoir qu'il n'est pas absolument necessaire d'auoir beaucoup de Biens pour estre proprement Riche; mais

Q

qu'il est necessaire de rapporter les Biens que l'on possede à vne bonne Fin. Il faut aussi remarquer que les Riches n'ont pas proprement beaucoup de Biens, quand ils sont méchans : car puis que les Richesses sont des Biens en Puissance, elles ne peuuent estre proprement rapportées au nombre des Biens que lors qu'elles sont appliquées à vn bon vsage; d'où vient que le Sage dit admirablement, au treiziéme Chapitre des Prouerbes, qu'il est des Hommes qui deuiennent Riches, bien qu'ils n'ayent rien; & qu'il s'en trouue d'autres qui deuiennent Pauures, bien qu'ils soient grandement Riches. Il nous enseigne par ces propositions, que les gens de bien sont Riches dans la Pauureté, & que les méchans sont Pauures dans l'abondance des Biens de la Fortune. Il prouue la premiere proposition au mesme Chapitre, quand il asseure que les Richesses de l'Homme consistent à sauuer son Ame, & la verité de la seconde peut estre connuë par la Lumiere que nous auons de la Nature : car Aristote prouue au douziéme Chapitre du premier Liure de sa Rhetorique, qu'il est deux sortes de Pauures, dont les vns ont besoin de ce qui est necessaire, & les autres ont besoin de l'Excez. Les premiers, que nous appellons ordinairement Pauures, ont besoin des choses qui sont necessaires pour la conseruation de leur Vie ; & les autres, que nous appellons Riches, ont besoin de ce qu'ils desirent. On voit clairement que les premiers ne sont pas si Pauures que les autres : car peu de choses peuuent suffire

Explication de la seconde Table.

à l'Homme, pour s'opposer aux defauts de sa Nature; mais ses Desirs n'ont point de bornes, quand ils sont déreglez; c'est pourquoy nous pouuons asseurer que la plus grande Pauureté est toûjours accompagnée de Puissance, & de méchanceté, puis qu'elle attaque ceux qui ont beaucoup de Biens, & qui ne sont pas contens de leur Fortune.

La difference qui se rencontre entre les gens de bien, qui se seruent de leurs Richesses pour soulager les Pauures dans leur misere, & les méchans qui taschent d'vsurper le Bien d'autruy, est clairement expliquée par le Sage, quand il dit dans l'vnziéme Chapitre des Prouerbes, que les vns en distribuant leurs propres Biens deuiennent plus Riches qu'ils n'étoient, & que les autres en rauissant le Bien d'autruy augmentent leur Pauureté. Les premiers suiuent les ordres de la Diuine Prouidence, & les autres s'en éloignent. Les premiers donnent des marques de leur Vertu, & les autres font parestre leur Injustice. Enfin les premiers trouuent le repos, sans le chercher; & les autres augmentent leur inquietude, lors qu'ils pensent trouuer le repos.

Si ces Veritez étoient bien imprimées dans l'Ame des Hommes, ils connoitroient que les ordres de la Sagesse Diuine, la beauté de la Vertu, & le repos de leur Ame, les obligent à prendre les Richesses pour des Moyens, qu'ils doiuent employer, pour arriuer à vne bonne Fin: mais comme ils obeïssent ordinairement à leurs Passions, ils s'éloignent des ordres de Dieu, ils abandonnent la Vertu, & quand

Q ij

124 Premiere Partie de la Philosophie Morale.

ils prennent les Richesses pour Fin, ils se mettent en peril de ne trouuer aucun repos, ny en cette Vie, ny en l'autre : pource que le veritable repos de cette Vie dépend de la Iustification, qui est absolument necessaire pour nous conduire à la joüissance de Dieu; & la Sainte Ecriture nous apprend au trente-vniéme Chapitre de l'Ecclesiastique, que celuy qui ayme l'Or ne sera point justifié, & que celuy qui tend à la corruption en sera remply.

On peut facilement connoitre la verité, & la liaison de ces propositions : car celuy qui ayme l'Or d'vne façon déreglée, le prend pour Fin, comme il se laisse conduire par l'Excés de sa Passion, il met en vsage les Moyens les plus injustes, pour arriuer promtement à la Fin qu'il se propose ; il est donc remply de corruption. Ce defaut prouue que n'ayant point de Vertu, il est priué de la Lumiere de la Grace. Puis que cette Qualité est la premiere chose qui se rencontre dans la Iustification des Impies, il ne sera point justifié ; & s'il meurt sans changer de Vie, il viura eternellement mal-heureux.

Considerez attentiuement ces Veritez, Auares, qui trauaillez nuit & jour pour augmenter vos Richesses. Si vous cherchez le Plaisir, vostre occupation est ridicule : car la Crainte que vous auez de perdre vos Biens vous donne plus de Douleur, que vous ne receuez de Plaisir de leur possession. Si l'inclination de Vaincre se forme en vostre Ame, quel est vostre aueuglement? vous voulez surpasser les autres, & vous étes esclaues de vos Passions. Appreniez que la Victoire, qui rend les Hommes conside-rables, eſt vn Effet de leur Vertu. Sçachez qu'il eſt inutile à l'Homme d'aquerir tous les Biens du Mon-de, s'il perd ſon Ame. Remarquez que l'attache-ment que les Riches ont à la Terre, les éloigne du Ciel. Enfin faites reflexion ſur ces paroles du trente-vniéme Chapitre de l'Eccleſiaſtique. Bien-Heu-reux eſt le Riche, à qui on ne peut reprocher au-cun defaut, qui n'a point cherché l'Or auec beau-coup de ſoin, & qui n'a pas mis ſon Eſperance dans les Threſors. Qui eſt celuy-là, & nous le loüerons: car il a fait des merueilles en ſa Vie. Qui eſt celuy-là, qui étant éprouué par les Richeſſes, tend à la perfection, & il joüira de la Gloire eternelle; pour-ce qu'il ne s'eſt pas éloigné des ordres de Dieu, & qu'il a éuité les Maux qu'il pouuoit faire: c'eſt pourquoy ſes Biens ſont aſſeurez au Seigneur, & toute l'Aſſemblée des Saints racontera ſes au-moſnes.

Ces paroles nous découurent la maladie des Ri-ches, le remede qu'ils doiuent employer pour la combattre, & la recompenſe de ceux qui ne ſui-uent pas les mouuemens de la Paſſion qui les peut agiter. Elles montrent que les Riches ſont ordinai-rement déreglez dans leurs Deſirs; qu'ils ne doi-uent pas mettre leur Eſperance dans les Threſors, s'ils veulent eſtre agreables à Dieu; & que ceux qui ſe ſeruent de leurs Richeſſes, pour aſſiſter les miſe-rables, joüiront de la Gloire eternelle.

Qui eſt celuy-là qui ne voudroit pas eſtre moderé dans ses Desirs? Si quelqu'vn ne cherche pas cette perfection, il doit estre condamné de Folie. Qui est celuy-là qui ne souhaiteroit pas d'estre agreable à Dieu? S'il se trouue des Chrétiens qui negligent cét auantage, ils sont indignes d'en porter le nom. Qui est celuy-là qui ne desireroit pas d'estre Heureux, par la Contemplation de l'Essence Diuine? c'est le veritable Objet que nous deuons chercher, & le dernier Terme de nos Desirs.

Si les Riches veulent obtenir tous ces Biens, & s'ils veulent éuiter les Maux qui leur sont opposez, ils doiuent regarder leurs Richesses, comme vn Ennemy qui se sert de leurs Passions pour leur faire la guerre. Ils doiuent considerer que l'abondance en est perilleuse. Enfin ils doiuent sçauoir que les vns les ont receuës de Dieu, pour les distribuer aux autres.

Les mesmes raisons qui prouuent que nous pouuons desirer les Richesses pour vne bonne Fin, nous font connoitre combien nous en deuons souhaiter; pource que la Fin étant la mesure des Moyens, la conseruation de notre Vie doit estre la Regle des Richesses que nous deuons desirer; c'est à dire que nous n'en deuons chercher, qu'autant que nous en deuons auoir, pour viure conuenablement à la Vie Ciuile.

Aristote, au second Chapitre du cinquiéme Liure de sa Morale, condamne les Hommes qui ne suiuent pas cette Regle, quand il dit que les Richesses, qui ne sont pas toûjours des Biens pour celuy qui les a, sont l'Objet de leur poursuite, & de leurs prieres. Si nous penetrons dans la signification des Termes dont il se sert pour exprimer sa pensée, nous trouuerons qu'il explique parfaitement le déreglement des Auares, qui s'appliquent absolument à la poursuite des Biens de la Fortune, qui s'attachent entierement à la Terre, & qui n'éleuent leurs pensées à Dieu, que pour luy demander la conseruation, ou l'augmentation de leurs Richesses. Ces Actions les rendent coupables, suiuant le sentiment de ce diuin Philosophe, qui asseure au mesme Chapitre, qu'ils deuroient plûtost souhaiter que les Richesses, qui sont des Biens en Puissance, fussent les instrumens de leur Bon-heur; & qu'ils deuroient choisir les Biens qui sont toûjours vtiles à celuy qui les possede.

Ces Preceptes, qui peuuent seruir aux Riches, pour regler les Prieres qu'ils doiuent faire à Dieu, nous obligent à loüer l'Esprit d'Aristote, & à condamner l'Ignorance de ceux qui pensent que sa Doctrine ne peut rien contribuer à la conduite de notre Vie.

Ils disent que les Chrétiens doiuent preferer l'Euangile à la Philosophie, & les Lumieres de Saint Paul à celles d'Aristote.

Ie demeure d'accord de ces propositions; mais ie soûtiens qu'elles ne prouuent pas que l'Etude de la Philosophie soit inutile, ny que la lecture d'Aristote ne puisse rien contribuer à la moderation de nos Passions.

La preuue de ces Veritez peut eftre tirée de la Morale de Saint Paul, qui blafmant l'Impieté, & l'Injuftice des Anciens Philofophes, louë l'excellence de leur Lumiere, au premier Chapitre de l'Epitre aux Romains, quand il dit qu'ils ont connu Dieu, & qu'ils n'ont pas rendu l'Honneur qui conuient à fa Sageffe, à fa Bonté, & à fa Puiffance.

Il nous enfeigne par ces propofitions que la Lumiere naturelle établit les premiers Fondemens de notre conduite. Dieu, fans doute, imprime cette Lumiere dans nos Ames, pour nous donner la connoiffance du Bien qui doit exciter nos Defirs, & du mal que nous deuons éuiter.

Il eft vray que la Lumiere de la Grace doit eftre adjoutée à celle que nous auons de la Nature, pour nous découurir plufieurs Veritez qui nous font neceffaires, pour arriuer à notre derniere Fin; mais la Grace, qui perfectionne la Nature, ne la détruit pas; & on ne peut méprifer les Preceptes qu'Ariftote nous a donnez pour bien viure, fans faire injure à Dieu, qui eft la premiere fource de la Lumiere Naturelle.

Quand les raifons des Philofophes Payens font pareftre la Beauté de la Vertu, elles oftent aux Libertins les Armes qu'ils prennent, pour attaquer les Veritez de la Religion Chrétienne: car ils fe feruent du Raifonnement qui eft fondé fur la Nature, pour combattre les Preceptes de l'Euangile. On peut auffi employer tres-vtilement les raifons d'Ariftote, pour confondre les Chrétiens, qui étans

obligez

Explication de la seconde Table.

obligez de viure d'vne maniere conforme à la no-blesse de leur Condition, s'éloignent ordinairement de la pratique des choses qui leur sont prescrites par ce Philosophe, qui n'étoit éclairé que par la Lumiere de la Nature.

Nous deuons remarquer en ce lieu, que les Riches sont obligez d'executer les ordres de la diuine Prouidence, qui éleue les vns au dessus des autres, pour les éclairer, ou pour les secourir.

Pour découurir la liaison de ces propositions, qui sont dans la Table que nous expliquons, auec les precedantes, il faut considerer qu'elles peuuent seruir pour répondre à vne difficulté qu'on pourroit faire : car puis que la conseruation de notre Vie est la Regle des Biens que nous deuons auoir, pour nous opposer aux defauts de notre Nature, il semble que l'abondance des Richesses soit inutile.

Pour répondre à cette difficulté, il faut supposer que Dieu a fait le Pauure, & le Riche, suiuant le témoignage du Sage, au vint-deuxiéme Chapitre des Prouerbes.

Comme la Sagesse reluit dans toutes les Actions de Dieu, il a fait le Pauure, & le Riche pour quelque Fin. Nous pouuons dire qu'il a fait le Pauure pour le Riche, & le Riche pour le Pauure : car ceux qui sont éleuez au dessus des autres, doiuent l'auantage qui les rend considerables à la diuine Prouidence, qui éleue les vns au dessus des autres, pour les éclairer, ou pour les secourir.

Cette proposition generale prouue, que ceux

130 *Premiere Partie de la Philosophie Morale.*
qui surpassent les autres en Richesses, sont obligez de secourir les Pauures dans leur misere.

Apres auoir refuté l'Opinion des Auares, qui mettent le Souuerain Bien dans les Richesses, l'Ordre qui a été étably dans le septiéme Chapitre de cét Ouurage, nous oblige à faire pareftre l'aueuglement des Ambitieux, qui ont pour Fin l'Honneur, & la Gloire; & qui veulent eftre éleuez au deffus des autres, pour se faire honorer de ceux qu'ils veulent affujetir à leur Puiffance.

Explication de la seconde Table. 131

QVE L'HONNEVR NE PEVT
eſtre le Souuerain Bien.

Chapitre XII.

RISTOTE ſoûtient que l'Honneur ne peut eſtre le Souuerain Bien, au troiſiéme Chapitre du premier Liure de ſa Morale. Il ſemble pourtant qu'il ſe contredit dans la ſuite de la meſme Science: car il enſeigne au ſeptiéme Chapitre du quatriéme Liure, que l'Honneur eſt la recompenſe de la Vertu; aprés auoir dit au dixiéme Chapitre du premier Liure, que la Felicité eſt la recompenſe de cette Qualité. On peut donc conclure que l'Honneur eſt le Souuerain Bien, ſuiuant la Doctrine d'Ariſtote.

Ceux qui tirent cette Conſequence, pour conuaincre Ariſtote de Contradiction, manquent contre les Regles de la Logique; pource qu'ils font vn Syllogiſme Affirmatif, dans la ſeconde façon de Raiſonner, en cette maniere.

La Felicité eſt la recompenſe de la Vertu;
L'Honneur eſt la recompenſe de la Vertu;
Donc l'Honneur eſt la Felicité.

Ceux qui ſçauent les Regles de la Logique, connoiſſent facilement la fauſſeté de cét Argument;

R ij

car l'vne des propositions de la seconde façon de Raisonner, doit estre Negative; puis qu'elle est fondée sur ce Principe, on doit tirer la Negation d'vne chose moins generale de la Negation d'vne chose plus generale; comme le Vice, n'étant pas Loüable, ne peut estre au nombre des Vertus; d'où vient qu'on ne peut douter, sans faire parestre beaucoup d'Ignorance, de la verité du Syllogisme suiuant.

 La Vertu est loüable;
 Le Vice n'est pas loüable;
 Donc le Vice n'est pas vne Vertu.

Si toutes les propositions des Syllogismes de la seconde Figure étoient Affirmatiues, on y trouueroit quatre Termes : pource que le Moyen, qui est l'Attribut de la Majeure, & de la Mineure de cette Figure, seroit pris en particulier dans ces deux propositions; puis que l'Attribut d'vne proposition Affirmatiue, est pris en particulier.

Les Logiciens n'approuuent pas les Syllogismes de cette Nature, dautant qu'vn Parfait Syllogisme ne doit estre composé que de trois Termes : car comme vne mesme Mesure nous sert pour mesurer deux choses, nous ne deuons prendre qu'vn Moyen, pour conjoindre, ou separer les deux extremitez d'vne Conclusion.

Ces Regles, qui ont été amplement expliquées dans la troisiéme Partie de la Logique, ne sont pas obseruées dans le Syllogisme qui a été proposé auparauant, pour prouuer que l'Honneur est le Sou-

Explication de la seconde Table. 133

uerain Bien, & pour conuaincre Aristote de Contradiction. Ce n'est pas assez d'en attaquer la Forme, il faut encore répondre aux difficultez qu'on pourroit faire sur la Matiere dont il est composé.

Il est vray que la Felicité est la recompense de la Vertu. On peut aussi demeurer d'accord auec Aristote, que l'Honneur en est la recompense; mais ces deux propositions ne montrent pas que l'Honneur soit la Felicité, suiuant la Doctrine d'Aristote: car dans la pensée de ce Philosophe, la Felicité, & l'Honneur, sont des recompenses de la Vertu, d'vne maniere grandement differante.

La Felicité est la recompense que la Vertu se propose; mais l'Honneur, est celle qu'il faut donner à la Vertu: c'est à dire, que ceux qui pratiquent la Vertu, tendent à la Felicité, suiuant le témoignage d'Aristote, qui nous apprend, au premier Chapitre de sa Morale, que la connoissance du Souuerain Bien doit estre toûjours presente à notre Esprit, pour estre la Regle du Bien que nous deuons faire; mais il defend à ceux qui veulent aquerir la Vertu, de regarder l'Honneur comme la recompense de leurs Actions; & il nous fait connoitre que celuy qui le cherche, ne le merite pas, quand il dit au neufiéme Chapitre du quatriéme Liure de sa Morale, que ceux qui font des Actions extraordinaires, pour estre estimez des Hommes, sont coupables d'Ambition.

Il est vray que les Regles de la Generosité nous defendent de prendre l'Honneur pour la recompenſe de nos Actions; mais les Loix de la Iuſtice nous obligent d'honorer ceux qui taſchent d'aquerir la perfection de leur Entendement, & de leur Volonté; d'où vient qu'Ariſtote aſſeure au dixiéme Chapitre du cinquiéme Liure de ſa Morale, que celuy qui poſſede vne grande Vertu, trauaille pour les autres; qu'il luy faut donner quelque recompenſe; & que cette recompenſe n'eſt autre que l'Honneur, & la Gloire. En effet l'Honneur eſt la veritable recompenſe qu'il faut donner au Magnanime, qui trauaille pour tout le Monde.

Pour auoir vne claire connoiſſance de cette Verité, il faut ſuppoſer que la recompenſe doit eſtre proportionnée au merite de celuy qui doit eſtre recompenſé; & qu'elle doit eſtre en la diſpoſition de ceux qui ſont obligez de le recompenſer.

Cette propoſition generale prouue que la recompenſe du Magnanime doit eſtre le plus parfait des Biens exterieurs, pour auoir quelque rapport auec le merite de celuy qui eſt éleué au dernier degré de la Vertu; & qu'elle doit eſtre en la Puiſſance de tous les Hommes, puis qu'il trauaille pour tout le Monde.

Il ſemble que la premiere condition de la recompenſe du Magnanime repugne à la ſeconde: car peut-on croire que le plus parfait des Biens exterieurs ſoit en la Puiſſance de tous les Hommes?

Pour répondre à cette difficulté, il faut remarquer que les plus excellens Biens ſont ordinairement les plus faciles à trouuer. Il eſt certain que

Explication de la seconde Table. 135

l'Honneur est le plus parfait des Biens exterieurs, puis que c'est le Bien que nous rendons à Dieu. Il est aussi tres-éuident qu'il est en la disposition de tous les Hommes : car ceux-là mesme qui n'ont rien, peuuent estimer ceux qui sont illustres par leur Vertu. Il faut donc conclure auec Aristote, que l'Honneur est la veritable recompense qu'il faut donner au Magnanime, qui trauaille pour tout le Monde.

Nous deuons encore remarquer, que suiuant le sentiment d'Aristote, l'Honneur, & la Felicité, sont des recompenses de la Vertu grandement differantes, à l'égard de la Cause qui les distribuë. Nous accorderons par ce moyen ces trois propositions.

1. La Vertu ne peut auoir de recompense plus noble qu'elle-mesme.
2. L'Honneur est la recompense de la Vertu.
3. La Felicité est la recompense de la Vertu.

Aristote nous apprend, par la premiere de ces propositions, que la Vertu ne peut receuoir des Hommes aucune recompense qui soit plus excellente qu'elle. Il nous enseigne par la seconde, que l'Honneur, étant le plus parfait des Biens exterieurs, est aussi la meilleure recompense que les Hommes puissent donner à la Vertu. Enfin il nous fait connoitre par la troisiéme, que la Felicité est la recompense que les gens de bien doiuent attendre de la Bonté diuine.

Si nous prouuons que l'Explication que nous

donnons aux trois propositions precedantes soit conforme à la pensée d'Aristote, ceux qui les mettent au nombre des propositions Contradictoires, pour condamner leur Autheur d'aueuglement, nous feront admirer la Beauté de son Esprit, comme il arriue souuent que l'Enuieux fait reluire la Vertu de celuy qui est l'Objet de sa Medisance.

Il n'est pas difficile de prouuer qu'Aristote, disant que la Vertu ne peut auoir de recompense plus noble qu'elle-mesme, veut dire seulement que la Vertu ne peut receuoir des Hommes aucune recompense qui soit plus excellente qu'elle; dautant qu'il fait cette proposition en la trentiéme Section de ses Problemes, où apres auoir demandé pourquoy les Anciens n'auoient pas proposé de Prix pour la Sagesse, aussi bien que pour l'Adresse du Corps; il asseure, pour les defendre, qu'on ne peut trouuer de recompense qui soit plus noble que la Prudence.

On voit clairement qu'il veut dire que les Anciens n'ont pas proposé de Prix pour la Vertu, à cause qu'il leur étoit impossible de trouuer vne recompense qui fust plus excellente que cette Qualité, qui nous sepa re de la condition des Bestes.

Pour montrer que c'est le veritable sentiment d'Aristote, il faut sçauoir de quelles raisons il se sert pour defendre les Anciens, qui donnoient des recompenses à l'Adresse du Corps, sans en donner aux belles Qualitez de l'Ame. Il faut supposer trois choses pour en auoir vne claire connoissance.

Premierement,

Explication de la seconde Table.   137

Premierement, qu'ils établissoient des Iuges, pour donner le Prix au Vainqueur. En second lieu, qu'ils ne proposoient pas de Prix qui pût exciter quelque Sedition. En troisiéme lieu, que le Prix qu'ils donnoient étoit plus noble que le Combat. Cette Action étoit vn effet de leur Prudence; pource que le Moyen doit estre plus noble, que la Fin qu'il faut prendre pour y arriuer.

Aristote, dans l'vnziéme Question de la trentiéme Section de ses Problemes, excuse par trois raisons les Anciens qui auoient donné des recompenses à l'Adresse du Corps, sans en donner aux perfections de l'Ame. La premiere, est fondée sur la difficulté de trouuer des Iuges. La seconde, sur la Crainte d'exciter quelque Diuision. Et la troisiéme, est fondée sur le defaut de recompense. Les yeux d'vn chacun pouuoient juger de l'Adresse du Corps; mais si on eust proposé vn Prix pour la Science, & pour la Vertu, on eust trauaillé inutilement pour trouuer des Iuges. Ce Prix auroit pû exciter quelque Sedition: car les vns ne souffrent pas ordinairement, sans Enuie que les autres leur soient preferez dans les Biens de l'Ame. Enfin puis que la recompense doit estre plus noble que le Combat, Aristote dit que les Anciens ont eu raison de ne proposer aucun Prix pour la Vertu, à cause qu'elle ne peut auoir de recompense plus noble qu'elle-mesme. La suite de ces propositions prouue clairement qu'il veut dire que les Hommes ne peuuent donner à la Vertu aucune recom-

S

pense qui luy soit preferable. Il ne se contredit pas pourtant, quand il soûtient au septiéme Chapitre du quatriéme Liure de sa Morale, que l'Honneur est la recompense de la Vertu; pource qu'il demeure d'accord au mesme Chapitre, que nous ne pouuons trouuer aucune chose qui puisse estre proportionnée à l'excellence de cette Habitude; mais comme l'Honneur est le plus parfait des Biens exterieurs, il dit que c'est la meilleure recompense que nous puissions donner à ceux qui pratiquent la Vertu, pour leur témoigner l'estime que nous faisons de leur merite.

Il reste à prouuer, que suiuant le témoignage d'Aristote, la Felicité est la recompense que les gens de bien doiuent attendre de la Bonté diuine. Ceux qui ont leu le dixiéme Chapitre du premier Liure de sa Morale, sont persuadez de cette Verité : car il ne dit pas seulement en ce Chapitre que la Felicité soit la recompense de la Vertu; mais il adjoûte que la recompense de cette perfection est vne chose Diuine, pour nous apprendre que le Bon-heur, qui nous attire, est vn effet de l'Amour que Dieu nous porte. Il découure plus clairement sa pensée sur ce sujet au dixiéme Chapitre du dixiéme Liure de sa Morale, quand il asseure que ce qui rend l'Homme veritablement Heureux, vient d'vne Cause Exterieure, & Diuine. Enfin il est tres-éuident, que ce Philosophe Payen a connu que Dieu étoit le Souuerain Bien, & qu'il étoit par ce moyen la recompense des bonnes Actions; puis qu'il conclut à la Fin de la Morale à Eud. qu'il est le dernier Terme de l'Ame, & la derniere Fin des Vertus.

Quelqu'vn pourroit croire que la Lumiere d'Aristote n'a pas été assez penetrante, pour luy faire connoitre que la Felicité est la recompense que Dieu donne à ceux qui suiuent les ordres de sa Sagesse. En effet, on pourroit douter de la Consequence que j'ay tirée auparauant, pour prouuer qu'il a été dans ce sentiment: car bien que la Vertu ait pour recompense la Felicité, qui est vne chose Diuine, on ne peut pas conclure veritablement que le Bon-heur, qui nous attire, soit vn Effet de l'Amour que Dieu nous porte. Comme les choses qui ont quelque excellence sont appellées Diuines, quand Aristote dit que la recompense de la Vertu est vne chose Diuine, il veut dire seulement que la recompense de cette Qualité est vne chose excellente.

Ie demeure d'accord que les choses qui ont quelque excellence peuuent estre appellées Diuines; mais ie soûtiens que ce nom conuient plus proprement à celles qui viennent de Dieu. Puis qu'il est Equiuoque, il faut examiner si Aristote, ayant dit que la Felicité, qui est vne chose Diuine, est la recompense de la Vertu, a voulu montrer seulement que la recompense de la Vertu est vne chose excellente, ou s'il a voulu dire que la Felicité est la recompense que les gens de bien doiuent attendre de la Bonté Diuine.

La réponse qu'il faut faire à cette difficulté peut estre tirée des propositions precedantes : car sçachant que l'Equiuoque, du mot de Diuin, pouuoit nous faire douter du sentiment d'Aristote, j'ay prouué par d'autres Passages qu'il auoit expliqué clairement sa pensée sur ce sujet ; & puis qu'il conclut à la Fin de la Morale à Eud. que Dieu est le dernier Terme de l'Ame, & la derniere Fin des Vertus, il est tres-éuident que dans sa pensée Dieu est la recompense des bonnes Actions.

Il semble donc qu'il se contredit, au dixiéme Chapitre du premier Liure de sa Morale, lors qu'il parle en ces termes, Quoy que la Felicité ne soit pas vn don de Dieu, elle doit estre mise au nombre des choses Diuines.

Pour répondre à cette difficulté, il faut supposer, que pour bien entendre quelque proposition d'Aristote, ou de quelqu'autre Autheur, il faut sçauoir en quel lieu elle est faite, pour découurir la liaison qu'elle peut auoir auec celles qui la precedent, & qui la suiuent.

Il faut pratiquer en ce lieu ce Precepte, pour defendre Aristote. Il est vray qu'il demeure d'accord au dixiéme Chapitre du premier Liure de sa Morale, que la Felicité, quoy qu'elle ne soit pas vn Don de Dieu, est vne chose Diuine ; mais si nous considerons la liaison de cette proposition, auec celles qui la precedent & qui la suiuent, nous trouuerons qu'il ne doute pas que la Felicité ne soit vn Don de Dieu ; & qu'il veut dire seulement, que bien qu'elle ne fuſt pas vn Don de Dieu, elle ſeroit pourtant au nombre des choſes excellentes, & Diuines.

Pour auoir vne claire connoiſſance de cette Verité, il faut ſuppoſer que le principal But qu'il ſe propoſe en ce Chapitre, eſt de combattre l'Erreur de ceux qui ſoûtenoient, que la Felicité dépendoit de l'Empire de la Fortune. Il les attaque par la ſuite de ces propoſitions. Si Dieu donne quelque choſe aux Hommes, il eſt raiſonnable qu'il leur communique la Felicité, qui eſt le plus parfait des Biens qu'ils puiſſent receuoir; mais il ne faut pas icy decider cette Queſtion ; & il eſt tres-clair, que la Felicité, quoy qu'elle ne ſoit pas vn Don de Dieu, eſt vne choſe Diuine; c'eſt pourquoy il eſt ridicule de l'attribuer à la Fortune. Comme les choſes qui viennent de la Nature, ou de l'Art, font connoitre par leur Beauté la nobleſſe de leurs Cauſes, celuy qui ſoûſmet à l'Inconſtance de la Fortune la Felicité, qui ſurpaſſe les autres Biens par ſa Beauté, & par ſon excellence, donne des marques de ſon aueuglement, & de ſon Impieté.

On ne peut pas conclure par ces paroles, que dans l'Opinion d'Ariſtote la Felicité ne ſoit pas vn Don de Dieu; puiſqu'il ne veut pas decider cette Queſtion en ce Chapitre. Comme il attaque des Hommes qui ſont plus aueugles que la fauſſe Deïté, qu'ils reconnoiſſent pour la Maiſtreſſe du Bon-heur, & du Mal-heur, il ſe contente de prendre vne propoſition qui eſt accordée de tout le Monde, pour faire pareſtre leur aueuglement. En effet il ſuffit de ſçauoir que la Felicité eſt au nombre des choſes Diuines, pour connoitre qu'elle ne peut eſtre vn Effet de la Fortune ; & pour établir cette Verité, il n'eſt pas neceſſaire d'examiner ſi les Hommes ſont redeuables à Dieu de leur Bon-heur: car ſoit qu'il leur communique ce Bien, ſoit que la Felicité ne ſoit pas vn Don de Dieu, il faut auoir perdu le Sens commun, pour aſſujetir le plus Parfait de tous les Biens à l'Empire de la Fortune.

Ariſtote, au dixiéme Chapitre du premier Liure de ſa Morale, ne ſe contente pas de blâmer l'Ignorance de ceux qui tiennent ce ridicule Party : il les accuſe encore d'Impieté ; pource qu'on ne peut attribuer à vne fauſſe & aueugle Deité, ce qui n'appartient qu'à la premiere Sageſſe, ſans eſtre coupable d'vn tres-grand Crime. Il termine la Queſtion qu'il ne veut pas decider en ce Chapitre, au neufiéme du dixiéme Liure de ſa Morale, quand il fait cét admirable raiſonnement. Si Dieu prend quelque ſoin des choſes Humaines, comme il eſt tres-probable, ceux qui ſuiuent la Lumiere de leur Raiſon, & qui conſeruent la Beauté de leur Ame, luy ſont tres-agreables : comme ils taſchent d'imiter ſa Sageſſe, il les ayme ; d'où vient qu'il leur procure de grands Biens, & puis que le Bon-heur eſt le plus Parfait de tous ceux qu'ils peuuent deſirer, ils doiuent attendre cét auantage de ſa Bonté.

La ſuite de ces propoſitions prouue clairement que ce diuin Philoſophe a crû, que la Felicité eſt

Explication de la seconde Table. 143

la recompense que Dieu donne à ceux qui suiuent les ordres de sa Sagesse; mais on pourroit demander pourquoy j'ay trauaillé auec tant de soin pour examiner qu'elle étoit son Opinion sur cette Matiere: car nous ne deuons traiter dans la Philosophie Morale que des choses qui sont necessaires pour arriuer à la Fin qu'elle se propose; & il semble que la Solution de cette Question ne puisse rien contribuer à la conduite de notre Vie.

Les Chrétiens sçauent, que la joüissance de Dieu est la recompense de leur Amour; ils ne peuuent douter de cette Verité, puis qu'ils sont parfaitement éclairez par la Lumiere de l'Euangile; il semble donc qu'il leur soit inutile de rechercher, si dans la pensée d'Aristote le Bon-heur est vn Ouurage de Dieu, ou de la Fortune.

La réponse qui doit estre faite à cette difficulté peut estre tirée du second Chapitre de cét Ouurage, & du Chapitre precedant. I'ay dit dans le second Chapitre de cét Ouurage, que ie tascherois d'accorder, suiuant l'ordre de la Philosophie Morale, plusieurs propositions d'Aristote auec les Veritez de l'Euangile. La Theologie de Saint Thomas m'a fait prendre ce dessein: car comme les Conclusions qui s'y rencontrent sont ordinairement fondées sur les Principes d'Aristote, il est tres-important de prouuer que les pensées de ce Philosophe ne sont pas opposées aux Preceptes de la Religion Chrétienne. I'ay montré dans le Chapitre precedant, qu'elles peuuent seruir pour confondre les

Chrétiens: car ceux qui sont obligez de regler toutes leurs Actions, suiuant la Lumiere de la Grace, deuroient estre Honteux de s'éloigner des choses qui leur sont enseignées par vn Philosophe qui n'étoit éclairé que par la Lumiere de la Nature. Si le raisonnement qu'il fait au neufiéme Chapitre du dixiéme Liure de sa Morale étoit bien imprimé dans leur Ame, ils tascheroient de cultiuer leur Esprit, pour se rendre agreables à Dieu; ils ne s'attacheroient pas aux choses qui en peuuent obscurcir la connoissance; ils trauailleroient auec soin pour aquerir toutes les Vertus, & pour éuiter tous les Vices, afin d'imiter Dieu, qui contient toute sorte de perfections, sans aucun defaut. Enfin ils ne chercheroient pas le Bon-heur dans les Richesses, ny dans les Honneurs; puis qu'ils seroient persuadez, par la Lumiere mesme de la Nature, que la Felicité est vn Bien que les Hommes ne doiuent esperer que de la Bonté Diuine.

Apres auoir accordé plusieurs propositions d'Aristote, qui paressent opposées les vnes aux autres, & montré de qu'elle maniere l'Honneur, & la Felicité peuuent estre des recompenses de la Vertu, nous deuons executer le principal dessein que nous auons en ce Chapitre; c'est à dire que nous deuons faire parestre l'aueuglement des Ambitieux, qui ont pour Fin l'Honneur, & la Gloire.

Comme l'Honneur est le plus parfait des Biens Exterieurs, il a des charmes tres-puissans pour attirer les Hommes; c'est pourquoy nous deuons employer

Explication de la seconde Table. 145
employer de fortes raisons, pour combattre l'Erreur de ceux qui le prennent pour le dernier Terme de leurs Desirs. Nous éuiterons par ce moyen la faute de plusieurs Philosophes, qui prouuent par vne mauuaise raison, que l'Honneur ne peut estre le Souuerain Bien, lors qu'ils raisonnent en cette façon.

    L'Honneur n'est point dans celuy qui le reçoit;
    Donc il ne peut estre le Souuerain Bien.

    La Table que nous expliquons nous apprend, que ces Philosophes se seruent d'vne mauuaise raison, pour établir vne veritable Conclusion: car le Souuerain Bien, ou l'Objet qui nous rend Heureux, est hors de nous.

    Il semble que le Principe de leur Raisonnement soit aussi infaillible, que la Conclusion qui en dépend; c'est à dire que la raison qu'ils prennent pour détruire l'Opinion des Ambitieux, parest tres-forte: & on peut dire que leur Raisonnement est entierement composé de propositions qui sont accordées de tous les Philosophes.

    Tous les Philosophes auoüent que celuy qui est Heureux doit l'auantage qu'il possede à quelque Bien qui est en luy; on peut donc conclure, sans estre en peril de tomber dans l'Erreur, que l'Honneur ne peut estre le Souuerain bien; pource qu'il est plûtost dans celuy qui le rend, que dans celuy qui le reçoit, n'étant autre chose que le témoignage qu'on rend à quelqu'vn de l'estime que l'on fait de son merite.

                            T

Aristote demeure d'accord de la verité de cette proposition, au troisiéme Chapitre du premier Liure de sa Morale; & si nous penetrons dans la Parfaite signification du Terme dont il se sert pour exprimer sa pensée, nous dirons auec luy, que l'Honneur est trop superficiel, pour estre le Bon-heur des Hommes; c'est à dire qu'il ne faut pas asseurer qu'vn Homme soit Heureux, à cause qu'il est honoré; qu'il faut aller plus auant, & qu'il faut attribuer sa Felicité à son merite, qui est le Fondement de l'Honneur qu'on luy rend.

Il semble que l'on ne puisse attaquer plus fortement l'Opinion des Ambitieux, que par ce Raisonnement, qui est apuyé de l'Authorité d'Aristote, & du consentement ordinaire des Philosophes; mais si nous l'examinons attentiuement, nous trouuerons qu'il ne contient pas les veritables raisons qu'il faut prendre, pour prouuer que l'Honneur ne peut estre le Souuerain Bien.

Pour arriuer à cette Fin, il faut supposer que la Logique est le Fondement des autres Sciences; que sa troisiéme Partie, qui nous donne le moyen de trouuer les veritables raisons de toute sorte de Conclusions, est incomparable; & qu'elle nous enseigne, que la fausseté de quelque Raisonnement prouient, ou de sa Matiere, ou de sa Forme; c'est à dire que nous manquons dans la recherche de quelque Verité, ou lors que nous la découurons par vne fausse raison, ou quand nous ne prenons pas la veritable raison qu'il faut mettre en vsage

Explication de la seconde Table. 147

pour l'établir; comme si on prouue que la Compassion soit loüable, à cause qu'elle est vne Vertu, on fait ce faux Raisonnement.

Toute Vertu est loüable;
La Compassion est vne Vertu;
Donc la Compassion est loüable.

Ceux qui ont la connoissance de la Philosophie Morale, sçauent que la fausseté de ce Syllogisme prouient de sa Matiere: car la fausseté de la seconde proposition leur est éuidente.

Il est vray que la Compassion est loüable, pource qu'elle incite les Riches à soulager les Pauures dans leur misere; mais celuy qui la met au nombre des Vertus, pour tirer cette Consequence, employe vne fausse Raison, pour prouuer vne veritable Conclusion; dautant que la Philosophie Morale nous enseigne, que la Compassion n'est pas vne Vertu; mais qu'elle est seulement vne Passion composée de la Douleur que la misere des gens de bien imprime dans notre Ame, & de la Crainte que nous auons d'estre attaquez du Mal qui leur est arriué.

Si on prouue que l'Intemperance ne soit pas loüable, à cause qu'elle n'est pas vne Vertu, on fait ce faux Raisonnement.

Toute Vertu est loüable;
L'Intemperance n'est pas vne Vertu;
Donc l'Intemperance n'est pas loüable.

Ceux qui sçauent les Regles de la Logique connoissent, que la fausseté de ce Syllogisme prouient

T ij

de sa Forme ; pource que la seconde proposition des Syllogismes de la premiere Figure, ne doit pas estre Negatiue, à cause que la Negation d'vne chose moins generale ne peut seruir de Principe pour nier vne chose plus generale ; comme, bien qu'vne chose ne soit pas vn Homme, il ne faut pourtant l'oster du nombre des Animaux ; c'est pourquoy la Consequence de ce Syllogisme de la premiere Figure, dont la seconde proposition est Negatiue, est fausse.

Tout Homme est vn Animal ;
Le Lion n'est pas vn Homme ;
Donc le Lion n'est pas vn Animal.

Il faut faire le mesme jugement de la Consequence du Syllogisme precedant. Il est vray que l'Intemperance n'est pas loüable, puis qu'elle est opposée à la Temperance, qui conserue plus parfaitement que les autres Vertus Morales, la Beauté Naturelle de l'Ame : dautant que l'Ame perd principalement son Eclat, lors qu'elle s'vnit, par vn Desir déreglé, aux choses qui nous sont communes auec les Bestes ; mais celuy qui soûtient que l'Intemperance n'est pas loüable, à cause qu'elle n'est pas vne Vertu, ne prend pas vne bonne raison pour prouuer vne veritable Conclusion ; pource que toute Vertu est loüable ; mais tout ce qui est loüable n'est pas vne Vertu.

Nous deuons icy remarquer que la Doctrine qui nous donne le moyen de trouuer les veritables raisons de toute sorte de Conclusions, est tres-vtile ;

Explication de la seconde Table. 149

& que l'incredulité que l'on a pour les plus importantes Veritez, vient ordinairement de la foiblesse des raisons que les Philosophes, ou les Theologiens, prennent pour en discourir : car la destruction du Fondement fait douter de la verité qui en est tirée.

Quelqu'vn pourroit dire que le Raisonnement que les Philosophes font ordinairement, pour montrer que l'Honneur ne peut estre le Souuerain Bien, ne combat aucune Regle de la Logique. En effet il semble que ceux qui ont la connoissance de cette Science, doiuent approuuer le Syllogisme suiuant.

La Felicité est dans celuy qui est Heureux;
L'Honneur n'est pas dans celuy qui est Heureux;
Donc l'Honneur n'est pas la Felicité.

La Verité de la premiere proposition est tres-éuidente, & on découure parfaitement celle de la seconde, lorsqu'on asseure, que l'Honneur est plûtost dans celuy qui le rend, que dans celuy qui le reçoit.

Il semble que ce Syllogisme, qui est bon, à l'égard de sa Matiere, soit aussi tres-Parfait, à l'égard de sa Forme; dautant qu'il est fait suiuant les Regles de la seconde Figure, dans laquelle il se rencontre.

Si le Syllogisme precedant n'est pas contre les Regles particulieres de la seconde Figure, il est certain qu'il s'éloigne d'vne Regle generale, qui

T iij

est commune à toutes les Figures; pource qu'il est composé de quatre Termes, à cause de l'Equiuoque du mot de Felicité, qui est pris autrement dans la Conclusion que dans la premiere proposition: car lors qu'on dit dans la premiere proposition, que la Felicité est dans celuy qui est Heureux, on prend le mot de Felicité pour l'Action qui nous vnit au Souuerain Bien, qui est vne perfection de notre Entendement, ou de notre Volonté; mais quand on dit, dans la Conclusion, que l'Honneur ne peut estre la Felicité, on prend le mot de Felicité, pour l'Objet qui nous attire, qui reçoit proprement le nom de Souuerain Bien.

Pour entendre plus clairement ces Veritez, il faut sçauoir que le mot de Felicité est Equiuoque, & qu'il se prend principalement, ou pour l'Objet qui excite nos Desirs, ou pour l'Action qui nous y conduit, ou qui nous en donne la Possession. L'Objet que nous cherchons reçoit proprement le nom de Souuerain Bien; & l'Action qui nous y attache, reçoit particulierement celuy de Felicité.

Cette distinction met d'accord ceux qui pourroient demander, si la Felicité est dans celuy qui est Heureux: car si nous prenons la Felicité pour l'Action qui vnit l'Homme au Souuerain Bien, nous deuons asseurer qu'elle se rencontre dans celuy qui est Heureux; pource que cette Action est receuë dans les Facultez qui la produisent: mais l'Objet que nous cherchons est hors de nous, puis

Explication de la seconde Table. 151

qu'il est le dernier Terme de notre connoissance, & de notre Amour.

Quand on demande si la Felicité consiste dans l'Honneur, on prend le mot de Felicité pour l'Objet qui nous attire; c'est à dire qu'on demande si l'Honneur doit estre le But auquel nous deuons rapporter toutes nos Actions: c'est pourquoy ceux qui disent que l'Honneur ne peut estre la Felicité, à cause qu'il n'est pas dans celuy qui le reçoit, ne prennent pas la veritable raison qu'il faut prendre, pour combattre l'Erreur des Ambitieux: car on prouueroit par le mesme Fondement, que Dieu ne peut estre le Souuerain Bien, puis qu'il est hors de nous.

Ce n'est pas assez d'auoir rejetté la raison, dont les Philosophes se seruent ordinairement contre les Ambitieux, pour conclure que l'Honneur ne peut estre le Souuerain Bien; mais il faut rechercher les veritables Principes de cette Conclusion. La Table que nous expliquons, nous en découure deux, dont le premier nous fait connoitre que l'Honneur n'est qu'vne suite du Souuerain Bien; & le second, nous apprend qu'il n'est pas desiré pour luy-mesme.

Pour montrer clairement que l'Honneur n'est qu'vne suite du Souuerain Bien, il faut disposer quelques propositions par Ordre.

L'Honneur, suiuant le consentement mesme des Ambitieux, n'appartient qu'aux choses qui ont quelque excellence; comme quand nous honorons ceux qui sont illustres par leur Vertu, nous leur donnons quelque témoignage de l'Estime que nous faisons de l'excellence de leur merite.

Puis que l'Honneur n'appartient qu'aux choses qui ont quelque excellence, il est certain qu'il ne conuient qu'au Bien : car le Mal n'a aucune excellence.

Si l'Honneur conuient à quelque Bien, il doit estre principalement rendu au Souuerain Bien, qui surpasse les autres Biens par son excellence.

La suite de ces propositions prouue clairement que l'Honneur n'est qu'vne suite du Souuerain Bien; & nous en pouuons tirer la Solution des difficultez qu'on peut faire, pour defendre le party des Ambitieux : car si on dit que le Souuerain Bien est celuy qui nous attire plus fortement que les autres Biens ; & que par ce moyen l'Honneur, qui fait vne puissante impression dans l'Ame des Hommes, est le veritable Objet qui les rend Heureux, il faut répondre, que l'Honneur étant vne suite du Souuerain Bien, le Desir qui s'en forme en notre Ame acccompagne celuy de la Felicité ; d'où vient que j'ay dit, dans le second Chapitre de cét Ouurage, que le Magnanime ne desire l'Honneur que par Accidant ; comme celuy qui tend à la Vertu, cherche par Accidant le Plaisir, entant qu'il est inseparable de la Vertu qu'il poursuit.

Si quelqu'vn asseure, que le Souuerain Bien est sans doute celuy qui conuient à Dieu ; & que ce Bien n'est autre que l'Honneur, & la Gloire, suiuant

le

Explication de la premiere Table.

le témoignage de Saint Paul, au premier Chapitre de la premiere Epitre à Timothée, il sera facile de luy répondre que l'Honneur que nous rendons à Dieu n'adioute rien à l'excellence qui luy conuient de sa Nature ; & qu'il n'est autre chose qu'vn foible témoignage de l'estime que nous en deuons faire.

Comme le Souuerain Bien est le premier de tous les Biens, il est absolument independant, & cette condition, qui nous découure l'auantage qu'il a par dessus les autres Biens, nous enseigne, qu'il est desiré seulement pour luy-mesme, comme i'ay montré au quatriéme Chapitre de la premiere partie de cét Ouurage.

Ces propositions, dont la verité peut estre clairement connüe, par la reduction qu'on en peut faire au premier Principe de Connoissance, font parestre l'aueuglement des Ambitieux, qui mettent leur derniere Fin dans vne chose qu'ils prennent pour Moyen ; d'autant qu'ils desirent l'Honneur pour quelqu'autre chose ; puis qu'ils le cherchent pour se confirmer dans la pensée qu'ils ont de leur merite, comme parle Aristote, au troisiéme Chapitre du premier Liure de sa Morale, & pour faire connoitre aux autres qu'ils ont de belles qualitez ; d'où vient que ce Philosophe, qui auoit vne parfaite connoissance de leur folie, adioute au mesme Chapitre, qu'ils veulent estre honorez de ceux qui les connoissent, & de ceux qui peuuent bien iuger des Actions Humaines.

V

à cause de la perfection de leur prudence.

Ces Desirs, qui se forment dans l'Ame des Ambitieux, prouuent que l'Honneur, suiuant leur pensée mesme, ne peut estre le Souuerain Bien: car puis qu'ils le cherchent pour quelqu'autre chose, ils demeurent d'accord par cette Action qu'il n'est pas le plus parfait de tous les Biens; & que la chose pour laquelle ils veulent estre honorez est preferable à l'Honneur.

On pourroit dire que la Prudence reluït dans la vie de celuy qui cherche l'approbation des gens de bien, qui sont les veritables Iuges des Actions vertueuses; il ne faut donc pas condamner de folie les Ambitieux, quand ils exercent vne Action de cette nature.

Il est vray que celuy qui fait les choses qui meritent veritablement l'approbation des gens de bien pratique la Vertu; mais s'il a pour Fin d'en estre estimé, il doit estre condamné de folie; & c'est pour cette raison que i'ay blamé auparauant les Ambitieux, qui font parestre leur aueuglement, quand ils veulent estre honorez de ceux qui ont beaucoup de Prudence; pource qu'ils tombent dans vne éuidente contradiction. Le Desir qu'ils ont d'estre estimez de ceux qui peuent faire vn bon iugement des Actions Humaines prouue qu'ils veulent estre honorez à cause de la Vertu; ils rapportent donc l'Honneur à cette Qualité. L'Honneur, qu'ils prennent pour Moyen, quand ils suiuent les veritables senti-

Explication de la premiere Table. 155

mens de la Nature, passe dans leur esprit, pour leur derniere Fin, quand ils suiuent l'Erreur que l'Opinion y a fait naistre. Ces Actions sont des preuues tres-éuidentes de leur Contradiction, & en suitte de leur aueuglement.

Pour auoir vne parfaite connoissance de la verité que nous cherchons en ce Chapitre, ce n'est pas assez d'auoir conuaincu les Ambitieux de Contradiction, en ce qu'ils desirent l'Honneur, qui est l'Objet qui les attire, pour quelqu'autre chose: il faut encore prouuer que ce Bien, qui les éblouït, est toujours desiré de cette maniere, pour conclure qu'il ne peut estre le Souuerain Bien, & pour donner le moyen de répondre à plusieurs difficultez qu'on pourroit faire sur ce sujet.

Aristote nous fournit le principe de cette Conclusion, au neufuiéme Chapitre du huitiéme liure de sa Morale, quand il découure le rapport & la difference qu'il y a entre estre aymé, & estre honoré. Il est vray que les vns cherchent l'Amitié, & l'approbation des autres; mais les Hommes peuuent souhaiter d'estre aymez, à cause de l'Amitié mesme; & ils ne desirent l'Honneur que pour quelqu'autre chose: car le Vulgaire veut estre estimé de ceux qui ont beaucoup de Puissance, pour en receuoir les choses qui sont necessaires pour la conseruation de sa vie, & les Ambitieux veulent estre honorez de ceux qui ont beaucoup de Vertu, pour se confirmer dans

V ij

la pensée qu'ils ont de leur merite.

Ces propositions ne persuadent pas entierement que tout le monde desire l'Honneur pour quelqu'autre chose ; c'est pourquoy pour ne laisser aucune difficulté sur cette matiere, il faut montrer, que tous les Hommes desirent l'Honneur ; que tous le cherchent pour quelqu'autre chose, & suiuant la diuersité des Fins qu'ils se proposent, nous ferons connoitre que les vns doiuent estre blâmez ; & que les autres donnent des marques d'vne éclatante Vertu.

On pourroit facilement douter de la verité de la premiere proposition : car peut-on croire que le Desir de l'Honneur s'imprime dans l'Ame des Auares, qui s'attachent entierement à la poursuite des Biens de la Fortune? peut-on auoir cette pensée de ceux qui sont dans le dernier degré d'Intemperance, qui viuent d'vne façon qui leur est commune auec les Bestes? peut-on s'imaginer que le Desir de la Gloire se forme dans le Cœur de ceux qui font vne ouuerte profession de rauir par adresse, ou par violence les Biens, & la vie de leur Prochain? Enfin quand nous voulons bien exprimer le dereglement de ceux qui sont entierrement addonnez au Vice, nous disons qu'ils n'ont plus l'Honneur en recommendation.

Ie demeure d'accord que les Hommes qui preferent la conduite de la Passion à celle de la Raison, & qui abandonnent la Vertu, pour suiure le Vice ne font pas les choses qui meritent

Explication de la premiere Table. 157

l'Honneur & la Gloire ; & nous pouuons dire qu'ils ne defirent pas l'Honneur, entant que le Defir de ce Bien eft conforme à la Raifon ; c'eft à dire qu'ils ne fe portent pas aux chofes qui font approuuées des gens de bien ; mais ie foûtiens que les vns en quelque état qu'ils foient voudroient eftre eftimez, & honorez des autres.

Il faut fuppofer quatre chofes pour bien entendre cette Verité. Premierement que la preuue en doit eftre tirée des Inclinations des Hommes. En fecond lieu qu'ils veulent aquerir ce qu'ils n'ont pas, & qu'ils ne veulent pas perdre ce qu'ils poffedent, comme ils veulent aquerir la Vertu ; mais ils ne veulent pas renoncer à leurs Plaifirs. En troifiéme lieu que le Combat de ces deux Inclinations eft caufe qu'ils fe portent fouuent au Vice. Enfin il faut fuppofer que lors que ces Inclinations ne font pas oppofées, rien n'empefche les Hommes de chercher les chofes qu'ils defirent, pourueu qu'elles ne foient pas au deffus de leur puiffance.

La fuite de ces propofitions nous enfeigne clairement que tous les Hommes reçoiuent du Plaifir d'eftre eftimez ; pource qu'ils aquierent quelque chofe fans rien perdre. Ce Plaifir, qui eft vn Repos, eft vne fuite de quelque Mouuement ; c'eft à dire du Defir qui le precede ; nous deuons donc conclure que le Defir de l'Honneur peut faire quelque impreffion dans l'Ame des gens de bien, & dans celle des Méchans ; mais la Fin que les vns se proposent est bien differante de celle des autres : pource que les gens de bien ne desirent l'Honneur que pour éclairer les autres ; mais les méchans le cherchent pour leur oster quelque connoissance. Ceux qui sont éleuez au dernier degré de perfection peuuent desirer que leur Vertu soit connüe ; mais ils ne permettent que ce Desir se forme en leur Ame que pour obliger les autres à les imiter : ceux au contraire qui sont dans le dernier degré du Vice peuuent souhaiter que les autres ayent bonne opinion de leurs Actions, afin qu'ils ne puissent pas découurir leur Malice.

La diuersité des Conditions, qui excite l'Enuie dans l'Ame des Pauures, & l'Ambition dans le Cœur des grands, fait naistre icy vne plus grande difficulté que celle qui est fondée sur le Vice, & sur la Vertu : car quoy que les Méchans, & les Vertueux puissent desirer l'Honneur, on ne peut pas conclure que ce Desir soit commun à tous les Hommes, en quelque état qu'ils puissent estre. Cette Passion établit son Empire dans l'Ame de ceux qui surpassent les autres par leurs Richesses, ou par leur Naissance, & on peut dire qu'elle n'attaque aucunement ceux qui sont entierement priuez de ces auantages. Il semble que ces Ames basses, & mercenaires, qui ne sont autre chose que des instrummens animez, pour executer la Volonté de leurs Superieurs, ne desirent que les choses qui sont absolument vtiles,

Explication de la premiere Table.

pour éuiter la mort. Comme les Actions de ceux qui sont reduits à cette misere répondent à la bassesse de leur condition, on ne doit rien attendre de grand de leur vie; & leurs Desirs ne sont pas assez éleuez, pour chercher l'Honneur, & la Gloire.

Il est vray que la plus forte Passion des miserables est celle qui les porte aux choses qui sont vtiles pour éuiter la mort ; mais le Desir de les obtenir peut engendrer dans leur Ame celuy de l'Honneur : car comme i'ay montré auparauant auec Aristote, le Vulgaire veut estre estimé de ceux qui ont beaucoup de Puissance, pour en receuoir les choses qui sont necessaires pour la conseruation de sa vie.

Il semble qu'Aristote se contredit, au septiéme Chapitre du second liure de sa Politique, quand il soûtient contre Phaleas, qu'vne Republique ne seroit pas à couuert de toute sorte de seditions, quoy que les Richesses fussent egalement distribuées à ses Parties ; à cause que les diuisions qui detruisent le Repos des Etats ne viennent pas seulement de l'Inegalité des Richesses ; mais aussi de l'Egalité des Honneurs.

Si l'Inegalité des Richesses fait naistre le Desir d'exciter des troubles dans l'Ame du Vulgaire, ceux qui sont illustres par leur Naissance peuuent receuoir vn grand déplaisir de l'Egalité des Honneurs ; d'où vient qu'ils ne peuuent souffrir que les auantages qu'ils pensent meriter soient en la disposition de ceux qui sont éleuez de la lie du Peuple aux plus éminentes charges des Republiques. Ils ne peuuent demeurer en repos, lors qu'ils considerent que les Honneurs qui n'appartiennent qu'à ceux qui content parmy leurs Enceftres plusieures Testes couronnées sont distribuez à ceux qui doiuent leur naissance à la Boutique d'vn Artisan, ou à la Cabane d'vn Berger; mais ils doiuent sçauoir que la Vertu fait naistre la Noblesse, & que le Vice la détruit.

La diuersité des Fins du Vulgaire, & des Ambitieux, dans les troubles des Etats, semble prouuer que le Vulgaire s'attache seulement au Bien vtile; & que les Ambitieux cherchent l'Honneur; il ne faut donc pas conclure que le Desir des Honneurs soit commun à tous les Hommes, en quelque état qu'ils puissent estre.

Le Passage d'Aristote qui a esté rapporté auparauant ne doit pas pourtant nous empescher de tirer cette Conclusion : car il prouue seulement que les Ambitieux preferent l'Honneur aux Richesses; & que le Vulgaire fait plus d'état du second de ces auantages que du premier; mais, comme j'ay dit auparauant, le Desir des Richesses peut engendrer en son Ame celuy des Honneurs; dautant qu'il peut souhaiter l'Estime des grands, pour en receuoir quelque chose.

Les raisons precedentes ne montrent pas seulement, que tous les Hommes desirent l'Honneur : elles nous enseignent encore, qu'ils le cherchent

cherchent toujours pour quelqu'autre chose : car le Vulgaire y tend, pour avoir les choses qui sont necessaires pour la conservation de sa Vie; l'Ambitieux le desire, pour se confirmer dans la pensée qu'il a de son merite; & le Magnanime le poursuit, pour éclairer les autres.

 Le Vulgaire prefere les Richesses à l'Honneur; l'Ambitieux dans la recherche de la Gloire a plus de soin de l'Opinion que de la Verité; & le Magnanime prefere la Verité à l'Opinion.

 Le Vulgaire s'abaisse facilement devant ceux qui ont beaucoup d'Authorité; mais son abaissement provient du Desir qu'il a d'aquerir les Richesses; l'Ambitieux veut surpasser les autres dans les choses qui ont assez d'éclat pour éblouïr les Hommes; & le Magnanime augmente sa Vertu.

 Enfin le Vulgaire nous découuure sa bassesse, par ses Desirs, & par ses actions : l'Ambitieux fait paraistre sa folie; & le genereux fait connoitre sa Vertu, pour faire reluire la Gloire de Dieu.

 Puis que l'Honneur est toujours desiré pour quelqu'autre chose, il ne peut estre le Souverain Bien, qui étant absolument Independant est desiré pour luy-mesme. Il faut faire le mesme jugement de la Gloire Humaine.

X

QVE LA GLOIRE HVMAINE, ou la reputation qui est fondée sur l'Opinion des Hommes ne peut estre le Souuerain Bien.

CHAPITRE XIII.

N pourroit blâmer le dessein que i'ay en ce Chapitre: car si l'Honneur, & la Gloire ne sont qu'vne mesme chose, ie n'y puis rien dire de nouueau, sans m'éloigner de mon sujet; puis que i'ay détruit amplement, dans le Chapitre precedent, l'Opinion des Ambitieux, qui cherchent inutilement la Felicité dans les Honneurs; & qui donnent, par cette Action, des preuues tres-euidentes de leur Contradiction, de leur aueuglement, & de leur Folie.

Puis que toutes ces veritez ont eté prouuées auparauant, il ne reste rien à dire sur cette Matiere, & il semble que ie deurois la quitter, pour éuiter les repetitions, qui sont inutiles dans toutes les sciences, & particulierement dans l'explication de celle qui doit s'occuper promptement à la moderation de nos passions.

Ie demeure d'accord que la suite de quelque propositions, qui ont esté disposées par ordres

Explication de la premiere Table. 163

dans le Chapitre precedant, peut seruir, pour nous faire connoitre, que la Gloire Humaine, ou la Reputation qui est fondée sur l'Opinion des Hommes, ne peut estre le Souuerain bien. Ie sçay aussi qu'il y a beaucoup de rapport entre l'Honneur, & la Gloire; mais s'il y a quelque Difference entre ces deux choses, il ne sera pas inutile d'en faire la recherche; puis qu'il est auantageux d'éuiter la confusion; & qu'il faut tascher de trouuer la Difference qu'il faut mettre entre les choses qui ont vn grand rapport, suiuant le Precepte qu'Aristote nous donne sur ce sujet, au seiziéme Chapitre du premier liure de ses Topiques.

Il rend la raison, au mesme Chapitre, de la necessité de ce Precepte, & de la difficulté qu'on peut auoir à le pratiquer: car quand il dit que les Differences des choses qui sont grandement éloignées les vnes des autres sont tres éuidentes, il nous apprend que le principal but que nous deuous auoir dans la recherche des Differences doit estre d'examiner celles qui se rencontrent entre les choses qui ont vn grand rapport.

Pour éuiter la Confusion, qui peut naistre facilement du rapport que les choses ont les vnes auec les autres, nous pouuons icy distinguer quatre choses, qui sont l'Estime, la Loüange, l'Honneur, & la Gloire.

L'Estime appartient à la pensée; mais la loüange, l'Honneur & la Gloire sont du nombre des Biens exterieurs.

X ij

Ce n'est pas assez de dire que l'Estime appartient à la pensée; mais il en faut expliquer la Nature, pour donner vne claire connoissance de cette Verité, & pour donner le moyen de répondre à plusieurs difficultez qu'on peut faire sur ce sujet.

Pour expliquer la Nature de l'estime il faut dire, que l'Estime que nous faisons de quelqu'vn est vne suite de la connoissance que nous auons de son merite; & que cette Action peut estre le Principe de la Bienueillance, & de l'amitié.

Il semble que cette Description que nous faisons de l'Estime prouue que cette Action soit plûtost vn Effet de la Volonté, qu'vne production de l'entendement; car nous demeurons d'accord que l'Estime est vne suite de la connoissance, & il semble que cette proposition nous oblige aussi d'accorder, que l'Estime, que nous mettons au nombre des Actions de l'Entendement, soit vn Effet de la Volonté; dautant que les Actions de cette Faculté suiuent les connoissances de l'Entendement.

Il est vray que les Actions de la Volonté suiuent les connoissances de l'Entendement; mais toute Action qui est vne suite de quelque connoissance n'appartient pas à la Volonté. L'ordre que nous admirons dans les Actions de l'Entendement nous fait connoistre, que les vnes precedent les autres; nous pouuons donc asseurer que l'Estime est vne suite de quelque connois-

Explication de la premiere Table. 165

sance, sans l'attribuer à la Volonté: pource qu'il peut arriuer qu'elle soit dans l'Entendement ; & qu'elle soit vne suite de quelque connoissance ; c'est à dire vne suite de quelqu'autre fonction de la mesme Faculté.

Il ne suffit pas d'auoir répondu à la difficulté qui a été proposée; mais il faut prouuer clairement que l'Estime est vne Action de l'Entendement ; il faut enseigner de quelle maniere elle appartient à cette Faculté ; & pour arriuer facilement à cette Fin, il la faut distinguer de l'Admiration.

L'Admiration precede souuent l'Estime que nous faisons de quelqu'vn : car si nous voulons bien exprimer la Nature de l'Admiration, nous deuons dire qu'elle n'est autre chose qu'vne simple Conception que l'Entendement forme d'vne chose extraordinaire; mais nous ne deuons pas faire le mesme iugement de l'Estime ; & nous deuons asseurer, que cette Action suppose quelque reflexion de l'Entendement. La preuue de cette Verité nous apprendra, que l'Estime est ordinairement vne suite de l'admiration. Pour la prouuer clairement, il faut examiner de quelque maniere notre Entendement agit, quand il admire, & quand il estime quelque chose.

Au mesme moment que nous auons receu l'Image d'vne chose extraordinaire, nous l'admirons, & si apres y auoir fait quelque reflexion nous demeurons dans la mesme pensée, nous

X iij

passons de l'Admiration à l'Estime.

Pour découurir encore plus clairement la Difference qui se rencontre entre ces deux Actions, il faut dire que l'Admiration regarde proprement l'effet ; & que l'Estime en regarde la Cause: car quand l'image d'vn Effet éclatant se presente à notre Entendement, il l'admire, & il peut en suite estimer la cause qui l'a produit.

L'Experience que nous pouuons faire, pour connoitre l'ordre des Actions de notre Entendement, que nous deuons examiner, pour nous éleuer à la connoissance de Dieu, nous empesche de reuoquer en doute celuy qu'il garde, quand il admire, & quand il estime quelque chose ; c'est pourquoy nous deuons conclure que l'Estime est vne Action qui luy appartient, aussi bien que l'Admiration.

Il est vray que l'Estime est vne suite de la connoissance du merite de celuy que nous estimons ; mais cette proposition nous oblige seulement d'auoüer, que l'Estime suppose quelque reflexion de l'Entendement.

Celuy qui veut estre parfaitement instruit de l'Ordre de ces Actions doit considerer que l'Estime est vne suite de quelque connoissance, de la mesme façon que le iugement, qui est la seconde Action de l'Esprit, suppose la simple Conception, qui est la premiere fonction de la mesme Faculté.

Il faut aller plus auant, pour bien expliquer

Explication de la premiere Table. 267

la Nature de l'Eſtime; c'eſt à dire qu'il ne ſuffit pas de ſçauoir que cette Action doit eſt attribuée au Iugement, qui eſt la ſeconde Action de l'Eſprit; mais il faut connoitre quel Iugement nous faiſons, quand nous eſtimons quelqu'vn.

Quand nous eſtimons les Hommes, nous en faiſons ſans doute vn bon Iugement, par lequel nous approuuons, ou quelque penſée qu'ils ont inuentée, ou quelque belle expreſſion qu'ils font de celles qu'ils ont empruntées des autres, ou quelque Action exterieure qu'ils pratiquent, qui merite l'Honneur, & la Gloire.

On pourroit dire que l'Eſtime peut eſtre fondée ſur pluſieurs autres Cauſes: pource que nous pouuons eſtimer les Hommes, ou par les Richeſſes qui les rendent conſiderables, ou par leur Naiſſance, ou par leur Authorité.

Il eſt vray que les Flateurs donnent des Loüanges exceſſiues à ceux qui poſſedent ces auantages; mais ſi nous pouuions penetrer dans leur Ame, nous ſçaurions qu'ils trahiſſent leurs ſentimens, & qu'ils loüent ceux qu'ils n'eſtiment pas.

Celuy qui ſurpaſſe les autres en Richeſſes les a receües de Dieu, pour en faire part aux Pauures, comme i'ay montré dans l'vnzieme Chapitre de la premiere Partie de cet Ouurage; il ne doit donc eſtre eſtimé que quand il s'aquite de ce deuoir. Celuy qui eſt éleué au deſſus des autres, par ſa Naiſſance, doit ſçauoir que la vertu de ses Ancestres à été le seul Fondement de leur Gloire, & non pas de la sienne ; que la Noblesse l'engage à l'Imitation des beaux Exemples, & qu'il doit adjouter par ses Actions l'éclat de la Vertu à celuy de sa Naissance. Enfin ceux qui commandent aux autres ne doiuent estre estimez, que lors qu'ils employent leur Authorité, pour executer les ordres de la premiere Puissance.

La difficulté qui peut estre tirée des Actions interieures que la Vertu produit en l'Ame de ceux qu'elle perfectionne est plus grande, que celle qui a eté proposée, pour montrer que l'Estime pouuoit estre fondée sur Biens de Fortune : car il semble que les Actions interieures de la Vertu, qui répondent à la noblesse de ce Principe, & qui font relüire la Beauté de nostre Ame, soient la veritable Regle de l'Estime.

En Effet comme l'Amour que les Chretiens doiuent porter à Dieu est le principal Fondement de leur merite, il doit estre la mesure de l'Estime que nous en deuons faire.

Nous ne deuons estimer que ceux qui obseruent vn Ordre dans leurs Actions ; & cét Ordre les oblige à choisir les veritables Moyens qu'ils doiuent prendre, pour arriuer à leur derniere Fin ; nous deuons donc estimer seulement ceux qui taschent de se rendre agreables à Dieu, pour estre éleuez à la contemplation de son Essence, afin de faire éclater sa Grandeur, & sa Gloire.

Explication de la premiere Table. 169
Ie demeure d'accord de toutes ces propositions; mais ie soutiens qu'elles ne combattent pas celles que i'ay faites auparauant.

On pourroit dire que les dernieres prouuent, que les Actions interieures de la vertu doiuent estre la veritable Regle de l'Estime que nous deuons faire des Hommes; & que par ce moyen elles sont opposées aux precedantes, qui l'appuyent sur la pratique des Actions exterieures.

Pour accorder toutes ces propositions, il faut remarquer, que les dernieres regardent l'Estime que nous deuons faire des Hommes en general; & que les premieres regardent celle que nous en deuons faire en particulier.

Nous sçauons que le Desir de nous vnir à Dieu est le veritable mouuement que nous deuons mettre en vsage, pour arriuer à la ioüissance de sa Gloire.

Nous sçauons aussi que le Desir que nous auons de nous vnir à cet Objet Infiny suppose l'Amour que sa Bonté imprime dans nos Ames; nous deuons donc conclure en general, que les Chretiens ne sont estimables, qu'entant qu'ils ayment Dieu, mais si nous en voulons estimer quelqu'vn en particulier comme, nous ne pouuons pas penetrer dans les mouuemens interieurs de son Ame, l'Estime que nous en pouuons faire ne peut estre appuyée que sur la pratique de ses Actions exterieures.

Pour donner vne entiere connoissance de
Y

l'Estime, il ne suffit pas d'auoir montré ce qui a precede, il faut encore examiner ce qui la suit.

Il est certain que l'Estime que nous faisons de quelqu'vn nous incite à luy vouloir du Bien, & mesme à luy procurer quelque auantage: c'est pourquoy nous deuons conclure que cette Action est vne suite de la connoissance que nous auons de son merite; & qu'elle peut estre le Principe de la Bienueillance, & de l'Amitié.

Apres auoir expliqué de quelle maniere l'Estime appartient à l'Entendement, l'Ordre que i'ay etably auparauant m'oblige à decouurir la Difference qui se rencontre entre la Loüange, l'Honneur, & la Gloire; qui sont du nombre des Biens Exterieurs.

La Loüange, & l'Honneur conuiennent en ce que ces deux choses nous seruent pour rendre quelque témoignage de l'Estime que nous faisons du merite; mais l'Honneur a plus d'étenduë que la Loüange; pource que la Loüange appartient seulement à la Parole, & nous pouuons honorer les Hommes, & mesme Dieu, par la Parole, & par quelqu'autre Action exterieure.

Les Inferieurs se seruent de la Loüange pour honorer leurs Superieurs: les recompenses sont les preuues de l'estime que les Superieurs font de leurs inferieurs; & le Sacrifice est la veritable marque de l'Honneur que les Hommes doiuent rendre à Dieu.

Explication de la premiere Table.

Il semble qu'il n'y ait point de difference entre l'Honneur, & la Gloire; si nous considerons pourtant attentiuement ces deux choses, nous trouuerons que l'vne est vn Effet de l'autre, & nous sçaurons que la Gloire, ou la Reputation qui est fondée sur l'Opinion des Hommes, est vn Effet de la Loüange, & de l'Honneur : car les Loüanges que nous donnons à ceux qui sont éleuez au dessus des autres, par vne vertu extraordinaire, & les Honneurs que nous rendons à leur merite les font estimer de tout le Monde.

Comme les loüanges que nous donnons à ceux qui font reluire la beauté de leur Vertu sont des témoignages de l'Estime que nous faisons de leurs rares Qualitez; Cette Estime est vne suite de l'Admiration : c'est pourquoy nous deuons asseurer, que l'Admiration, l'Estime, la Loüange, & l'Honneur font naistre la Gloire.

Apres auoir expliqué les Differences qu'il faut mettre entre toutes ces choses, il faut prouuer que la Gloire, ou la Reputation qui est fondée sur l'Opinion des Hommes, ne peut estre le Souuerain Bien.

Il n'est pas difficile d'établir cette verité : car quoy que l'Honneur, & la Gloire soient deux choses differentes; les raisons pourtant qui prouuent que la Felicité ne consiste pas dans le premier de ces Biens nous obligent à faire le mesme Iugement du second.

I'ay montré dans le Chapitre precedant, par la

suite de quelques propositions, qui ont esté disposées par ordre, que l'Honneur, qui doit estre rendu aux choses qui ont quelque excellence, n'est qu'vne suite du Souuerain Bien; il est donc tres-éuident, qu'il ne faut pas mettre la Felicité dans la Gloire Humaine, qui est vne suitte de l'Honneur.

Les Saints doiuent attendre sans doute la ioüissance du Souuerain Bien, qui doit estre la recompence de leurs souffrances. Le Bien pourtant qu'ils doiuent esperer n'est autre que la Gloire, suiuant le témoignage infaillible de Saint Paul, qui dit au huictiéme Chapitre de l'Epitre aux Romains, que ceux qui souffrent auec Iesus-Christ seront glorifiez, & que les afflictions qui exercent leur Patience en cette vie ne sont pas proportionnées à la Gloire qui leur doit arriuer. Il semble donc que les Ambitieux ne trauaillent pas inutilement, quand ils cherchent la Felicité dans la Gloire.

Il est facile de répondre à cette obiection: car on void clairement que Saint Paul ne parle pas de la Gloire Humaine; mais seulement de la Gloire de Dieu.

Si on dit que la durée, qui est vn des principaux auantages du Souuerain Bien, conuient aussi à la Gloire Humaine, il faut répondre que cette raison est trop foible, pour nous obliger à suiure le Party des Ambitieux: car le Souuerain Bien n'est point suiet au changement, & il est facile de perdre la Reputation; puis qu'elle dépend de l'Opi-

Explication de la premiere Table. 173

nion des Hommes. C'eſt vn Bien qui eſt en leur diſpoſition, & qu'vn chacun peut diſtribuer à qui bon luy ſemble.

Comme la Reputation eſt apuyée ſur l'Opinion des Hommes, dont les connoiſſances ſont incertaines, & particulierement celles qui regardent leurs Actions particulieres, qui ſont contingentes, elle peut eſtre fauſſe; elle eſt donc grandement differante du Bon-heur, qui étant vn Bien tres-parfait, eſt auſſi tres-veritable, & il faut auoir perdu le ſens commun, pour croire qu'vn Homme ſoit Heureux, à cauſe que des Ignorans luy attribuent quelque auantage qu'il ne poſſede pas.

La Gloire Humaine eſt auſſi bien differante de celle de Dieu, qui eſt toujours veritable; dautant que la connoiſſance du premier Eſtre, qui contient toute ſorte de perfections ſans aucun defaut, eſt infaillible.

Puis que la Reputation, qui depend de l'Opinion des Hommes, peut eſtre fauſſe; & que la Gloire de Dieu eſt toujours veritable, nous deuons mépriſer l'vne, pour ſuiure l'autre, ou ſi nous auons ſoin de la premiere, nous ne la deuons chercher que pour faire relüire celle de Dieu; d'où vient que Saint Paul dit au dixiéme Chapitre de la ſeconde Epitre aux Corinthiens, que ceux qui veulent être glorifiez doiuent taſcher de l'eſtre en Ieſus-Chriſt, & quand il aſſeure à la Fin du meſme Chapitre, que celuy-là ſeu-

Y iij

lement est approuué qui l'est de Dieu, il combat l'aueuglement des Ambitieux, qui assuietissent leur Felicité à l'incertaine connoissance des Hommes.

Si nous considerons les choses qu'ils prennent pour le Fondement de leur Gloire, les personnes dont ils veulent étre estimez, & la Fin qui les attire, nous trouuerons des marques de la bassesse de leur Esprit, de leur Folie, & de leur Iniustice: car ils établissent ordinairement leur Gloire sur des choses qui ne la meritent pas; ils s'arrétent à l'approbation des Hommes, qui est suiette à l'Erreur; & ils ne rapportent pas leur Gloire à celle de Dieu.

Comme le Desir de vaincre, qui est naturel aux Hommes, regne principalement dans le Cœur des Ambitieux, ils trouueront encore quelque raison pour authoriser la recherche qu'ils font de la Gloire. Ils pourront dire que Dieu se propose ce Bien dans tous ses Ouurages; & que l'imitation de Dieu ne peut étre vitieuse; puis que Saint Paul exhorte les Chrétiens à pratiquer cette Action, au cinquiéme Chapitre de l'Epitre aux Ephesiens.

Ie sçay que Dieu veut étre glorifié des Hommes; puis qu'il dit, au quarante-troisiéme Chapitre d'Isaie, qu'il a créé pour sa Gloire tous ceux qui inuoquent son nom; & que Iesus-Christ nous enseigne, au treiziéme Chapitre de Saint Iean, qu'il parloit à ses Disciples en ces termes, Vous m'appellez Maître, & Seigneur, & vous dites bien:

Explication de la premiere Table. 175

car ie le suis: mais si nous consultons Saint Augustin, sur l'explication de ce dernier passage, nous connoitrons, qu'il est perilleux d'auoir de la complaisance pour soy-mesme, quand on peut être attaqué d'Orgueil, & nous sçaurons que celuy qui est exemt de cette foiblesse peut chercher la Gloire, sans crainte de receuoir aucun defaut.

Il est vray que la connoissance que l'Homme doit auoir de soy-mesme le détourne de la poursuite des choses qui surpassent sa Puissance; & qu'elle l'incite à demeurer dans l'Ordre auquel Dieu la mis, pour exercer l'Humilité; mais comme la grandeur de l'excellence répond à celle du Bien qu'elle accompagne, & qu'elle fait vne forte impression dans l'Ame des Hommes, les vns se persuadent facilement que le Bien qui leur est commun auec les autres reluit en eux d'vne maniere plus excellente que dans les autres, ou que le Bien qui leur appartient est plus grand qu'il n'est, ils peuuent mesme s'imaginer que les auantages qu'ils ont receus de Dieu soient des effets de leur industrie ou des recompenses de leur propre merite.

Ces pensées prouuent que ceux qui sont assez dereglez pour les produire s'estiment dauantage qu'ils ne deuroient faire; qu'ils ne se connoissent pas, qu'ils sont en disposition d'entreprendre des choses qui surpassent leur portée, & qu'ils s'éloignent des ordres de Dieu. Il est donc perilieux à l'Homme d'auoir de la complaisance pour foy-mefme ; pource que l'orgueil eft vn Ennemy qui l'attaque mefme au milieu de fes Victoires.

Il ne faut pas faire le mefme Iugement de Dieu, qui fe connoit toujours tres-parfaitement, étant auffi bien infiniment Intelligent qu'il eft infiniment Intelligible ; qui n'entreprend rien qui foit au deffus de fa Puiffance ; puis qu'elle n'a point de bornes, & qui ne peut s'éloigner d'aucun Ordre, étant le premier de tous les Eftres.

Celuy qui fe louë foy-mefme fe met ordinairement au deffus de ce qu'il eft ; mais Dieu n'eft pas en peril de tomber en ce defaut ; puis qu'il eft au deffus de toutes chofes.

Si les Hommes veulent imiter vtilement Dieu, dans la recherche de la Gloire, ils doiuent confiderer qu'il ne l'attend d'eux que pour leur propre Bien : car fi la Gloire de quelqu'vn eft l'eclat qui reiallit de fon merite, & qui éclaire les autres, celle de Dieu eft vn Rayon de fa Sageffe, ou de fa Bonté, ou de fa Puiffance, qui éclaire les Hommes.

Quand Dieu veut eftre glorifié des Hommes, il veut leur faire connoiftre les merueilles de fa Sageffe, ou la perfection de fa Bonté, ou la grandeur de fa Puiffance. Comme il ne peut rien receuoir, étant abfolument Independant, il n'imprime ces connoiffances dans l'Ame des Hommes que pour leur auantage ; c'eft pourquoy

Explication de la premiere Table. 177
quoy il faut conclure qu'il n'en veut estre glorifié que pour leur propre Bien. Les vns peuuent aussi chercher la Gloire pour l'vtilité des autres; c'est à dire qu'ils peuuent desirer que leur Vertu soit connüe, pour inciter les autres à la pratique de cetté Qualité, comme i'ay montré dans le second Chapitre de cét Ouurage.

Si l'Honneur ne peut estre le dernier Terme de nos Desirs, les conditions du Souuerain Bien conuient encore moins à la Puissance Humaine, que les Ambitieux desirent, pour estre honorez.

QVE LA PVISSANCE HVMAINE ne peut estre le Souuerain Bien.

CHAPITRE XIV.

Vis que le Souuerain Bien est desiré pour luy-mesme, étant absolument Independant, il est, sans doute, plus noble que la puissance Humaine, que les Ambitieux desirent pour estre honorez.

Il est vray que ceux qui ont beaucoup d'Authorité sont heureux, quand ils employent leur Puissance pour conduire les autres; mais ils sont mal-heureux, quand ils s'en seruent pour les détruire; c'est pourquoy la Puissance Humaine peut étre vn Bien, ou vn Mal, suiuant le bon, ou le mauuais vsage que les Hommes en peuuent faire; il faut donc conclure qu'elle ne peut estre le Souuerain Bien, qui est tres-parfait.

I'auouë qu'il est raisonnable d'imiter Dieu, qui est le premier Principe, & la derniere Fin de toutes choses. Il est aussi tres certain que ceux qui sont éleuez au dessus des autres peuuent être en quelque façon semblables à Dieu dans leur Puissance; puis que le nom de Dieu leur est donné

Explication de la premiere Table.

au vint-deuxiéme Chapitre de l'Exode; mais ces raisons ne sont pas assez fortes, pour montrer que le Souuerain Bien consiste dans la Puissance Humaine. Pour combattre les Ambitieux, qui se laissent éblouïr par l'éclat qui l'enuironne, il faut sçauoir qu'il y a vne grande difference entre la Puissance de Dieu, & celle des Hommes. La premiere est tres-parfaite, & la seconde ne l'est pas: la premiere n'est autre chose que la Bonté mesme de Dieu, qui contient toute sorte de perfections sans aucun defaut, & la seconde peut étre separée de la Bonté; d'où vient que la Puissance Diuine ne peut étre cause d'aucun mal; & que celle des Hommes peut estre dereglée; c'est pourquoy ils ne doiuent pas se contenter d'auoir beaucoup de Puissance; mais ils doiuent tascher d'imiter Dieu, par le bon vsage de leur Authorité, & comme ceux-là seulement doiuent étre appellez proprement Riches qui vsent bien des Richesses qu'ils possedent, ceux-là seulement doiuent étre appellez proprement puissans qui vsent bien de leur Puissance.

Pour détruire plus parfaitement l'Erreur des Ambitieux qui mettent le Bon-heur dans la Puissance Humaine, il faut asseurer que la Puissance qui peut étre le Principe de plusieurs choses loüables, & vitieuses ne peut estre le Souuerain Bien, qui est tres-parfait, étant la derniere Fin de toutes choses.

Pour découurir la suite de ces propositions,

qui font dans la Table que nous expliquons il faut dire, que la Puiſſance Humaine, étant du nombre des Principes, ne peut être la derniere Fin de l'Homme ; qu'étant vn Principe de pluſieurs choſes ſeulement, elle ne peut être la derniere Fin de toutes choſes ; & que pouuant ſeruir pour commettre pluſieurs Crimes, elle ne peut eſtre le Souuerain Bien, qui eſt tres-parfait, comme i'ay montré par la liaiſon de quelques propoſitions, au quatriéme Chapitre de la premiere Partie de cét Ouurage.

Comme il eſt difficile de connoitre la verité de ces Concluſions, il en faut diſcourir plus amplement. Pour éuiter la confuſion, il faut examiner la Nature de la Puiſſance Humaine, & il faut ſuppoſer, qu'elle peut eſtre clairement connuë par trois conditions.

Premierement quand nous luy donnons le nom de Principe, nous voulons dire qu'elle eſt vn Moyen pour arriuer à quelque Fin.

En ſecond lieu elle peut eſtre le Principe de pluſieurs Effets ; mais il eſt des choſes qui ſont au deſſus d'elle. Comme elle appartient aux Hommes, qui ne poſſedent pas toute ſorte de perfections, elle eſt bornée. Il eſt vray que les Tyrans donnent pluſieurs marques de la grandeur de leur Puiſſance; mais les choſes exterieures qui s'oppoſent à leur violence font pareſtre leur foibleſſe. Ils peuuent ſouuent rauir la vie à ceux qui ne veulent pas eſtre les Inſtrumens

Explication de la premiere Table. 181

de leur Iniustice; mais ils ne peuuent pas disposer des Actions de leur Entendement, ny de celles de leur Volonté.

Enfin la Puissance Humaine peut seruir, pour exercer la vertu, & pour commettre plusieurs Crimes; & puis qu'elle peut estre vn Bien, ou vn Mal, suiuant le bon, ou le mauuais vsage que nous en pourons faire, il est plus raisonnable de la rapporter au nombre des Maux, qu'à celuy des Biens; pource qu'elle est plus souuent le Principe du Crime que celuy de la Vertu.

Ces trois conditions, qui expliquent clairement la Nature de la Puissance Humaine peuuent estre les fondemens de trois Conclusions que nous en pouuons tirer, pour attaquer les Ambitieux, qui donnent des preuues tres-euidentes de la bassesse de leur Esprit, quand ils cherchent la Felicité dans la Puissance Humaine.

Premierement puis que la Puissance Humaine est du nombre des Principes, elle ne peut estre la derniere Fin de l'Homme: car les Principes de Connoissance, qui ont été établis dans la Science Generale, nous enseignent qu'il y a de l'Opposition entre la Cause Efficiente, & la Fin; c'est à dire que dans les choses creées la Cause Efficiente, & la Fin qui la determine sont deux choses differentes l'vne de l'autre.

En second lieu la Puissance Humaine, étant vn Principe de plusieurs choses seulement, ne peut eftre la derniere Fin de toute chofes.

Il eft vray que dans les chofes creées la Caufe Efficiente, & la Fin qui la determine font deux chofes differantes l'vne de l'autre ; mais la derniere Fin de toutes chofes n'eft point differante de leur premiere Caufe Efficiente, qui eft abfolument independante. Comme la Puiffance Humaine eft vn Principe de plufieurs Effets feulement, elle eft bornée. Ce defaut prouue qu'elle n'eft pas Independante, & puis qu'elle n'eft pas le premier Principe de toutes chofes, elle n'en peut étre la derniere Fin.

Enfin puis que la Puiffance Humaine peut étre le Principe de plufieurs Crimes, elle ne peut étre le Souuerain Bien, qui eft tres-parfait, étant la derniere Fin de toutes chofes.

Pour auoir vne claire connoiffance de la verité de cette Conclufion il faut fçauoir que le Souuerain Bien, étant la derniere Fin de toutes chofes, eft auffi leur dernier Terme. Cette condition qui luy appartient nous apprend qu'il peut borner entierement nos Defirs, qu'il contient toute forte de perfections, & qu'il eft tres-parfait. La Liaifon de ces propofitions nous fait connoitre qu'il ne peut étre Caufe d'aucun Mal ; & qu'il faut auoir perdu le fens commun pour le chercher dans la Puiffance Humaine, qui peut étre le Principe de plufieurs Crimes.

Ce n'eft pas affez de montrer que la Puiffan- Humaine ne peut étre le Souuerain Bien : il faut encore examiner les defauts qui accompagnent ordinairement la Puissance des Hommes, pour regler les Desirs de ceux qui veulent estre éleuez au dessus des autres, & pour apprendre à ceux qui ont beaucoup d'Authorité à connoistre les deffauts qu'ils doiuent éuiter.

DES DEFAVTS QVI ACCOMPA-
gnent ordinairement la Puissance
Humaine.

CHAPITRE XV.

QVAND les Hommes suiuent le mouuement de la Passion qui les agite, ils ignorent ce qui leur conuient, d'où vient qu'ils s'éloignent souuent des choses qui peuuent être le commencement de leur Felicité, comme de la Pauureté, qui est la matiere de la Patience; & qu'ils trauaillent auec beaucoup de soin, pour aquerir celles qui sont le Principe de leur Malheur, comme lors qu'ils s'éleuent aux grandeurs auec insolence, ils sont en peril de ne les posseder iamais auec modestie, & quand ils peuuent assuietir les autres à leurs Loix, ils sont en disposition de receuoir celles de leurs Passions : car ceux qui surpassent les autres en Puissance sont ordinairement dereglez dans leurs Desirs, dans leur Parole, & dans leurs Actions Exterieures.

Aristote au dix-septiéme Chapitre du second Liure de sa Rhetorique nous enseigne que le Desir des Richesses se forme facilement dans leur Ame : car ils s'imaginent que les Richesses
soient

Explication de la seconde Table.

soient les veritables moyens qu'ils doiuent chercher, pour conseruer leur Authorité, & leur Gloire.

Ils sont ordinairement Ambitieux; pource qu'ils pensent que l'Honneur appartient proprement à celuy qui commande aux autres, qui surpasse absolument, suiuant leur pensée, ceux qui releuent de son Empire.

Ils se persuadent facilement que leurs Inferieurs sont nez pour les respecter, & pour obeir à leur Volonté; mais ils ne considerent pas qu'ils ne sont éleuez au dessus d'eux que pour les conduire.

Comme l'abondance des Richesses augmente l'Inclination Naturelle que les Hommes ont au Commandement, la grandeur de la Puissance augmente aussi l'Inclination de vaincre, qui est naturellement imprimée dans leur Ame; d'où vient que les grands ont vn violent Desir de surpasser leurs Inferieurs en Richesses, & en Honneurs, & qu'ils sont en disposition de surpasser par la grandeur du Crime ceux qui les offensent.

Puis que le déreglement de la Parole suit celuy des Desirs, l'Impieté, & la Contention accompagnent souuent les discours de ceux qui ont beaucoup d'Authorité. Ces deux defauts sont des Effets de leur Ambition. Comme ils cherchent l'excellence d'vne façon immoderée, & qu'ils ne peuuent surpasser Dieu en puissance, ils veulent faire quelque iugement de ses Actions. Ils condamnent les Ordres de sa Prouidence qu'ils ne suiuent pas, & quand ils sont entierement dereglez, ils s'efforcent de combattre l'Immortalité de l'Ame Raisonnable, & l'Existence de la premiere Cause.

La Contention que l'on remarque dans leur Parole vient du Desir qu'ils ont de vaincre. La mesme Passion les oblige quelquefois à soutenir leur Opinion, quoy qu'ils sçachent qu'elle soit fausse. Il est vray que cette inclination est commune à toute sorte de personnes, mais elle regne particulierement dans le Cœur des grands, qui veulent assuietir la Raison mesme de leurs Inferieurs à leur Puissance.

Ceux qui commandent aux autres obeissent ordinairement à l'Ambition; c'est pourquoy ils sont en peril de commettre plusieurs Crimes. La verité de cette Conclusion, qui est dans la Table que nous expliquons, peut estre tirée des termes qui composent la proposition qui la produit : car la crainte des peines, & la beauté de la Vertu sont les deux principales choses qui détournent les Hommes du Vice. La crainte des peines ne fait aucune impression dans l'Ame de ceux qui commandent aux autres, & puis qu'ils obeissent à l'Ambition, la Vertu, qu'ils abandonnent, n'a pas assés de force, pour les empescher d'executer leurs iniustes Desirs. Il faut donc conclure qu'ils sont en peril de commettre plusieurs Crimes.

Explication de la seconde Table.

Cette disposition, qui peut estre la source de leur perte & de celle de leurs inferieurs, vient aussi de ce qu'ils ne s'occupent pas à connoitre leurs plus grands Ennemis, pour s'opposer à leur Violence.

Il est vray qu'ils trauaillent auec soin, pour découurir les Ennemis qui peuuent detruire leur Grandeur; mais ils ne considerent pas que leur propre Grandeur est le plus grand Ennemy qu'ils ayent à combattre; pource qu'elle les porte dauantage à soumettre les Hommes à leurs Volontez, qu'à soumettre leur propre Volonté à celle de Dieu.

Aristote au dix-septiéme Chapitre du second Liure de sa Rhetorique nous apprend qu'ils sont ordinairement insolens, à cause de leur prosperité; c'est à dire que leurs Actions exterieures répondent au dereglement de leurs Passions.

Le Sage nous découure les Effets de leur Insolence, au cinquiéme Chapitre de l'Ecclesiaste, quand il dit, qu'il ne faut pas s'étonner si les Pauures sont opprimez, si la violence preside dans les Iugemens, & si les loix qui sont établies pour la conseruation des Republiques ne sont pas obseruées, à cause que les vns sont au dessus des autres. Il nous fait connoitre, par cette proposition, que ceux qui surpassent les autres en Puissance s'en seruent ordinairement pour les accabler, que les Iuges se laissent facilement corrompre, & que ceux qui ont la Puissance de faire des

Aa ij

188 Premiere Partie de la Philof. Morale.
loix se persuadent, qu'ils peuuent suiure celle de leurs Passions.

Comme les Medecins ne se proposent de connoitre les Maladies, que pour les détruire, les Philosophes Chrétiens ne doiuent examiner les defauts des grands, que pour leur donner le moyen de les combattre.

DES REMEDES QVE LES
Grands doiuent pratiquer pour combattre les defauts qui accompagnent ordinairement leur Puissance.

CHAPITRE. XVI.

Es Malades peuuent méprifer les remedes que le Medecin leur ordonne, ou à caufe de l'incertitude de leur Effet, ou à caufe de la douleur qui accompagne leur vfage; mais s'ils étoient affeurez qu'vn remede put eftre la Caufe du Plaifir, & de la Santé qu'ils cherchent, ils ne feroient aucune difficulté de s'en feruir, pourueu que leur Maladie ne fut pas affez violente pour empefcher leur Raifon de faire fa fonction.

Il eft facile de propofer aux grands des remedes pour éuiter les defauts qui fuiuent leur Authorité, & de leur faire connoitre que ces remedes peuuent eftre la fource du veritable Plaifir, & de la Santé qu'ils doiuent defirer : car il leur fuffit de fuiure la lumiere qui eft naturellement imprimée dans leur Ame, pour obtenir ces deux auantages. Ils peuuent donc trouuer facilement la Santé, & s'ils ne veulent pas pratiquer les re-

A a iij

medes qui ont la force de la procurer, il faut conclure que l'excez de leur Maladie empefche leur Raifon de faire fa fonction.

Comme les remedes doiuent eftre proportionnez aux Maux qu'ils doiuent détruire, ceux que ie propoferay aux grands en ce Chapitre feront difpofez, fuiuant l'Ordre des defauts qui accompagnent leur Puiffance qui ont été expliquez dans le Chapitre precedant.

Leur Grandeur eft la premiere chofe qu'ils doiuent connoitre. Ils doiuent fçauoir qu'elle n'eft pas vn effet de leur induftrie, & qu'ils font éleuez au deffus des autres, par les ordres de la Diuine Prouidence, pour les éclairer, & pour les fecourir.

Ce premier Principe de leur conduite leur apprend, que la conferuation de leurs Inferieurs doit eftre la principale occupation de leur vie, & qu'ils font obligez de chercher les Moyens les plus conuenables pour arriuer à cette Fin.

Si cette Verité étoit toujours prefente à leur penfée, ils s'oppoferoient au Defir des Richeffes qui fe forme facilement dans leur Ame : car ils connoitroient clairement, que leur Authorité les met en peril d'employer la violence pour les aquerir, & que cette violence peut eftre le Principe de la ruine de ceux qu'ils doiuent conferuer.

Quand ils cherchent les Richeffes d'vne façon immoderée, pour conferuer leur Puiffance, &

Explication de la seconde Table. 191

leur Gloire, la Fin qu'ils se proposent, & les Moyens qu'ils prennent pour y arriuer sont des preuues tres-éuidentes de leur aueuglement.

Si l'Excez de leurs Passions n'auoit pas obscurci la lumiere qui est naturellement imprimée dans leur Ame, ils connoîtroient clairement, que celuy qui veut établir la conseruation de sa Grandeur sur la ruine de ses Inferieurs iette les Fondemens d'vne insolente Tyrannie ; & que celuy qui a pour Fin la protection de ceux qui releuent de son Authorité suit les Ordres de la premiere Puissance.

Les Richesses mal aquises ne sont pas les veritables moyens qui conseruent la Puissance, & la Gloire de ceux qui commandent aux autres : car c'est de la Vertu, & non pas du Crime que les Hommes doiuent attendre quelque auantage considerable.

Le Crime ne donne que des Biens apparans, par d'iniustes Actions qui doiuent estre condamnées ; mais la Vertu produit vn Bien veritable, par des Actions éclatantes qui meritent l'Honneur, & la Gloire. Les Biens qui sont la recompense, ou les Effets du Crime, font naistre dans l'Ame des vns l'Indignation, & dans le Cœur des autres l'Enuie, ou le Desir de Vengeance. Ces mouuemens les peuuent inciter à rauir les Biens, ou la Vie de ceux qui les surpassent ; mais les auantages qui doiuent leur naissance à la Vertu excitent dans l'Ame de ceux qui les considerent le Defir d'imiter ceux qui les poffedent.

Ceux qui font élevez au deffus des autres doiuent confiderer, que l'Eftime, qu'ils doiuent attendre des gens de bien plutoft que des Méchans, eft la recompenfe de la Vertu; que le Throfne des Tyrans ne reluit que du faux éclat des Biens de la Fortune, qui font les effets, & les Inftrumens de leur iniuftice; & que les belles Qualitez font les veritables Lumieres qui doiuent éclairer celuy des iuftes Monarques.

Quand les Hommes font montez au dernier degré des Grandeurs Humaines, ils se doiuent fouuenir que leur Fortune n'ayant point de bornes, ils n'en doiuent point donner à leur Vertu; que des Moyens qu'ils prennent ordinairement pour la conferuation de leur Puiffance peuuent eftre les Inftrumens de leur perte; & que leur Authorité ne les met pas entierement à couuert des Mal-heurs qui accompagnent la Vie des Hommes: car les coups de la Fortune n'épargnent perfonne. Ceux qui font élevez au deffus des autres font plus fujets que leurs Inferieurs à fon Inconftance. Enfin quelque abfolu que foit le Souuerain, il eft moins en affeurance que le plus miferable de fes Suiets, s'il n'eft affifté d'vn fage Confeil.

Vn petit Enfant que fa Gouuernante abandonne, & qui n'a pas encore affez de force pour fe foutenir, ne tombera pas fi toft qu'vn grand Monarque au milieu des forces qui l'enuironnent,

quand

Explication de la seconde Table. 193

quand il croit que la conseruation de sa Puissance est plutost vn Effet des Richesses que de la Vertu: car le premier étant étonné de se voir seul n'ose pas s'auancer; d'où vient qu'il s'attache à la premiere chose qu'il rencontre; mais la confiance que le second met en son pouuoir aueugle souuent sa Raison. Il est necessaire de luy faire connoitre que peu de chose peut détruire celuy qui n'apprehende rien; & que la Fortune de celuy qui fait ses forces de la multitude de ses Crimes n'est pas si asseurée, que celle du iuste Monarque, qui mesure sa Puissance par la Felicité de ses Sujets.

Si les grands sont ridicules de s'imaginer que les Richesses soient les veritables fondemens de leur pouuoir, & de leur Gloire, ils font paroistre leur folie, quand ils veulent authoriser le Désir insatiable qu'ils ont de s'enrichir, par le soin qu'ils doiuent prendre de ceux qui doiuent succeder à leur Grandeur.

Ce defaut est commun aux Hommes en toute sorte de conditions: car si vous demandez à vn Pere pourquoy la poursuite des Biens de la Fortune est la principale Fin qui excite ses Desirs, il vous dira qu'il trauaille pour ses Enfans.

Ie n'attaque pas le soin que les Hommes doiuent prendre pour conseruer leur Bien, ny celuy que les Peres doiuent auoir pour l'auancement de leurs Enfans; mais ie blasme le Désir immoderé qu'ils ont de les enrichir: car cette Passion,

Bb

qui les empesche de secourir les Pauures dans leur misere, les met en état d'vsurper le Bien d'autruy. Le Sage la condamne de Vanité, au second Chapitre de l'Ecclesiaste. Le dessein que i'ay de guerir celuy qui est en agité m'oblige à luy dire qu'il doit faire ce raisonnement. Ou mes heritiers suiuront la Lumiere de leur Raison, ou ils se laisseront conduire par la violence de leurs Passions. S'il arriue qu'ils soient gens de bien, leur diligence, & leur Vertu leur pourront procurer les choses qui sont necessaires pour la conseruation de leur Vie; mais s'il arriue qu'ils soient Méchans, les Richesses qu'ils pourront recueillir de ma succession leur seruiront pour exercer leur malice, & pour auancer leur ruine.

Profitez de ce Raisonnement Peres Imprudens, Iniustes, & Mal-heureux, qui trauaillez auec plus de soin, pour aquerir des Richesses, & pour éleuer vos Enfans dans les Grandeurs Humaines, que pour les faire instruire dans la Science, & dans la Crainte de Dieu. Si vous faites reflexion sur vostre occupation, & sur les Maux qui en peuuent arriuer, vous trouuerez que nostre condition, quelque releuée qu'elle soit, est deplorable. Vous trauaillez nuit & iour, pour mettre vos Enfans en état de passer leur Vie dans l'oisiueté, qui est la source de tous les Crimes. Vous renoncez à vostre Repos, pour leur donner le moyen de troubler celuy des

Explication de la seconde Table.

gens de bien. Vous exercez l'Iniustice, pour les conduire à l'Intemperance. Vous laissez mourir de faim les Pauures, qui sont les Membres de Iesus-Christ, pour donner à vos Enfans des Armes pour attaquer les Riches. Vous deuenez Impitoyables, pour les rendre insolens. Enfin vous courez à la perte de vostre Ame, pour contribuer à la perte de celle de vos Enfans. Considerez que vostre vie doit estre la Regle de leurs Actions ; que le Respect qu'ils vous doiuent les porte facilement à vous imiter ; & que vous serez coupables des Crimes qu'ils commettront à vostre Exemple. Si vous desirez faire votre deuoir, pour rendre vos Enfans heureux en cette vie, & en l'autre, vous deuez leur faire connoitre la Fin de leur Entendement, & de leur Volonté. Vous deuez leur montrer, que l'Esprit leur a eté donné, pour se connoitre, afin de connoitre Dieu, & que l'Amour de cette premiere Cause est le Moyen qu'ils doiuent employer, pour arriuer à la ioüissance de sa Gloire.

Comme le Desir immoderé des Richesses, qui se forme dans l'Ame des grands, peut être la source de plusieurs Maux, le Desir immoderé des Honneurs, qui les porte à l'Ambition, peut être le Principe de plusieurs desordres.

Ils doiuent sçauoir que celuy qui cherche l'Honneur ne le merite pas, comme i'ay montré dans le treiziéme Chapitre de la premiere partie de cét Ouurage.

Si nous examinons les raisons, qui leur persuadent, que l'Honneur qu'ils pensent meriter doit estre proportionné à la grandeur de leur Fortune, nous découurirons les Causes de leur Maladie, & de leur aueuglement.

Quand ils disent que l'Honneur appartient proprement à celuy qui commande aux autres, ils se trompent, en ce qu'ils ne mettent point de difference, entre le Respect, que les Inferieurs doiuent à leurs Superieurs, & l'Honneur qui est la recompense de la Vertu. Il est vtile de leur apprendre, que l'Honneur appartient plutost à celuy qui s'aquite parfaitement de son deuoir dans l'Obeïssance, qu'à celuy qui commande iniustement. Disons quelque chose dauantage, pour combattre leur Erreur, & asseurons que l'Honneur conuient veritablement au premier, & que le second en est entierement indigne: car puis que cét auantage est la recompense de la Vertu, il faut pratiquer cette Qualité pour le meriter.

Ie demeure d'accord auec eux, qu'il faut honorer ceux qui surpassent absolument les autres; mais ie soutiens, contre leur Opinion, que cét auantage, que le Vulgaire attribuë aux Sceptres, est vn Effet de la Vertu, qui les affermit dans les mains des Monarques, & qui doit presider à leur conduite : car puis que l'Inegalité qui doit faire estimer les Hommes doit estre vn Effet de leur industrie; & que les vns ne sont absolument

Explication de la seconde Table. 197

au deſſus des autres que lors qu'ils les ſurpaſſent dans vn Bien qui eſt abſolument Bien, c'eſt la Vertu qui établit abſolument l'Inegalité entre les Hommes, comme i'ay montré dans le dixiéme Chapitre de la premiere partie de cét Ouurage.

La Superiorité eſt vne obligation à la Vertu; mais elle ne montre pas, que ceux qui ſurpaſſent les autres dans les Grandeurs Humaines poſſedent cette Qualité.

Les grands doiuent conſiderer, que leurs Richeſſes, qui deuroient faire relüire leur Magnificence, ſont ordinairement les Inſtrumens de leur Iniuſtice; que leur Puiſſance, qui deuroit étre le Fondement de leur Generoſité, eſt ſouuent le Principe de leur Ambition; & qu'ils ſont tres-coupables de combattre les ordres de Dieu, par les meſmes choſes qui leur ont été données pour les executer.

Ils doiuent craindre les artifices d'vne troupe intereſſée de flateurs qui les enuironne: car ces Ames laſches, & mercenaires, qui preferent la vie à l'Honneur, & les Biens de la Fortune à la Vertu trahiſſent facilement leurs ſentimens, font paſſer des Crimes effroyables pour des Vertus éclatantes, & donnent ſouuent aux Hommes des Qualitez qui n'appartiennent qu'à Dieu.

Le Vulgaire s'imagine, que ceux qui ſont montez au faiſte des Grandeurs Humaines ſont heureux, en ce qu'ils ne ſont repris de perſon-

Bb iij

ne; mais les Sages iugent que c'eſt vn Mal, qui peut étre la Source de leur Mal-heur. Ceux qui auroient la liberté d'examiner leurs Actions, pour en condamner les defauts leur ſeroient ſans doute plus vtiles que ceux qui les admirent: dautant qu'il arriue ſouuent que l'iniure veritable nous ſert dauantage que la fauſſe loüange: car l'iniure veritable nous reprochant vn vice que nous auons nous met en état de le combattre; mais la fauſſe loüange nous empeſche d'aquerir la Vertu que nous ne poſſedons pas.

Il eſt vray que leurs Inferieurs ſont nez pour les reſpecter, & pour obeïr à leur volonté; mais il eſt auſſi tres-certain, qu'ils ne ſont éleuez au deſſus d'eux que pour les conduire. La premiere de ces Veritez eſt ſouuent l'objet de leur penſée; mais ils ne penſent preſque iamais à la ſeconde. La premiere reflexion leur eſt inutile; mais la ſeconde leur donneroit le moyen de s'aquiter de leur deuoir. La premiere les met en peril de traiter leurs Inferieurs en Eſclaues; mais la ſeconde les diſpoſeroit à les regarder comme leurs Enfans. Enfin la premiere, qui augmente leur Ambition, inſpire dans leur Ame le Deſir de ſe faire craindre; mais la ſeconde y fairoit naiſtre celuy de ſe faire obeïr par Amour.

Ils deuroient conſiderer, que Dieu a fait le Pauure, & le Riche, ſuiuant le témoignage du Sage au vint-deuxiéme Chapitre des Prouerbes; que les Rois ſont auſſi bien que leurs Sujets des

Explication de la seconde Table. 199

Effets de sa Sageſſe ; & que ne poüuant rien faire inutilement il a fait les vns & les autres pour quelque Fin. Ils ſçauroient qu'il a fait les Sujets, pour les aſſujettir à l'Obeïſſance de leur Souuerains ; & qu'il a éleué les Rois ſur le Throſne, pour les obliger à bien conduire ceux qu'il a ſoumis à leur Puiſſance.

Ces reflexions leur feroient connoitre, que ceux qui commandent aux autres doiuent trauailler auec plus de ſoin que leurs Suiets, pour s'aquiter de leur deuoir ; dautant qu'il eſt plus difficile de bien commander que de bien obeïr.

La Crainte de la punition diſpoſe les Suiets à l'Obeïſſance ; mais le defaut de ce mouuement empeſche les Souuerains de bien commander.

Les Suiets trouuent leur Repos dans l'Obeïſſance qu'ils doiuent rendre aux Loix ; mais les Monarques doiuent étre dans vn continuel mouuement, pour veiller à la conſeruation de leurs Sujets.

Enfin il ſuffit aux Sujets, pour faire leur deuoir, de n'apporter point de reſiſtance aux ordres qui leur ſont donnez ; mais les Souuerains doiuent auoir beaucoup de lumiere, pour donner les ordres à leurs Sujets, par rapport à ceux de la premiere Puiſſance qu'ils doiuent executer.

Quand les grands mettent toute leur induſtrie à ſurpaſſer leurs Inferieurs en Richeſſes, & en Honneurs, ils donnent des preuues tres-éuidentes de leur baſſeſſe: d'autant qu'ils ſe contentent de les ſurpaſſer dans les choſes qui ont aſſez d'éclat pour éblouïr le vulgaire; & qu'ils ſe laiſſent vaincre par ceux qu'ils mépriſent dans la pratique de celles qui meritent l'Honneur, & la Gloire; d'où vient qu'Ariſtote voulant exciter Alexandre à l'Etude de l'Eloquence luy fit connoitre, dans l'Epitre qu'il luy écriuit ſur ce ſujet, que celuy qui veut ſurpaſſer en Honneurs les plus ſuperbes du Monde ſeroit tres-blaſmable s'il vouloit ceder aux moindres dans l'Art de bien diſcourir.

Quand les grands veulent ſurpaſſer par la grandeur du Crime ceux qui les ont offenſez, ils ſe mettent au deſſous d'eux: car puis que leur Crime eſt plus grand de ſa Nature, que celuy de leurs Inferieurs, ils ſont plus éloignez qu'eux de la Vertu, qui eſt la veritable ſource de l'Inegalité, comme i'ay montré dans le dixiéme Chapitre de la premiere partie de cet Ouurage.

S'ils veulent éuiter les Maux qui prouiennent de l'Excez de leurs Deſirs, ils doiuent quiter la pourſuite des Biens de la Fortune, pour chercher la Sageſſe, ſuiuant le Conſeil que Salomon leur donne au ſixiéme Chapitre de la Sageſſe, quand il raiſonne en cette maniere.

Le vray Deſir de diſcipline eſt le commencement de la Sageſſe. Ce Deſir peut donc receuoir le nom d'Amour, & l'Amour eſt l'obſeruation de ſes Loix.

L'Obſeruation

Explication de la seconde Table.

L'Obseruation des Loix est vn parfait éloignement de toute corruption. Cét éloignement nous approche de Dieu, & par ce moyen le Desir de la Sagesse nous conduit au Royaume Eternel. Si vous aymez les Sceptres ô Rois des Peuples, aymez la Sagesse, afin que vous puissiez entrer dans la possession d'vn Royaume qui ait vne eternelle durée.

L'Explication de cet admirable raisonnement de Salomon apprendra aux Monarques, que la Possession de Dieu, qui est la Felicité de l'autre vie, sera la recompense de leur Amour; & que l'Amour qu'ils doiuent porter à Dieu inspire dans leur Ame le Desir de s'instruire des choses qui sont necessaires pour la conduite des peuples qui sont assuietis à leur Puissance.

Il est vray que Salomon dit au premier Chapitre des Prouerbes, que la Crainte de Dieu est le commencement de la Sagesse; mais il ne se contredit pas quand il asseure, au sixiéme Chapitre de la Sagesse, que le vray Desir de discipline en est le commencement: au contraire la seconde de ces deux propositions est vne Conclusion qui doit estre tirée de la premiere.

Pour entendre cette Verité il faut disposer par ordre plusieurs propositions.

La Sagesse attache l'Esprit Humain à la Contemplation de la premiere Verité; d'où vient que les choses qui sont necessaires pour bien exercer cette Action sont le commencement de la Sages-

Cc.

se ; c'est à dire qu'elles sont des dispositions necessaires pour l'aquerir.

Comme les Passions, qui nous attachent à la Terre, empeschent nostre Esprit de s'éleuer à la contemplation de Dieu, nous auons besoin d'vne Qualité pour leur resister, & nous sommes redeuables de cét auantage à la Prudence.

La Prudence pour bien conduire nos Passions doit s'opposer à la naissance de celles qui nous peuuent nuire, comme elle doit entierement supprimer l'Enuie ; mais elle doit exciter dans nos Ames celles qui nous peuuent seruir. Cette proposition generale nous enseigne qu'elle y doit faire naistre la Crainte de Dieu. Disons donc auec Salomon au premier Chapitre des Prouerbes, que la Crainte de Dieu est le commencement de la Sagesse.

Celuy qui craint Dieu craint aussi de manquer à faire sa Volonté, & puis que ce defaut peut étre vn Effet de l'Ignorance, il cherche la lumiere. Nous deuons donc conclurre auec Salomon, au sixiéme Chapitre de la Sagesse, que le vray Desir de discipline en est le commencement ; c'est à dire que ce mouuement est vne disposition necessaire pour aquerir la Sagesse.

Si le vray Desir de discipline est le commencement de la Sagesse, on peut conclure que ce Desir peut receuoir le nom d'Amour.

Pour montrer de quelle maniere cette Conclusion est bien tirée de la proposition qui la pre-

Explication de la seconde Table. 203

cede, il faut supposer, qu'vn effet peut receuoir le nom de la Cause qui le produit.

Quand Salomon asseure, que le Desir de discipline peut receuoir le nom d'Amour, il donne au Desir le nom de sa Cause, & il veut dire que le Desir de s'instruire des choses qui sont vtiles pour aquerir la Sagesse est vn Effet de l'Amour qu'on porte à Dieu : car puis que le mouuement qui nous porte à quelque chose suppose l'inclination que nous auons pour elle, le Desir que nous auons de nous vnir à Dieu, par la recherche de la Sagesse, est vn effet de l'Amour que nous auons pour sa Bonté.

Ce n'est pas assez d'auoir prouué, que le Desir de s'instruire des choses qui sont vtiles pour aquerir la Sagesse est vn Effet de l'Amour qu'on porte à Dieu ; il faut encore découurir la liaison de cette Conclusion auec la proposition dont elle est tirée ; c'est à dire qu'il faut prouuer, que le Desir de discipline étant le commencement de la Sagesse est aussi vn effet de l'Amour qu'on doit auoir pour Dieu.

Il n'est pas difficile d'établir cette verité : car puis que l'amour de Dieu nous porte à la Sagesse, il est tres-éuident que cette Inclination fait naistre dans nos Ames le Desir d'auoir les dispositions qui sont necessaires pour aquerir cette Qualité. Cette proposition prouue clairement, que le Desir de discipline étant le commencement de la Sagesse est aussi vn Effet de l'A-

Cc ij

mour qu'on doit auoir pour Dieu.

Pour auoir vne plus parfaite connoiffance de toutes ces veritez il faut fuppofer que la caufe qui regarde vne Fin vniuerfelle fait agir les Puiffances qui tendent à quelque fin particuliere, qui eft contenuë fous cette Fin generale.

Cette propofition nous apprend, que la Volonté, qui tend au Bien en general, fait agir l'Entendement, qui eft le Principe de la connoiffance, & l'Appetit, qui eft la Source du Defir.

Puis que la Volonté a quelque Puiffance fur l'Entendement, & fur l'Appetit, l'Amour de Dieu, qui eft la plus noble des Actions de la Volonté que nous puiffions pratiquer en cette vie, attache notre Efprit à la contemplation de cét admirable Obiet, & produit dans notre Appetit le Defir de difcipline qui nous conduit à la Sageffe.

Comme vn Effet peut receuoir le nom de la Caufe qui le produit, on peut donner à vne Caufe le nom de fon Effet, comme quand Salomon dit dans le paffage que nous expliquons, que l'Amour eft l'obferuation des Loix de la Sageffe, il donne à l'Amour le nom de l'Effet qui en prouient, & il veut dire, que celuy qui ayme Dieu obeït à fes Loix.

On void clairement qu'il parle des Loix Diuines, quand il affeure, que l'Obferuation des Loix eft vn parfait éloignement de toute corrup-

Explication de la seconde Table.

tion: car comme ie montreray dans la seconde partie de la Philosophie Morale les Loix Humaines qui ont pour Fin la conseruation des Republiques, ne commandent que les Vertus qui sont absolument necessaires pour leur établissement, & ne deffendent que les Crimes qui peuuent détruire l'vnion des Citoyens qui les composent; mais la Loy Diuine ayant pour Fin d'vnir à l'Homme à son Principe, c'est à dire de luy procurer la iouïssance de Dieu, luy commande l'vsage de toutes les Vertus, & luy defend la pratique de toute sorte de Vices; car pour obtenir la Iouïssance de Dieu, qui est vn parfait repos, il faut s'appliquer au mouuement qui nous y peut conduire.

Le desir de nous vnir à Dieu est le veritable mouuement qui peut nous éleuer à la iouïssance de sa Gloire.

Comme le mouuement qui nous porte à quelque chose suppose l'Inclination que nous auons pour elle, le Desir de nous vnir à Dieu suppose l'Amour que sa Bonté imprime dans notre Ame.

Pour Aymer Dieu il faut l'imiter; puisque l'Amitié est fondée sur la ressemblance; & dautant qu'il possede toute sorte de perfections sans aucun défaut, nous deuons pratiquer toutes les Vertus, & fuir tous les Vices, pour l'imiter. Il faut donc conclure auec le Sage, que l'Obseruation des Loix Diuines est vn parfait éloignement de toute corruption.

Les propositions precedantes prouuent que cét éloignement nous approche de Dieu; & que par ce moyen le Desir de la Sagesse nous conduit au Royaume Eternel. Disons donc auec Salomon au sixiéme Chapitre de la Sagesse, que ceux qui ayment les Sceptres doiuent aymer la Sagesse, afin qu'ils puissent obtenir la possession d'vn Royaume qui ait vne éternelle durée.

Considerez attentiuement ces Veritez Monarques de la Terre? considerez que vous Commandez aux autres auec independance, & par dependance? c'est à dire auec independance de vos Sujets, & par dependance de Dieu. Enfin aprenez à quelles Actions ces auantages vous engagent?

Puis que vous commandez auec independance de vos Sujets, vous deuez imiter celuy qui commande auec Independance de tout Estre. Comme il commande sans Passion pour le Bien de ses Creatures vous deuez aussi commander sans Passion pour le Bien de vos Sujets. Vous deuez l'imiter dans la recherche de la Gloire. Il veut être glorifié des Hommes pour leur propre Bien, comme i'ay montré dans le treiziéme Chapitre de la premiere partie de cét Ouurage. Si vous desirez donc imiter vtilement Dieu, dans la recherche de la Gloire, vous deuez faire connoitre vostre Vertu, pour inciter vos Sujets à suiure vostre Exemple.

Puis que vous commandez aux autres par de-

Explication de la seconde Table. 207
pendance de Dieu, vos loix ne peuuent être bonnes, qu'elles ne soient conformes à la Loy Eternelle ; car toute Puissance particuliere doit suiure les Ordres de la Puissance generale ; d'où vient que si vous quittez la pratique des loix que vous imposez à vos Inferieurs, vous ne pouuez éuiter la punition Diuine.

Vous direz peut-estre que ie vous parle auec trop de liberté ? mais sçachez que ie vous parle de la part de vostre Maistre. Ecoutez Salomon qui vous parle au sixiéme Chapitre de la Sagesse en ces termes.

La Sagesse est preferable à la force, & on doit faire plus d'état de celuy qui suit les Regles de la Prudence, que de celuy qui a beaucoup de force. Ecoutez donc Rois du monde ? Entendez Iuges de la Terre ? cherchez la discipline ?

Ouurez les oreilles vous qui gouuernez les Peuples, & qui prenez plaisir à commander aux autres ? car vous auez receu la Puissance du Seigneur, & la Vertu du Souuerain, qui vous fera rendre conte de vos Actions, & qui penetrera dans vos pensées : car quand vous étiez les Ministres de son Royaume, vos Iugemens n'ont pas été conformes à la Raison, vous n'auez pas obserué les Loix de la Iustice, & vous n'auez pas suiuy la Volonté de Dieu. Il vous apparoitra auec horreur, & bien tost : dautant que ceux qui sont éleuez au dessus des autres, pour les conduire, seront iugez auec beaucoup de rigueur, & de seuerité : car les Petits receuront les Effets de sa Misericorde ; mais les Puissans souffriront puissamment les tourmens.

Si ces paroles étoient bien imprimées dans l'Ame des Monarques, ils quitteroient la poursuite des Biens de la Fortune, pour chercher la Sagesse, la conduite de leurs Suiets seroit le plus commun Obiet de leur pensée, & la principale occupation de leur Vie. ils connoitroient clairement que Dieu les a éleuez sur le Throsne, pour éclairer, & conduire ceux qu'il a soumis à leur Puissance. Enfin leur Grandeur leur donneroit de l'apprehension : d'autant que la Puissance met en peril ceux qui l'ont receuë déprouuer la rigueur des iustes Iugemens de Dieu.

Les grands doiuent sçauoir, que l'Impieté, qui accompagne ordinairement leurs discours, peut faire beaucoup d'imitateurs de leur dereglement.

Quand ils soutiennent leur Opinion, quoy qu'ils sçachent qu'elle soit fausse, pour assuietir la Raison mesme de leurs Inferieurs à leur Puissance, ils donnent des preuues tres-éuidentes de leur aueuglement : car dans le mesme temps qu'ils ne veulent pas se laisser vaincre par la Raison, ils se laissent vaincre par vne Passion ; àsçauoir par le plaisir que la Victoire fait naistre en leur Ame.

Enfin s'ils veulent éuiter les defauts qui se rencontrent dans leurs Desirs, dans leur Parole, &

dans

dans leurs Actions exterieures ils doiuent faire reflexion sur le commencement du treiziéme Chapitre de l'Epitre aux Romains, où l'Incomparable Apostre parle en ces termes. Que toute Ame soit assuietie aux Puissances Superieures: car toute Puissance vient de Dieu.

La premiere de ces deux propositions découure aussi bien que la seconde le deuoir des Sujets, & celuy des Monarques.

Puis que Saint Paul asseure, que toute Ame doit estre assuietie aux Puissances Superieures, il oblige les Sujets à suiure les ordres de leurs Souuerains, & les Monarques à suiure la Volonté de la premiere Puissance.

Quand le mesme Apostre soutient, que toute Puissance vient de Dieu, il nous apprend, que celuy qui n'obeït pas à la volonté de ceux qui sont éleuez au dessus de luy pour le conduire s'éloigne des ordres de Dieu. Il exprime aussi par la mesme proposition le deuoir de ceux qui commandent aux autres, qui deuroient considerer attentiuement, que la Puissance qui les rend considerables vient de Dieu. Cette reflexion leur feroit connoitre, qu'ils n'en doiuent point tirer de Vanité; qu'elle ne leur a pas été donnée pour accabler ceux qui sont miserables, mais pour les secourir dans leur misere; & qu'ils sont obligez de procurer le Bien de ceux qui releuent de leur Empire, pour imiter Dieu qui commande sans Passion pour le Bien de ses Creatures.

Apres auoir combattu l'Opinion des Auares, qui mettent le Souuerain Bien dans les Richesses, & celle des Ambitieux, qui le cherchent dans les Honneurs, dans la Gloire, & dans la Puissance Humaine, l'Ordre de la Table que nous expliquons nous oblige à prouuer, qu'il est impossible de le trouuer dans les Biens du Corps.

QVE LES BIENS DV CORPS ne peuuent être le Souuerain Bien.

CHAPITRE XVII.

Eluy qui cherche le Souuerain Bien dans les Biens du Corps trauaille inutilement : car puis que les Biens de cette Nature sont pour la perfection du Corps ; & que le Corps mesme est pour l'Ame, il est tres-certain que les Biens du Corps doiuent estre rapportez à ceux de l'Ame : c'est pourquoy ils ne peuuent estre le Souuerain Bien, qui est desiré pour luy mesme, étant absolument Independant.

Cette Verité peut être combattuë par le rapport qui peut estre fait de la Cause Efficiente auec la Cause Finale.

La Science Generale nous apprend, que la Nature de la Cause Efficiente est d'agir ; & que celle de la Fin est d'estre desirée. On peut dire suiuant ces Principes, que la derniere Fin est le Bien que toutes choses desirent, de la mesme façon que la premiere Cause Efficiente est celle qui agit en tout Agent, entant que les Causes secondes agissent par la vertu de la premiere Cause qui leur est imprimée. Il est tres-éuident que toutes choses tendent principalement à la conseruation de leur Estre. Il faut donc conclure que chaque chose regarde la conseruation de son Estre comme sa derniere Fin ; & que par ce moyen l'Homme peut trouuer le Souuerain Bien dans les Biens du Corps.

Celuy qui est parfaitement éclairé des lumieres de la Science Generale peut facilement répondre à cette difficulté : car le rapport qui se rencontre entre la Fin, & la Cause Efficiente, prouue seulement, que la derniere Fin de toutes choses est le premier Principe qui leur donne l'Estre. Comme ce Principe contient toute sorte de perfections, il se communique par degrez à plusieurs choses, il est aussi l'Obiet de leurs Desirs d'vne maniere grandement differante : car les vnes l'imitent, par la participation de l'Estre; les autres par la participation de la vie; & les autres peuuent esperer de luy étre vnies, par la contemplation de son Essence.

Il est vray que l'Homme desire naturellement la conseruation de son Estre; mais ce Bien n'est pas le dernier Terme de ses Desirs, & bien qu'il y put établir sa derniere Fin, il luy seroit impossible de la trouuer dans les Biens du Corps.

Pour faire parestre la verité de la premiere proposition, par laquelle i'asseure, que l'Homme ne regarde pas la conseruation de son Estre comme sa derniere Fin, il faut sçauoir que la derniere Fin d'vne chose qui doit estre rapportée à quelqu'autre chose ne consiste pas dans la conseruation de son Estre; d'où vient qu'vn Pilote ne prend pas la conseruation du Vaisseau qu'il doit conduire pour la derniere Fin de ce Vaisseaux, à cause qu'il est fait pour quelque Fin.

Comme la conduite d'vn Vaisseau depend de l'Industrie du Pilote, celle de l'Homme est vn Effet de sa Raison, & de sa Volonté. Celuy qui connoit la Nature de l'Homme, qui est bornée, & celle du Souuerain Bien, qui contient toute sorte de perfections, iuge facilement, que l'Homme ne peut estre le Souuerain Bien; & qu'il a été fait pour quelque Fin, qu'il doit chercher, pour arriuer à sa derniere perfection.

La suite de ces propositions nous enseigne, que l'Homme ne prend pas la conseruation de son Estre pour la derniere Fin de sa Raison, & de sa Volonté. Et bien qu'il y put établir sa derniere Fin, il luy seroit impossible de la trouuer dans les Biens du Corps.

Pour auoir la connoissance de cette seconde proposition il faut sçauoir, que l'Ame Raisonnable, & le Corps Humain composent l'Homme; & que son Estre depend plus étroitement de la premiere de ces deux parties que de la seconde.

La preuue de cette verité peut estre tirée de la Science Generale, qui nous fait connoitre, que la Forme fait Estre vne chose ce qu'elle est, & de la Physique; qui nous apprend, que le premier Effet de la Forme Substantielle à l'égard du Corps Naturel est l'Estre qu'elle luy donne.

Il est vray que le Corps Naturel est composé de Matiere, & de Forme ; mais il doit son Estre principalement à sa Forme, qui le distingue des autres choses.

Nous sçauons par le moyen de ces Principes de la Science Generale, & de la Physique, que l'Estre de l'Homme depend plus étroitement de l'Ame Raisonnable que du Corps Humain; mais ce n'est pas assez d'auoir prouué cette proposition, pour en tirer la Conclusion que nous cherchons; il faut encore examiner la difference de l'Ame Raisonnable, & du Corps Humain, à l'égard de leur Estre.

La Physique nous fait connoître, que l'Estre du Corps Humain depend de l'Ame : car tout ce qui luy conuient, entant qu'il est animé, est vn effet de l'Ame Raisonnable, qui étant vne Forme Substantielle donne l'Estre au Corps ; d'où vient qu'elle n'est pas seulement la source des Puissances Spirituelles qu'elle reçoit ; mais qu'elle est aussi le Principe de celles qui sont attachées au Corps.

La mesme Science nous enseigne, que l'Estre de l'Ame Raisonnable ne depend pas du Corps Humain : car puis que cette diuine Forme exerce quelque Action sans organe corporel, comme i'ay montré en établissant son Immortalité, elle a vn Estre independant de celuy du Corps,

Explication de la seconde Table.

& comme elle a vne propre Subsistence, elle peut estre separée du Corps qu'elle anime.

Puis que l'Estre de l'Ame Raisonnable ne depend pas du Corps Humain, & que celuy du Corps Humain depend de l'Ame Raisonnable, le Corps est pour l'Ame, comme la Matiere est pour la Forme, & comme les Instrumens se rapportent à la Cause Efficiente, qui s'en sert pour agir, l'Ame se sert du Corps, pour exercer ses fonctions.

Il faut iuger des Biens du Corps, à l'égard de ceux de l'Ame comme du Corps à l'égard de l'Ame, & comme le Corps est pour l'Ame, les Biens qui luy appartiennent doiuent estre rapportez à ceux de l'Ame : c'est pourquoy il faut asseurer que bien que l'Homme put prendre la conseruation de son Estre pour sa derniere Fin, il ne pourroit pas trouuer le Souuerain Bien dans les Biens du Corps.

Pour auoir vne plus claire connoissance de cette verité, il faut examiner la Nature du Souuerain Bien, & celle des Biens du Corps.

I'ay montré dans le quatriéme Chapitre de la premiere partie de cet Ouurage, que le Souuerain Bien étant le premier de tous les Biens est absolument independant; qu'il ne peut rien receuoir; & que possedant toute sorte de perfections il est tres-parfait. La suite de ces propositions prouue qu'il ne peut estre cause d'aucun Mal ; & qu'il faut auoir perdu le Sens commun, pour le chercher dans les Biens du Corps, qui peuuent estre la Source de plusieurs Maux.

La Beauté, la Santé, & la Force du Corps peuuent nuire à ceux qui possedent ces auantages, & aux autres: car la pluspart des Beautez sont criminelles, ou si elles sont innocentes, elles font beaucoup de coupables.

La Santé & la Force peuuent estre les Instrumens de l'Intemperance, & de l'Iniustice. Enfin il arriue souuent, que la Santé, & la Force de l'Ame dependent de la Maladie, & de la foiblesse du Corps. Celuy qui voudra faire reflexion sur les differantes Actions des Hommes dans la Santé, & dans la Maladie ne pourra douter de la Verité de ces propositions.

L'Experience ordinaire nous apprend, que les Hommes se seruent ordinairement de la Santé, & de la Force pour commettre plusieurs Crimes; que ceux qui ont receu de Dieu ces perfections sont coupables d'Ingratitude; que l'excez de leurs plaisirs les conduit à la Haine de Dieu; & qu'ils sont en peril de reuoquer en doute son Existence; mais quand ils sont attaquez d'vne grande Maladie, ils changent ordinairement de façon de viure. La Crainte de Dieu se forme dans leur Ame. Ils iugent clairement en cét état qu'ils doiuent attendre de sa iustice la punition de leurs Crimes, ou la recompense de leurs merites. Ils menagent le reste du temps qu'ils ont à viure, pour bien mourir, & nous pouuons dire

que

Explication de la seconde Table. 217

que la violence de leur Maladie est le commencement de leur vie. Enfin nous voyons des Hommes qui se seruent des Lumieres du iour, pour éclairer leurs Vanitez, & des Tenebres de la nuit, pour couurir leurs dereglemens; mais lors qu'ils sont malades les Tenebres de la nuit augmentent l'Horreur qu'ils ont de leurs Crimes, & la Lumiere du iour les contraint d'admirer la Beauté des Ouurages de Dieu. Cette admiration leur donne vne claire connoissance de la premiere Cause, & cette connoissance imprime dans leur Ame l'Amour de sa Bonté, & la Crainte de sa Puissance.

Les differentes Actions des Hommes, dans la Santé, & dans la Maladie prouuent que la Santé, & la Force du Corps sont des Biens en Puissance; c'est à dire que ces perfections peuuent estre des Biens, ou des Maux, suiuant le bon, ou le mauuais vsage que nous en pouuons faire; il est donc plus raisonnable de les rapporter au nombre des Maux, qu'à celuy des Biens; pource qu'elles sont plus souuent la Matiere du Crime que celle de la Vertu. Comme le Souuerain Bien, qui est tres-parfait, ne peut estre cause d'aucun Mal, celuy qui le cherche dans les Biens du Corps s'éloigne de la Raison, pour suiure la connoissance du Sens.

On void clairement, que la Beauté, la Santé, & la Force du Corps ne peuuent estre le Souuerain Bien; mais ceux qui le mettent dans les Plai-

Ee

firs defendent leur Opinion par des raifons qui ont quelque apparence de verité : car le Souuerain Bien, étant abfolument Independant, eft defiré pour luy-mefme, & puis que toutes chofes font au deffous de luy comme fous leur derniere Fin, il eft tres-certain qu'elles y doiuent eftre rapportées. Il femble que ces conditions du Souuerain Bien doiuent eftre attribuées au Plaifir, fuiuant le fentiment d'Eudoxus.

I'ay combattu l'Erreur de ce Philofophe, au cinquiéme Chapitre de la premiere partie de cét Ouurage, où i'ay montré, que toutes les conditions du Souuerain Bien ne peuuent eftre attribuées veritablement au Plaifir, comme il eft tres-éuident, qu'il n'eft pas tres-parfait ; puis qu'il ne contient pas toute forte de perfections.

Il eft vray que le Plaifir eft defiré pour luy mefme, & ie demeure d'accord auec Eudoxus, qu'il feroit ridicule de demander à quelqu'vn pour quelle chofe il defire le Plaifir ; mais dautant qu'il eft fuiuant le Sens, il ne peut eftre le Souuerain Bien, qui eft conforme à la Raifon.

On pourroit dire, que tout Plaifir n'eft pas fuiuant le Sens, à caufe que nous pouuons receuoir deux fortes de Plaifirs, dont les vns fe forment dans l'Appetit Senfuel, par la connoiffance de l'Imagination, & les autres font produits dans la Volonté, par la connoiffance de l'Entendement.

Cette Diuifion, qui eft receuë de tous les Philofophes eft veritable ; mais il faut remarquer

Explication de la seconde Table.

auec Aristote, au quatorziéme Chapitre du septiéme liure de sa Morale, que par le Plaisir on entend ordinairement les Plaisirs du Corps, à cause qu'ils sont plus communs que ceux de l'Ame, soit que nous en considerions la pratique, soit que nous ayons égard à la premiere connoissance des Hommes. Il faut aussi supposer, que ie parle icy des Plaisirs du Corps; car ie me propose de refuter l'Opinion des Voluptueux, qui mettent le Souuerain Bien dans les Biens du Corps, & principalement dans les plaisirs qu'ils prennent pour le dernier Terme de leurs Desirs; d'où vient que i'ay asseuré auparauant, que le Plaisir, qui est suiuant le Sens, ne peut estre le Souuerain Bien, qui est conforme à la Raison.

Il faut dire pourtant quelque chose en ce Chapitre, des Plaisirs de l'Ame, pour s'opposer à la naissance de l'Erreur qui pourroit estre vn Effet des propositions precedentes : car on pourroit mettre le Souuerain Bien dans le Plaisir de l'Ame; puis qu'il est desiré pour luy-mesme; & qu'il est conforme à la Raison.

I'auouë, que le Plaisir de l'Ame est desiré pour luy-mesme; mais ie soutiens, que celuy qui suit la Raison ne le cherche pas proprement; car il tend seulement à vn Bien tres-parfait, & il trouue en suite le Plaisir, qui est le repos dans le Bien qu'il cherche.

Le Plaisir de l'Ame est sans doute conforme à la Raison ; mais cette proposition ne doit pas

Ee ij

nous obliger à conclure qu'il soit le Souuerain Bien: car ce qui est conforme à la Raison, & le Souuerain Bien ne sont pas deux choses d'égale Etenduë; puis que la premiere est plus generale que la seconde ; c'est à dire que le Souuerain Bien est conforme à la Raison; mais que tout ce qui est conforme à la Raison ne peut estre le Souuerain Bien, & i'ay montré contre Eudoxus dans le cinquiéme Chapitre de la premiere partie de cét Ouurage, qu'il ne faut pas donner cét auantage au Plaisir de l'Ame.

Comme les Plaisirs de l'Ame sont plus nobles que ceux du Corps, les premiers ont plus de rapport auec le Souuerain Bien que les autres; pource que les premiers sont vne suite inseparable du Souuerain Bien; mais il ne faut pas faire le mesme iugement des Plaisirs du Corps.

Pour connoitre clairement, que les plaisirs de l'Ame sont vne suite du Souuerain Bien, il faut sçauoir que tout Plaisir qui fait vne forte impression dans l'Ame de celuy qui le reçoit est vne suite de la Felicité, ou Veritable ou apparante: car si ce Plaisir se forme dans l'Ame de quelqu'vn, c'est à cause qu'il est vny, ou veritablement, ou par Desir au Bien qu'il croit luy estre conuenable. S'il est vny à vn Bien qui contient toute sorte de perfections, le Plaisir qui est vn Effet de cette Vnion est vne suite de la veritable Felicité; mais s'il est vny à vn Bien particulier qu'il prend pour sa derniere Fin, le Plaisir

Explication de la seconde Table.

qui est vn Effet de cette Vnion est vne suite d'vne Felicité apparante.

Le Plaisir du Corps étant fondé sur vn Bien qui est connu par le Sens ne peut étre vne suite du Souuerain Bien : pource que le Bien qui est connu par le Sens, qui agit par vn Organe Corporel, est Singulier; mais le Souuerain Bien, qui borne entierement nos Desirs, est Vniuersel.

Ces Veritez nous enseignent, que si nous deuons condamner l'Opinion d'Epicure, qui met le Souuerain Bien dans les Plaisirs de l'Ame nous deuons grandement blasmer celle des Voluptueux qui le mettent dans les Plaisirs du Corps, qui ne sont pas mesme vne suite du Souuerain Bien.

Pour combattre vtilement l'Opinion des Voluptueux ; c'est à dire pour en tirer quelque auantage pour la conduite de nos Actions, il faut faire vne ample description des Maux qui accompagnent leur Vie.

Le Sage nous apprend, au second Chapitre de l'Ecclesiaste, que leur occupation est vaine & criminelle, quand il asseure, qu'ils se laissent tromper en vain par le Plaisir.

Ils s'addonnent au Plaisir, pour étre en repos; leur occupation est donc vaine, & ridicule : car celuy qui cherche le Plaisir se met en peril de receuoir beaucoup d'Inquietude ; mais celuy qui luy resiste, & qui tasche d'aquerir la perfection de son Entendement, & de sa volonté, est en repos;

dautant que le premier trouue vn Plaisir qui est suiui de Douleur ; mais le second, qui ne tend pas au Plaisir du Corps, trouue vn veritable Plaisir, qui n'est point accompagné de Douleur.

Celuy qui tend au Plaisir le trouue ; mais le Plaisir qu'il rencontre est suiuy de Douleur : car agissant par Passion il veut receuoir promptement du Plaisir : c'est pourquoy il le cherche dans les choses corporelles. Les choses de cette Nature ont quelque perfection auec plusieurs deffauts. Si la connoissance de leur perfection peut donner du Plaisir, celle de leurs defauts peut estre le principe de la Douleur. Comme elles sont sujettes au changement, si leur presence peut engendrer quelque Plaisir dans l'Ame de celuy qui les possede, leur absence peut estre la cause de son Inquietude. Enfin le Plaisir qui en prouient est suiuy de Douleur; pource qu'il ne conuient pas à l'Homme entant qu'il est Homme, n'étant pas suiuant la Raison qui le distingue de la condition des Bestes.

Celuy qui ne cherche pas le Plaisir, & qui tasche d'aquerir la perfection de son Entendement, & de sa Volonté, trouue vn veritable Plaisir qui n'est point accompagné de Douleur: car le Plaisir qui est vne suite inseparable des Actions de la Science & de la Vertu est sans Douleur, à cause qu'il conuient à l'Homme entant qu'il est Homme.

Apres auoir montré, que l'occupation de

Explication de la seconde Table. 223

celuy qui s'adonne aux Plaisirs du Corps pour étre en repos est vaine, & ridicule, il faut prouuer, qu'elle est criminelle.

Pour faire parestre la clarté de cette conclusion il faut montrer par la suite de plusieurs propositions, que le Plaisir du Corps trompe celuy qui le poursuit, entant qu'il obscurcit la Lumiere de sa Raison ; qu'il le conduit par degrez au plus grand de tous les Vices, qui est la Haine de Dieu ; & qu'il le met en peril de reuoquer en doute son Existence.

I'ay donné quelque connoissance de ces degrez, au premier Chapitre de la premiere partie de cét Ouurage ; mais il en faut faire icy vne plus ample description, pour apprendre à l'Homme, qu'il doit employer tous ses efforts, pour s'opposer à l'excez des Plaisirs qui luy sont communs auec les Bestes.

L'Incontinence est le premier dereglement que la Volupté produit dans l'Appetit de celuy qui se laisse vaincre par ses charmes. Celuy qui est en cét état veut aquerir ce qu'il n'a pas ; mais il ne veut pas perdre ce qu'il possede. Il veut aquerir la Vertu qu'il estime ; mais il ne veut pas renoncer à ses Plaisirs. La seconde de ces deux Inclinations remporte la Victoire sur la premiere ; c'est pourquoy l'Incontinent qui la suit prefere le Plaisir apparant au Bien Veritable. Ce dereglement ne luy oste pas la connoissance du Vice qu'il pratique, ny de la Vertu qui luy est opposée: car si nous voulons bien exprimer la Nature de la Continence, & celle de l'Incontinence, nous deuons asseurer, que par la premiere de ces deux Qualitez l'Homme surmonte vne violente Passion qui l'attaque; & que la seconde le fait agir contre la connoissance du Vice dont il est coupable.

Pour connoitre que la seconde de ces propositions est aussi veritable que la premiere il faut sçauoir que deux differantes Inclinations entretiennent le combat qui est entre la Volonté, & l'Appetit Sensuel. La premiere qui vient de la Volonté, qui est conduite par la Raison, incite cette diuine Faculté à s'éloigner des choses agreables, quand elles combattent l'Honnesteté; mais la seconde, qui doit sa naissance à l'Appetit Sensuel, qui est conduit par l'Imagination, incite cette Faculté corporelle à les poursuiure.

Si dans ce Combat la Volonté peut obtenir l'auantage qui est deu à la noblesse de sa Nature l'Homme aquiert la Continence, & cette Qualité inspire dans son Ame la fuite d'vne chose agreable qui est opposée à l'Honnesteté, quoy qu'il y soit porté par vne violente Passion qui l'attaque; mais si l'Appetit Sensuel remporte la victoire sur la Volonté l'Homme tombe dans l'Incontinence, & cette Qualité, qui iette en son Ame les premiers fondemens de l'Intemperance, le porte à vne chose que sa Raison luy propose d'éuiter; Il faut donc conclure, que le Continent

Explication de la seconde Table.

nent s'oppose à l'effort de la Passion qui l'attaque ; & que l'Incontinent agit contre la connoissance qu'il a du Vice dont il est coupable.

Il est vray que l'Incontinent prefere le Plaisir qui luy est commun auec les Bestes à l'Honnesteté, qui cherche la Beauté, qui reluït dans les Actions de la Temperance ; mais si nous considerons les mouuemens de ceux qui sont en cét état, nous trouuerons qu'ils preferent le Plaisir à l'Honnesteté, entant que le Plaisir est accompagné de quelques circonstances qui prouuent clairement, qu'ils ont la connoissance de la laideur du Vice qu'ils pratiquent, & de la Beauté de la Vertu qu'ils abandonnent.

Pour donner vne claire connoissance de cette Verité il faut découurir l'Ordre du Combat qui est entre la Raison, & la Concupiscence de l'Incontinent, où nous deuons examiner s'il y a quelque Passion qui aide la Raison contre la Concupiscence.

Puis que l'Incontinent reçoit deux mouuemens, dont l'vn, qui suit la Raison le porte à ce qui est honneste ; & l'autre, qui suit l'Imagination, le conduit à ce qui est agreable quelques Passions aident la Raison contre la violence de l'Ennemy qui l'attaque : car le Desir de poursuiure ce qui est honneste, & la fuite des choses qui sont contraires à l'Honnesteté se forment dans son Ame ; mais il ne peut tirer vn grand auantage de ces deux Passions ; pource que

Ff

le Plaisir, qui le trompe, les attire à son party, par le changement de leur Objet. Le Desir d'aquerir la Vertu cede à celuy qu'il a de poursuiure ce qui est agreable, & la fuite des choses qui sont opposées à l'Honnesteté est détruite par celle de la Douleur.

Comme la Concupiscence dispose de toutes les Passions de l'Appetit Concupiscible, il faut examiner si elle obtient la mesme Puissance sur celles de l'Irascible, où s'il y a quelque mouuement de cette Faculté qui se range du costé de la Raison contre les efforts de la Concupiscence.

Si nous considerons attentiuement l'ordre du Combat qui est entre la partie Superieure, & la partie Inferieure de l'Incontinent, nous sçaurons, que la concupiscence le porte à vne chose dont il est detourné par sa Raison, & par la Crainte de la punition. Cette Crainte fait vne forte impression dans l'Ame du Vulgaire, qui se laisse plutost conduire par la Crainte des peines que par la Beauté de la Vertu, comme enseigne Aristote au dixiéme Chapitre du dixiéme liure de sa Morale.

La Concupiscence employe de nouueaux artifices pour rendre la Crainte de la punition inutile dans le combat qui est entre la Volonté & l'Appetit Sensuel, & dautant que les Loix Humaines ne punissent pas toute sorte de Crimes elle porte l'Incontinent à vne chose qu'il peut faire sans estre puny.

Explication de la seconde Table.

Si nous considerons pourtant l'Ordre des mouuemens de l'Incontinent, nous connoitrons qu'il y a encore quelque Passion de l'Appetit Irascible qui protege sa Raison contre les artifices de la Concupiscence: car si cét agreable, & dangereux Ennemy excite celuy qui se laisse surprendre par ses charmes à la poursuite d'vne chose qu'il puisse faire sans estre puny, il peut arriuer qu'il le conduit à vne chose qu'il ne peut executer sans estre blasmé. Ie demeure d'accord qu'en cette rencontre la Raison de l'Incontinent ne peut étre fortifiée par la Crainte des peines ; mais ie soutiens qu'elle peut tirer quelque secours de celle du mépris. Cette Crainte peut faire quelque impression dans l'Ame de tout le monde : car comme i'ay montré dans le douziéme Chapitre de la premiere partie de cét Ouurage tous les Hommes desirent l'Honneur. Le Vulgaire mesme y peut tendre: car le desir des Richesses peut engendrer en son Ame celuy des Honneurs; dautant qu'il peut souhaiter l'Estime des grands pour en receuoir quelque chose.

La Concupiscence redouble ses forces, pour rendre la Crainte du mépris aussi inutile que celle de la punition. Pour obtenir cét auantage elle propose à l'Incontinent la recherche d'vne chose agreable qui peut estre cachée aux yeux des Hommes.

Il semble qu'apres cét artifice toutes les autres Passions soient ou inutiles pour deffendre la

Raison, ou d'intelligence auec la Concupiscence pour la combattre. Toute-fois celuy qui a vne parfaite connoissance de tous les mouuemens que la Nature imprime dans l'Ame de l'Homme pour l'éloigner du Vice sçait que la Concupiscence le portant à vne chose qui est cachée aux yeux des Hommes n'oste pas entierement à la Crainte les Armes qu'elle peut employer pour defendre la Raison : car celuy qui sçait que la chose qui est l'Objet de la Concupiscence ne tombe pas sous la connoissance des Hommes iuge qu'elle ne peut estre inconnuë à Dieu : c'est pourquoy si la crainte du mépris luy est inutile pour vaincre le Plaisir, celle de la punition Diuine luy peut seruir pour s'opposer à sa violence.

Le dernier artifice de la Concupiscence est de supprimer la Crainte de la punition Diuine par vne autre Passion, qui prouue clairement, que l'Incontinent a la connoissance du Crime qu'il commet dans le moment mesme auquel il se laisse vaincre par le Plaisir qui le trompe.

Pour prouuer cette proposition il faut sçauoir que la crainte de la punition Diuine qui fortifie la Raison de l'incontinent contre les apas de la Volupté est détruite par l'Esperance de pardon : car si nous examinons les Actions ordinaires de ceux qui sont dans l'Etat d'Incontinence, nous connoitrons que l'Esperance de pardon est la derniere chose que la Concupiscence met en vsage pour vaincre leur Raison.

Explication de la seconde Table. 229

Comme le pardon suppose l'offense, celuy qui espere que Dieu le pardonnera iuge qu'il est coupable ; nous deuons donc asseurer, que l'Incontinent a la connoissance du Crime qu'il commet dans le moment mesme auquel le Plaisir remporte la Victoire sur sa Raison.

Il est vray qu'il prefere le Plaisir à l'Honnesteté ; mais son Action est accompagnée de l'Esperance de pardon, du dessein de quitter le Vice, & de l'Esperance d'vne longue vie.

Ces Circonstances prouuent clairement qu'il a la connoissance du Vice dont il est coupable, & de la Vertu qu'il abandonne.

Sa foiblesse donne de nouuelles forces à la Volupté ; d'où vient qu'il se laisse vaincre souuent par cét Ennemy domestique, & que sa Maladie s'augmente : car il passe facilement de l'Etat d'Incontinence à celuy d'Intemperance ; c'est à dire d'vne lasche Irresolution à vne Constance criminelle.

Dans le premier Etat il suiuoit tantost la conduite de sa Raison, & tantost le mouuement de sa Passion ; mais dans le second il cede absolument aux attraits de la Concupiscence.

Dans le premier Etat il taschoit de vaincre le Plaisir qu'il regardoit comme son Ennemy ; mais dans le second il le prend pour sa derniere Fin.

Dans le premier Etat il éroit semblable à celuy qui est attaqué d'vne fieure Intermittente;

mais dans le second nous le pouuons comparer à celuy qui est trauaillé d'vne fieure continuë.

Dans le premier Etat il étoit semblable à vne Republique qui fait de bonnes Loix, & qui ne les obserue pas touiours; mais dans le second il est semblable à celle qui établit des Loix tres-pernicieuses, & qui les met touiours en execution.

Enfin l'Homme dans l'Etat d'Incontinence demeure d'accord, que les Sens doiuent estre assuietis à l'Empire de la Raison; que la Loy Naturelle, qui est la premiere Regle de nos Actions, nous incite à poursuiure le Bien qui conuient à cette Faculté Spirituelle; & que le repos de l'Homme depend de la moderation de ses Plaisirs; mais il change de langage dans l'Etat d'Intemperance: car il soutient, que nous deuons accorder à nos Sens ce qu'ils demandent, que la la Loy Naturelle, que nous deuons suiure, nous porte au Plaisir; & que c'est dans cette Action seulement que nous pouuons trouuer le repos de la vie.

Comme la Parole est le Portrait de la pensée, les differens discours que l'Homme tient dans l'Etat d'Incontinence, & dans celuy d'Intemperance nous découurent la diuersité de ses sentimens dans ces deux Etats.

Ils nous enseignent, que dans le premier il a vne claire connoissance des Principes qui regardent la conduite de la Vie Humaine; mais que

Explication de la seconde Table. 231

dans le second cette connoissance est obscurcie, ou entierement effacée.

Il n'est pas difficile de rendre la raison de ce dereglement ; pource que l'Appetit Sensuel de l'Intemperant commande absolument à sa Volonté.

Cét auantage, qui luy est arriué contre l'ordre de la Nature, est vne preuue tres-éuidente qu'il a fait cesser le Combat qui étoit entre luy, & cette diuine Faculté ; il a donc détruit ce qui pouuoit l'entretenir ; c'est à dire qu'il a obscurcy, ou effacé entierement la connoissance des Principes qui appartiennent à la conduite de la Vie Humaine.

Celuy qui est reduit par sa faute à cette deplorable condition, qui le rend esclaue de ses Passions, peut connoitre qu'vn Triangle a trois Angles egaux à deux droits; que les lignes droites qui sont tirées du Centre d'vn Cercle à sa Circonference sont egales; qu'vn Corps ne peut passer d'vne extremité à l'autre sans passer par le milieu.

Enfin il peut auoir vne claire connoissance de plusieurs autres Principes de la Geometrie, & de la Physique ; mais il a perdu celle des Preceptes de la Loy Naturelle, qui pourroient le conduire à la pratique de la Vertu. L'Appetit Sensuel, qui a pû assujetir à ses loix la Volonté de ce pauure Incurable n'a point fait d'effort, pour luy rauir la connoissance de plusieurs Principes des Sciences Speculatiues ; mais il a employé tous ses artifices, pour luy oster celle des Preceptes Moraux : dautant qu'il n'a pas declaré la guerre à toutes les connoissances ; mais seulement à celles qui pouuoient l'empescher d'arriuer à sa Fin.

L'Homme peut estre Intemperant, sans auoir perdu toutes les Lumieres qui l'incitent à la poursuite du Bien qui conuient à sa Nature ; & nous pouuons dire, que l'Ame de celuy qui n'a pas vescu long temps en cet état est semblable à vn papier remply de plusieurs Caracteres, dont les moindres sont effacez, & les gros sont encore visibles.

Il sçait qu'il y a vn Dieu ; que sa Sagesse est incomprehensible ; que sa Bonté se fait parestre par les Effets de sa Prouidence ; & que sa Puissance ne peut estre limitée.

Ces Lumieres luy montrent, qu'il doit honorer Dieu par l'Admiration, & par le Silence ; par l'Amour de sa Bonté, & par la crainte de ses Iugemens ; mais l'Appetit Sensuel, qui a vsurpé vne Puissance tyrannique sur sa Raison, & sur sa Volonté le detourne de la pratique de ces loüables Actions, & le conduit au plus grand de tous les Vices, qui est la Haine de Dieu : car puis qu'il prend le Plaisir pour sa derniere Fin, & que Dieu, qui en defend la poursuite, a la Puissance de punir ceux qui s'y adonnent ; il peut haïr cette premiere Cause, à l'égard de

ces

ces deux Effets, qui sont contraires à sa Volonté, qui est depravée par l'Exces des Passions.

Enfin il tombe dans le dernier degré de Folie, qui luy fait reuoquer en doute l'Existence diuine: car ayant pratiqué toute sorte de Vices, il voudroit, que Dieu fust, ou Ignorant, ou Foible, afin qu'il ne connust pas ses Crimes, ou qu'il n'eust pas la Puissance de le punir: mais sa lumiere Naturelle n'étant pas entierement éteinte, il sçait que l'Ignorance, & la Foiblesse sont incompatibles auec vne Nature dont la connoissance est infinie & dont la Puissance ne peut être limitée: c'est pourquoy étant persecuté par la Crainte des peines qui sont deuës aux Crimes qu'il a commis, il voudroit qu'il n'y eust point de Dieu, & dautant que la violence de ce Desir corrompt son Iugement, il doute de son Existence.

Apres auoir refuté l'Opinion des Auares, qui s'attachent entierement à la poursuite des Richesses; celle des Ambitieux, qui se laissent ébloüir par l'Eclat des Honneurs, & celle des Voluptueux, qui prennent les Plaisirs du Corps pour le dernier Terme de leurs Desirs, l'Ordre de la Table que nous expliquons nous oblige à prouuer que les Biens de l'Ame ne peuuent estre le Souuerain Bien.

QVE LES BIENS DE L'AME ne peuuent eſtre le Souuerain Bien.

CHAPITRE XVIII.

LA ſeconde Condition du Souuerain Bien, qui a été expliquée dans le quatriéme Chapitre de la premiere partie de cét Ouurage montre clairement, que les Biens de l'Ame ne doiuent pas eſtre le principal Objet de nos Deſirs : car le Souuerain Bien eſt deſiré pour luy meſme, étant abſolument Independant, & nous ne deuons pas faire le meſme Iugement des Biens de l'Ame.

Si les Richeſſes, qui ſont des Biens de la Fortune ſont pour le Corps, le Corps eſt pour l'Ame, & le principal deuoir de l'Ame eſt de nous vnir à Dieu, qui étant tres-veritable, & tres-bon, doit eſtre le dernier Terme de notre Connoiſſance, & de notre Amour.

On pourroit dire, que la Diuiſion des Biens, qui eſt au commencement de la Table que nous expliquons, eſt fauſſe, ou qu'elle nous enſeigne, que nous pouuons trouuer le Souuerain Bien dans les Biens de l'Ame : car puis que les

Explication de la seconde Table. 235

Biens font, ou de la Fortune, ou du Corps, ou de l'Ame, si cette Diuision est parfaite, le Souuerain Bien y est contenu.

I'ay prouué dans les Chapitres precedans, qu'il faut auoir perdu la Raison, pour chercher le Souuerain Bien dans les Biens de la Fortune, ou dans ceux du Corps ; il faut donc conclure qu'on le peut trouuer dans les Biens de l'Ame, ou que la Diuision des Biens, qui a été faite auparauant est imparfaite.

La Reponse qu'il faut faire à cette difficulté peut estre facilement tirée de la mesme Table, qui nous apprend que les Biens de l'Ame font, ou dans l'Ame, comme ses Facultez, & ses Habitudes, ou hors de l'Ame, qui sont les choses qui peuuent estre l'Obiet de sa Connoissance, & de ses Desirs.

Suiuant cette Diuision nous deuons soutenir, que le Souuerain Bien n'est pas vn Bien de l'Ame, & qu'il est du nombre des Biens de l'Ame ; c'est à dire qu'il ne se rencontre pas dans l'Ame ; mais qu'il est hors d'elle, étant le principal Objet de son Amour.

La Solution de cette difficulté en fait naistre vne seconde : car puis que la perfection d'vne chose est en elle mesme, la Felicité, qui est la derniere perfection de l'Homme est dans son Ame comme dans son propre Sujet.

Pour répondre à cette seconde difficulté il faut sçauoir, que le mot de Felicité est ordinairement

Gg ij

pris, ou pour l'Objet qui peut rendre l'Homme heureux, qui reçoit proprement le nom de Souuerain Bien, ou pour l'Action qui l'vnit au Souuerain Bien, qui reçoit proprement le nom de Felicité.

 Quand nous le prenons en la premiere façon il exprime vne chose qui est hors de nous ; mais quand nous le prenons en la seconde il signifie vne chose qui est en nous.

 Comme nous parlons icy du Souuerain Bien, c'est à dire de l'Objet qui nous attire, nous deuons asseurer, qu'il est hors de nous ; & que l'Ame ny les Biens qui luy appartiennent ne peuuent estre le Souuerain Bien.

 Puis que le Souuerain Bien est desiré pour luy-mesme, il est tres-éuident que l'Ame raisonnable ne peut estre la derniere Fin de l'Homme : car suiuant les Principes de la Science Generale la Puissance est pour l'Acte qui en est la perfection, & l'Ame Raisonnable suiuant sa Nature est en Puissance, à l'égard des Sciences, & des Vertus qu'elle peut receuoir.

 La mesme raison prouue, que les Biens qui sont dans l'Ame ne peuuent estre la derniere Fin de l'Homme : car ses Facultez, & ses Habitudes se rapportent à quelque Fin, qui est l'Action qui en prouient.

 On pourroit dire, qu'il ne suffit pas d'asseurer, que les Facultez, & les Habitudes de l'Ame se rapportent à quelque Fin, pour conclure, qu'il n'y a aucun Bien dans l'Ame qui puiſſe eſtre le Souuerain Bien: dautant que la propoſition qui eſt le Principe de cette Concluſion ne contient pas tous les Biens qui ſont dans l'Ame: car ſes Facultez produiſent des Actions, & les Actions y font naiſtre des Habitudes.

Pour répondre à cette difficulté il faut ſuppoſer, que nous parlons icy du Souuerain Bien, & non pas de l'Action qui nous y attache: c'eſt pourquoy pour montrer qu'il eſt inutile de le chercher dans les Biens de l'Ame il ſuffit de prouuer que ſes Facultez, ny ſes Habitudes ne peuuent eſtre la derniere Fin de l'Homme.

Ce n'eſt pas aſſez de dire que le Souuerain Bien eſt hors de l'Ame, il faut encore ſçauoir qu'il n'eſt pas vn Bien crée.

Celuy qui connoit la Nature des Biens creez & celle du Souuerain Bien a vne claire connoiſſance de cette Verité; dautant qu'il ſçait que tout Bien crée eſt particulier, & que le Souuerain Bien, qui peut borner entierement nos Deſirs, eſt vniuerſel: car comme notre entendement, qui agit ſans Organe Corporel, a pour Obiet la Verité en general, notre Volonté a pour Obiet vn Bien Vniuerſel, qui n'eſt autre que Dieu.

QVE DIEV EST LE SOVVERAIN Bien.

CHAPITE. XIX.

A Lumiere Naturelle, qui est vne participation de la premiere Raison, nous conduit par degrez à sa Source ; c'est à dire que la lumiere que Dieu nous a donnée nous apprend, qu'il doit estre le principal Objet de notre Connoissance, & de notre Amour.

Il faut disposer par ordre plusieurs propositions, pour établir clairement la Verité de cette Conclusion.

Il est tres-éuident que le Souuerain Bien est le premier de tous les Biens: car puis que le Souuerain de chaque Ordre est le premier de cét Ordre, le Souuerain dans l'Ordre des Biens est le premier de tous les Biens, autrement il seroit le Souuerain Bien, & ne le seroit pas, ce qui est impossible.

Etant le premier de tous les Biens il est absolument Independant.

Comme il est absolument Independant, il est l'Essence mesme du Bien.

Si quelqu'vn dit que cette Conclusion n'est

Explication de la seconde Table. 239

pas bien tirée de la proposition qui la produit, il est facile de combattre son erreur par ce Raisonnement.

Ou le Souuerain Bien est essentiellement bon par quelque chose, ou il est l'Essence mesme du Bien.

S'il est essentiellement bon par quelque chose, il n'est pas absolument Independant ; il faut donc conclure qu'estant absolument Independant il est l'Essence mesme du Bien.

Puis qu'il est l'Essence mesme du Bien, il est la Source de toute Bonté : car comme tout Bien participe en quelque façon l'Essence de la Bonté, le Souuerain Bien étant l'Essence mesme du Bien est aussi la Source de tous les autres Biens, qui sont des Estres par participation du premier Estre.

Celuy qui sçait que le Souuerain Bien est la Source de toute Bonté iuge clairement, que tous les autres Biens, qui en prouiennent, sont au dessous de luy comme des Moyens sous leur derniere Fin ; disons donc que le Souuerain Bien est la derniere Fin de toutes choses.

Comme toute Fin est le Terme de quelque Mouuement, la derniere Fin d'vne chose est le dernier Terme de son Mouuement ; d'où vient que le Souuerain Bien étant nostre derniere Fin doit estre le dernier Terme de nos Desirs.

Nos Desirs ne peuuent estre entierement bornez que par la ioüissance d'vn Bien Vniuersel.

Enfin il n'y a point de Bien qui foit Vniuerfel, que Dieu, qui étant le premier Eftre contient toute forte de perfections fans aucun defaut ; il faut donc couclurre qu'il eft le Souuerain Bien ; & qu'il doit eftre la Regle des autres Biens que nous deuons pourfuiure ; car fuiuant les Principes de la Science Generale la Fin eft la Mefure des Moyens qui nous y doiuent conduire.

Ce n'eft pas affez d'auoir refuté les Opinions de ceux qui fuiuent leurs Paffions, ny d'auoir étably le fentiment de ceux qui fuiuent la Lumiere de leur Raifon ; c'eft à dire qu'il ne fuffit pas d'auoir combattu l'Erreur des Auares, des Ambitieux, & des Voluptueux, qui fe laiffent éblouïr par l'Eclat, ou par les charmes des Biens temporels, ny d'auoir prouué tres clairement, que les Defirs des Hommes doiuent tendre à Dieu comme à leur derniere Fin : il faut encore examiner quel eft le chemin qu'ils doiuent fuiure pour y arriuer ; c'eft à dire qu'il faut parler de l'Action qui les peut Vnir à Dieu, qui reçoit proprement le nom de Felicité ; mais il faut faire auparauant quelques reflexions, pour donner le moyen de fe reffouuenir des difcours qui ont été faits fur le Souuerain Bien dans les Chapitres precedans, pour donner l'Art d'inuenter plufieurs autres penfées fur le mefme fujet, & pour découurir les auantages que nous en pouuons receuoir.

Comme les Principes generaux font les Fondemens

Explication de la seconde Table.

demens de plusieurs Conclusions qui en peuuent estre tirées, les quatre principales Conditions du Souuerain Bien, qui ont été disposées par ordre dans la premiere Table, & qui ont été amplement expliquées dans le quatriéme Chapitre de la premiere partie de cét Ouurage, ont été la source des discours qui ont eté faits sur le Souuerain Bien dans les Chapitres precedans. Elles peuuent aussi estre l'origine de plusieurs autres pensées que nous pouuons inuenter sur le mesme sujet : car celuy qui sçait que le Souuerain Bien est tres-parfait, qu'il est desiré pour luy mesme, que toutes choses y doiuent estre rapportées, & qu'il peut borner entierement nos Desirs, iuge clairement, que ces quatre Conditions ne peuuent estre veritablement attribuées aux Biens temporels, & qu'elles n'appartiennent qu'à Dieu.

I'ay montré amplement, qu'il ne faut pas chercher le Souuerain Bien dans aucun Bien creé; & & qu'il est impossible de le trouuer que dans Dieu, pour detourner les Hommes du Vice, & pour les conduire à la pratique de la Vertu; car comme le Vice se forme dans l'Ame de celuy qui méprisant Dieu cherche les Biens du Monde, qui ont assez d'éclat pour l'éblouir, le merite qui accompagne la Vertu, reluït dans les Actions de celuy qui méprise les Biens de la Terre, pour s'attacher à Dieu comme à sa derniere Fin.

Le premier se laisse conduire par l'excez de sa Passion; mais le second suit les lumieres qui sont naturellement imprimées dans son Entendement.

Le premier perd la Beauté de son Ame, entant qu'il s'vnit d'vne façon immoderée aux choses corporelles qu'il prend pour sa derniere Fin; mais le second la conserue.

Enfin le premier se met en peril de receuoir beaucoup d'Inquietude ; mais le second ioüit d'vn parfait repos.

Dauid exprime admirablement ces veritez, dans son quatriéme Pseaume, lors qu'il parle en ces Termes.

Plusieurs disent qui est celuy là qui nous decouure les Biens que nous deuons chercher? Seigneur la lumiere de vostre face est imprimée dans nos Ames. Vous auez fait naistre la Ioye dans mon Cœur. Leurs desirs se sont multipliez, par l'Abondance de leur Froment, de leur Vin, & de leur Huile.

Il semble qu'il n'y ait aucune liaison entre ces quatre propositions, & qu'elles ne puissent seruir, pour montrer, que celuy qui s'attache entierement à la poursuite des Biens de la Fortune se met en peril de receuoir beaucoup d'Inquietude, & que celuy qui cherche Dieu ioüit d'vn parfait repos.

Si nous examinons pourtant attentiuement les veritez qu'elles contiennent, nous trouuerons,

Explication de la seconde Table. 243
que leur liaison est tres parfaite, & qu'elles peuuent estre vtilement expliquées en ce Chapitre: car elles sont tres-propres, pour découurir les troubles que l'Auarice, & l'Ambition peuuent exciter dans l'Ame des Hommes, & pour exprimer le repos qui arriue à ceux qui regardent Dieu comme le principal Objet de leur Amour.

Quand Dauid parle en ces termes, plusieurs disent qui est celuy-là qui nous découure les Biens que nous deuons chercher, il exprime vne demande que les Libertins faisoient, pour connoitre l'Objet qui les deuoit attirer, & quand il eleue son Ame à Dieu par ces paroles, Seigneur la lumiere de vostre face est imprimée dans nos Ames, il repond admirablement à la ridicule demande des Libertins: car soit que nous considerions la verité qui est contenuë en cette proposition, soit que nous ayons égard à la maniere en laquelle elle est exprimée, nous iugerons qu'elle a vne parfaite liaison auec la premiere; puis que la veritable réponse qui deuoit estre faite à la demande des Libertins en peut estre tirée.

Pour auoir vne claire connoissance de cette verité il faut faire quelques reflexions par ordre sur cette Reponse.

Il est certain que la lumiere qui nous éclaire naturellement est vne participation de la Raison Diuine: car comme la Veuë, qui a eté donnée aux Animaux pour leur conduite, leur donne la connoissance des choses qui leur sont vtiles, apres

Hh ij

auoir reçeu leurs images par le moyen d'vne lumiere moderée, qui est vne participation de la premiere lumiere, l'Entendement, qui est la plus noble Faculté de l'Homme, le conduit à ce qui est honneste, par le moyen d'vne connoissance limitée, qui est vne participation de la premiere Raison.

Cette lumiere, qui est vne participation de la Raison Diuine, est vn ruisseau qui nous conduit par degrez à sa Source : car comme i'ay montré au commencement de ce Chapitre elle nous enseigne, que le Souuerain Bien étant le premier de tous les Biens est absolument Independant; qu'il est l'Essence, & en suite la Source de toute Bonté; qu'il est la derniere Fin, & en suite le dernier Terme de nos Desirs, & comme nos Desirs ne peuuent estre entierement bornez que par la joüissance d'vn Bien Vniuersel, qui n'est autre que Dieu, nous sçauons par la lumiere qui nous éclaire naturellement, que Dieu doit estre le principal Objet de notre Amour, que nous luy deuons rapporter toutes nos Actions, & que ceux qui luy sont tres parfaitement vnis ne peuuent rien plus desirer.

On void par la suite de ces propositions, que Dauid répond admirablement à la demande des Libertins; dautant qu'ils peuuent connoitre par la réponce qu'il fait, que Dieu est le veritable bien qu'ils doiuent chercher.

Il est vray qu'il se contente de leur apprendre

Explication de la seconde Table. 245

qu'vne Lumiere, qui est vne participation de Dieu, reluit dans l'Esprit des Hommes ; mais il veut montrer par cette proposition, qu'il suffit aux Hommes de consulter la Lumiere qu'ils ont de la Nature pour sçauoir que Dieu doit estre le principal Obiet de leur Amour.

Comme la demande des libertins est vne preuue de leur Aueuglement, Dauid les veut éclairer par le moyen d'vne excellente lumiere ; mais quelqu'vn pouroit dire, que la lumiere est innutile aux Aueugles ; puis qu'ils ont perdu la Faculté qu'elle doit aider à faire sa fonction.

Pour répondre à cette difficulté il faut distinguer deux sortes d'Aueugles ; les vns le sont par Nature, & les autres par Accidant.

Les premiers ne peuuent estre gueris par l'effort de la Nature ; mais les autres peuuent receuoir la guerison par vn moyen naturel ; à cause que la Faculté qui leur auoit été donnée pour voir n'est pas détruite, & quelle est seulement empeschée par quelque chose que l'on peut combattre.

Nous n'auons pas naturellement assez de Lumiere pour connoitre l'Essence diuine : car puis qu'il est necessaire qu'il y ait quelque proportion entre la Faculté qui connoit, & son Objet, notre Esprit, qui est finy, ne peut connoitre l'Essence diuine, qui est infinie ; mais la Lumiere que nous auons de la Nature nous enseigne tres-clairement qu'il y a vn premier Estre ;

H h iij

qu'il eſt tres-veritable, & tres-bon; & qu'il doit eſtre le dernier Terme de notre connoiſſance, & le Principe de notre Amour. Ceux qui ont perdu ces connoiſſances ſont aueugles par Accidant : pource que leurs Paſſions ſont des Vapeurs qui obſcurciſſent la Lumiere de leur Raiſon ; leur gueriſon eſt donc en leur Puiſſance, dautant qu'il leur ſuffit de moderer leurs Paſſions pour l'obtenir.

Si nous voulons parfaitement repondre à ceux qui demandent quel eſt le Bien qu'ils doiuent pourſuiure, & ſi nous voulons bien expliquer le ſentiment de Dauid ſur ce ſujet ; nous deuons aſſeurer, que celuy qui regle les mouuemens de la partie Inferieure de ſon Ame ſçait clairement par la Lumiere qu'il a de la Nature que Dieu doit eſtre la derniere Fin de ſes Actions.

On doit repondre auec Etonnement à vne demande ridicule, celle des Libertins étoit tres-ridicule ; c'eſt pourquoy Dauid y répond auec Etonnement, qu'il fait pareſtre en éleuant ſon Ame à Dieu par ces paroles ; Seigneur la Lumiere de votre face eſt imprimée dans nos Ames.

Si nous voulons expliquer plus amplement la penſée de Dauid, nous dirons auec luy, Seigneur eſt il poſſible que les Hommes puiſſent demander quel eſt le Bien qu'ils doiuent pourſuiure ; puis qu'ils ont receu vne Lumiere, qui eſt vne participation de voſtre Rai-

Explication de la seconde Table. 247

son, qui leur découure tres-clairement que vous deuez eftre le principal Objet de leurs Defirs.

Il adioute ces paroles, Vous auez fait naiftre la Ioye dans mon Cœur, & leurs Defirs fe font multipliez, par l'Abondance de leur Froment, de leur Vin, & de leur Huile.

Pour faire pareftre la liaifon qu'elles ont auec les deux propofitions qui ont été expliquées auparauant, il faut confiderer, que celuy qui fuit la Lumiere de fa Raifon eft en repos, & que celuy qui obeit à la violence de fes Paffions eft dans vne continuelle agitation.

Le repos eft reprefenté par la Ioye, & l'agitation eft fignifiée par la multiplication des Defirs.

Les mouuemens de Dauid étoient fans doute affuietis à l'Empire de fa Raifon; mais ceux des Libertins, qu'il condamne étoient des Effets de leur dereglement; nous deuons donc affeurer que Dauid ioüiffoit d'vn parfait repos & que ces Libertins étoient dans vne continuelle agitation; d'où vient que Dauid auoüe que Dieu a fait naiftre la Ioye dans fon Cœur, pour luy donner des marques de fa reconnoiffance, & qu'il foutient, que les Defirs de ceux qui s'attachent à la recherche des Biens de la Terre fe multiplient, pour nous découurir les troubles qui peuuent eftre excitez dans leur Ame.

Pour auoir vne claire connoiffance de toutes

248 *Premiere Partie de la Philof. Morale.*
les chofes qui ont eté dites dans l'Explication des deux premieres Tables, où il eft parlé du Souuerain Bien, il faut établir en peu de mots l'Ordre des Diuifions qu'elles contiennent.

L'ORDRE

Explication de la seconde Table. 249

L'ORDRE DES DIVISIONS QVI sont contenuës dans les deux premieres Tables de la Philosophie Morale

CHAPITRE XX.

LA premiere Diuision de la premiere Table de la Philosophie Morale montre que nous y deuons considerer trois choses ; à sçauoir que les discours que l'on doit faire de la Felicité dans la Philosophie Morale sont tres-vtiles ; qu'il en faut traiter amplement ; & qu'il faut supposer deux choses pour en discourir clairement.

L'Ordre de ces trois propositions peut être facilement connu : car puis que nous ne deuons examiner dans la Philosophie Morale que les choses qui peuuent seruir pour la conduite de notre Vie, nous deuons asseurer, que les discours que les Philosophes y doiuent faire de la Felicité sont tres-vtiles. La preuue de cette Verité a été tirée de la Nature de la Philosophie Morale, de la lumiere Naturelle, & d'vne Comparaison qu'Aristote fait au premier Chapitre du premier liure de sa Morale.

Il ne suffit pas de parler de la Felicité ; mais il

Ii

en faut traiter amplement, pour combattre l'Erreur de ceux qui se laissent éblouïr par l'Eclat des Richesses, des Honneurs, & de la Puissance; pour montrer que Dieu doit être le veritable Objet, ou le dernier Terme de nos Desirs; & pour découurir le chemin que nous deuons suiure, pour étre vnis à Dieu, qui est le premier Principe, & la derniere Fin de toutes choses.

L'Ordre de ces trois propositions est tres-clair: car nous deuons connoitre l'Objet auquel nous deuons rapporter toutes nos Actions, & les Moyens qui nous y doiuent conduire.

Dans l'Etablissement de l'Objet que nous deuons chercher, nous deuons faire connoitre l'Aueuglement de ceux qui s'attachent aux Biens de la Fortune comme à leur derniere Fin, & suiure les lumières de ceux qui méprisent les Biens du Monde pour aymer Dieu.

Il arriue souuent que ceux qui parlent amplement de quelque chose tombent dans la confusion, c'est pourquoy il est tres-vtile de sçauoir ce qu'il faut supposer pour discourir clairement de la Felicité.

La troisiéme partie de la premiere Diuision de la premiere Table nous apprend qu'il faut supposer deux choses pour discourir clairement de la Felicité. Premierement que les discours que l'on doit faire de la Felicité dans la Philosophie Morale dependent des Principes generaux qui appartiennent à la Cause Finale, qui ont été établis

Explication de la seconde Table.

dans la Science Generale. En second lieu que les discours que l'on doit faire de la Felicité regardent, ou l'Objet qui peut rendre l'Homme heureux, qui reçoit proprement le nom du Souuerain Bien, ou l'Action par laquelle l'Homme peut estre vny au Souuerain Bien, qui reçoit proprement le nom de Felicité.

Il est facile de rendre la raison de ces deux suppositions : car la premiere est tirée de la Science Generale, qui contient les fondemens des autres Sciences, & la seconde est disposée suiuant l'Ordre des choses qui doiuent être expliquées dans la premiere partie de la Philosophie Morale.

Pour discourir clairement de quelque chose il faut descendre de la proposition Generale aux propositions Particulieres qui en dependent.

Ce Precepte, dont l'vsage a été expliqué dans la Logique, nous fait connoitre, que le traité de la Felicité suppose celuy de la Cause Finale: car puis que la Fin conuient à toutes choses, elle est plus generale que la Felicité, qui conuient seulement à celles qui ont l'vsage de la Raison.

Pour discourir clairement de la Felicité il ne suffit pas d'être éclairé des Lumieres de la Science Generale; mais il faut disposer par Ordre toutes les propositions qui doiuent être faites sur ce sujet, & il faut supposer, qu'elles appartiennent, ou à l'Objet qui peut rendre l'Homme heureux, ou à l'Action par laquelle il peut étre vny au Souuerain Bien : car nous deuons connoitre le But auquel nous deuons tendre, & le moyen qui nous y doit conduire.

Il faut confiderer deux chofes pour parler clairement de l'Objet qui peut rendre l'Homme heureux. La premiere explique le confentement des Hommes, & la feconde nous découure la diuerfité de leurs Opinions fur ce fujet.

Le Vulgaire, & les Philofophes font d'accod des Conditions, & des Noms du Souuerain Bien; c'eft à dire qu'ils demeurent d'accord qu'il eft tres-parfait; qu'il eft defiré pour luy-mefme; que toutes chofes y doiuent étre rapportées; & qu'il peut borner entierement nos Defirs: mais leurs Opinions font differantes, pour fçauoir à quelle chofe les Conditions du Souuerain Bien appartiennent : car les vns les attribuent à vne chofe, & les autres à vne autre chofe : c'eft pourquoy les vns ou les autres fe trompent.

Il faut combattre l'Erreur de ceux qui fe trompent, & fuiure le veritable fentiment des autres.

Comme pour détruire quelque Maladie il en faut connoitre la Caufe, pour attaquer les fauffes Opinions que les Hommes ont du Souuerain Bien il en faut fçauoir la Source.

La premiere Source des fauffes Opinions que les Hommes ont du Souuerain Bien eft, ou l'Ignorance, ou la Paffion.

Eudoxus s'eft trompé par Ignorance : pource qu'il n'a pris qu'vne Condition du Souuerain Bien

Explication de la seconde Table. 253

qui conuient au Plaisir, qui ne peut auoir les autres Conditions.

La Passion oblige souuent les Hommes à donner le nom de Souuerain Bien à la chose qu'ils desirent : c'est pourquoy ils pensent que celuy qui la possede soit heureux : mais comme celuy-là peut desirer quelque chose qu'il n'a pas, il croit que celuy qui en ioüit soit heureux ; d'où vient que ceux qui obeïssent à leurs Passions ne sont pas contens de leur Condition.

Pour montrer que les Hommes qui abandonnent la Vertu ne peuuent être contens de leur Condition, & pour découurir la Source des raisons qu'il faut prendre pour auoir la connoissance de cette verité, il faut examiner quelles sont les Causes du Mécontentement.

La Fin de la premiere Table de la Philosophie Morale nous apprend que toutes les Causes de la Douleur peuuent être reduites à trois principales; & qu'elles se rencontrent en toute sorte de Conditions.

Apres auoir donné la connoissance de la Source des fausses Opinions que les Hommes ont du Souuerain Bien, & de la suite de leur Erreur, il faut disposer par ordre les raisons qu'il faut prendre pour la combattre, & pour établir la Verité qui luy est opposée.

Voulant executer ces deux choses dans la seconde Table, i'ay deu commencer cette Table par la Diuision des Biens, où i'asseure qu'ils sont,

Ii iij

ou de la Fortune, ou du Corps, ou de l'Ame.

L'Ordre de cette Diuision repond aux deux Fins que ie me propose en cette Table : car puis que le Souuerain Bien est desiré pour luy-mesme les Auares se trompent, quand ils attribuent cét auantage aux Richesses, qui sont desirées pour la conseruation de la Vie. Comme les Richesses, qui sont des Biens de la Fortune sont pour le Corps, le Corps est pour l'Ame, & le principal deuoir de l'Ame est de nous vnir à Dieu, qui doit être le dernier Terme de notre Connoissance, & de notre Amour.

Les Biens de la Fortune sont recherchez, ou par les Auares ; à sçauoir les Richesses, ou par les Ambitieux ; à sçauoir l'Honneur, & la Puissance.

Pour entendre cette Diuision il faut sçauoir si l'Opinion des Auares doit être examinée dans la Philosophie Morale, & si la refutation de leur Erreur doit preceder celle de l'Erreur des Ambitieux.

Bien qu'il soit raisonnable d'exclure l'occupation des Auares du nombre des façons de Viure; il n'est pas pourtant inutile de refuter leur Opinion : car il ne suffit pas de iuger des Opinions que les Hommes ont du Souuerain Bien, par rapport aux differantes façons de Viure : il faut encore examiner dans la Philosophie Morale celles qui sont tres-communes, & qui peuuent être la source de plusieurs Maux.

Explication de la seconde Table.

Comme le principal deuoir du Medecin est de remedier aux plus grandes Maladies, le principal soin du Philosophe Moral est de trauailler à la destruction des plus grands Maux : c'est pourquoy la refutation de l'Erreur des Auares doit preceder celle de l'Erreur des Ambitieux: dautant que l'Auarice est vn plus grand Vice que l'Ambition : puis que l'Ambitieux doit étre condamné de folie plûtost que de Malice.

Pour montrer que les Richesses ne peuuent estre le Souuerain Bien il en faut examiner la Nature, & pour en auoir la connoissance il faut sçauoir qu'elles sont, ou Naturelles, comme les Alimens, ou Artificielles ; à sçauoir la Monnoye.

Cette Diuision nous enseigne, que les Richesses ne sont que des Moyens pour arriuer à quelque Fin : car les Artificielles se rapportent aux Naturelles, & les Naturelles sont des Moyens que l'Homme doit employer pour s'opposer aux defauts de sa Nature.

Cette Verité peut étre le fondement de quatre Conclusions, dont les deux premieres sont Vtiles pour regler les pensées, & les deux autres peuuent seruir pour regler les Desirs des Hommes dans l'vsage des Richesses.

Pour regler les pensées des Hommes dans l'vsage des Biens de la Fortune il faut détruire les Erreurs des Auares, & pour arriuer à cette Fin il en faut auoir la connoissance.

Les Auares mettent le Souuerain Bien dans

les Richesses, & ils s'imaginent en suite qu'elles sont la source de l'Inegalité qui rend les Hommes considerables.

Ces deux Erreurs ont été détruites dans la seconde Table de la Philosophie Morale, où il a été prouué que les Richesses ne peuuent étre le Souuerain Bien, & que l'Inegalité qui rend les vns plus considerables que les autres ne peut étre fondée sur les Richesses.

Pour regler les Desirs que les Richesses peuuent exciter dans nos Ames, nous deuons examiner si elles doiuent étre l'Objet de nos Desirs, pour connoitre si nous deuons employer nos soins pour les aquerir, & nous deuons sçauoir combien nous en deuons souhaiter, pour découurir les bornes de nos Desirs, à l'égard des Biens de la Fortune.

Les mesmes raisons qui prouuent que nous pouuons desirer les Richesses pour vne bonne Fin nous font connoitre combien nous en deuons souhaiter: pource que la Fin étant la Mesure des Moyens, la Conseruation de nostre Vie doit étre la Regle des Richesses que nous deuons desirer: c'est à dire que nous n'en deuons chercher, qu'autant que nous en deuons auoir pour viure conuenablement à la Vie Ciuile.

Apres auoir refuté l'Opinion des Auares qui mettent le Souuerain Bien dans les Richesses il faut faire parestre la fausseté de celle des Ambitions, qui ont pour Fin l'Honneur & la Gloire,
& qui

Explication de la seconde Table. 257

& qui veulent être éleuez au deſſus des autres pour ſe faire honorer de ceux qu'ils veulent aſſujetir à leur Puiſſance.

Si l'Honneur ne peut être le dernier Terme de nos Deſirs, les Conditions du Souuerain Bien conuient encore moins à la Puiſſance Humaine, que les Ambitieux deſirent pour être honorez; d'où vient que les raiſons qui nous enſeignent que l'Honneur ne peut être le Souuerain Bien doiuent preceder celles qui prouuent que la Puiſſance Humaine ne peut être notre derniere Fin.

Enfin apres auoir combattu les Opinions des Auares, des Ambitieux, & des Voluptueux, ie prouue à la fin de la ſeconde Table de la Philoſophie Morale, que le Souuerain Bien ne conſiſte pas dans les Biens qui ſont dans l'Ame; qu'il n'eſt pas vn Bien creé, & qu'il n'eſt autre que Dieu.

Comme ie ne me ſuis propoſé en ce Chapitre que d'expliquer l'Ordre des Diuiſions qui ſont contenuës dans les deux premieres Tables de la Philoſophie Morale, celuy qui en veut tirer quelque auantage doit lire ces deux Tables, qui le feront reſſouuenir des principales choſes que i'ay dites ſur le Souuerain Bien: pource qu'elles contiennent les Principes des Concluſions qui peuuent être tirées ſur ce ſujet.

Ce n'eſt pas aſſez de connoitre le But auquel nous deuons tendre; nous deuons encore découurir le chemin que nous deuons ſuiure pour y ar-

K k

riuer; c'est à dire qu'apres auoir parlé de l'Obiet qui nous attire nous deuons discourir de l'Action qui nous vnit à ce dernier Terme de nos Desirs.

Pour en discourir clairement il faut auoir vne parfaite connoissance des Principes que i'ay disposez par ordre dans la troisiéme Table. Les differantes façons de prendre le nom de Felicité, les Erreurs qui en peuuent prouenir & le moyen de les euiter sont les trois premieres choses que nous deuons examiner pour entendre cette Table.

DES DIFFERANTES FAÇONS
de prendre le nom de Felicité, des Erreurs qui en peuuent prouenir, & du moyen de les éuiter.

CHAPITRE. XXI.

LE nom de Felicité peut être pris, ou pour l'Objet qui peut rendre l'Homme Heureux, comme lors que nous difons que Dieu eſt notre Felicité, ou pour l'Action qui vnit l'Homme au Souuerain Bien, comme quand nous demandons ſi la Felicité conſiſte dans la Contemplation, ou dans l'Amour, ou pour vn Eſtre par accidant, qui contient l'Objet qui nous rend Heureux, & l'Action qui le regarde. Nous le prenons en cette derniere façon lors que nous ſoutenons que la Felicité de l'autre vie conſiſte dans la Contemplation de l'Eſſence Diuine.

Les deux premieres ſignifications conuiennent plus proprement à la Felicité que la troiſiéme : car comme ſuiuant les Principes de la Science Generale nous prenons principalement la Fin, ou pour vne choſe qui excite nos Deſirs, ou pour l'Action de quelque Faculté, nous prenons ordinairement la Felicité, qui est nostre derniere Fin, ou pour l'Objet qui nous attire, ou pour l'Action qui nous y conduit, ou qui nous en donne la Possession.

L'Objet qui nous attire doit proprement receuoir le nom de Souuerain Bien, & l'Action qui nous y attache, doit proprement receuoir celuy de Felicité.

Comme l'Ambiguité du mot de Nature peut être cause de plusieurs Erreurs, l'Equiuoque du mot de Felicité peut facilement tromper ceux qui n'ont pas assez de lumiere pour en faire la distinction.

Les Philosophes font plusieurs propositions Generales qui conuiennent à des choses grandement differantes qui sont signifiées par le mot de Nature, comme quand ils disent que la Nature a donné à toutes choses ce qui leur est necessaire, ou que le Desir que nous auons d'arriuer à nostre derniere Fin est vne inclination qui vient de la Nature, ils veulent faire connoitre par ces deux propositions que la Sagesse Diuine a donné à toutes choses ce qui est absolument necessaire pour l'accomplissement de leur Estre, & que l'Inclination que nous auons d'arriuer à nostre derniere Fin est vne impression de la mesme Cause; mais quand ils asseurent que les Actions de la Nature ne sont pas releuées au dessus de la Matiere, il est tres-éuident qu'ils prennent le

Explication de la troisiéme Table. 261

nom de Nature dans cette proposition, pour la Forme des choses Inanimées.

I'ay osté l'Equiuoque du mot de Nature, dans la sixiéme Table de la Physique, pour mettre plusieurs propositions Generales en leur propre lieu.

Ie suiuray la mesme Methode en ce Chapitre, à cause que l'Ambiguité du mot de Felicité peut étre cause de plusieurs Erreurs : car les Philosophes ont étably quelques propositions Generales pour parler de la Felicité qu'ils appliquent indifferemment à l'Objet qui nous rend Heureux, & à l'Action qui le regarde : toutefois les vnes ne conuiennent qu'à l'Objet, & les autres appartiennent seulement à l'Action qui nous y attache. Il faut tascher de mettre ces propositions en leur propre lieu.

Pour découurir les auantages que nous deuons attendre de l'vsage de ce Precepte il faut supposer que la disposition des propositions en leur propre lieu est tres-vtile pour éuiter l'Erreur, pour accorder les Philosophes, & pour discourir clairement de toutes choses.

Il est tres-certain qu'en mettant les propositions en leur propre lieu on donne le moyen d'éuiter l'Erreur, qui se forme facilement dans l'Esprit de ceux qui font des propositions trop Generales, comme si quelqu'vn soutient, que la grandeur de l'iniure doit étre touiours tirée de la Noblesse de la Vertu qu'elle combat, il fait vne

Kk iij

proposition qui peut être la Source de plusieurs Erreurs.

Il semble pourtant que cette proposition soit appuyée du consentement d'Aristote : car quand il demande dans la vint-neufuiéme Section de ses Problemes s'il est plus iniuste de refuser à quelqu'vn ce qu'il a mis en Depost, que de luy refuser ce qu'il a presté pour en receuoir du profit, il conclud que la premiere de ces deux Actions est plus iniuste que la seconde ; à cause que la premiere est opposée à l'Amitié, & que la seconde ne combat que la Iustice, qui n'est pas si noble que l'Amitié.

Ie demeure d'Accord, que l'Amitié est en quelque façon plus noble que la Iustice, & que celuy qui manque contre la plus noble Vertu est quelquefois le plus coupable ; mais ie soutiens que la grandeur de l'Iniure ne doit pas être toujours fondée sur la Noblesse de la Vertu qu'elle combat, comme celuy qui n'assiste pas son Amy dans la misere qui l'accable manque contre l'Amitié, & celuy qui vsurpe le Bien d'autruy s'éloigne de la Iustice ; il est pourtant tres-éuident que le second est plus coupable que le premier ; il faut donc examiner en quel lieu on doit mettre cette proposition, & il faut supposer deux choses pour en auoir la connoissance.

Premierement on fait iniure à quelqu'vn, lors qu'on l'offence contre la loy.

En second lieu la Loy commande la pratique

Explication de la troisième Table. 263

des Vertus, & defend l'vsage des Crimes; c'est pourquoy celuy qui n'obeit pas à la loy s'eloigne en suite de quelque Vertu.

Ces deux suppositions nous enseignent, que pour repondre aux difficultez qui peuuent être faites sur la grandeur d'vne Iniure, à l'égard de celuy qui la fait, il faut disposer deux propositions en cet Ordre.

Premierement celuy qui combat dauantage de loix est plus coupable que celuy qui en combat moins, comme c'est vne plus grande Iniure d'vsurper le Bien d'autruy, que de n'assister pas son Amy dans sa misere; car la seconde de ces deux Actions s'eloigne seulement de la Loy Naturelle; mais la premiere est contre la Loy Naturelle, & contre la Loy Positiue.

En second lieu quand deux Hommes combattent autant de loix l'vn que l'autre, celuy qui manque contre la plus noble Vertu est le plus coupable, comme il est plus iniuste de refuser à quelqu'vn ce qu'il a mis en Depost, que de luy refuser ce qu'il a presté pour en receuoir du profit; pource que le premier s'eloigne des loix de l'Amitié, qui est en quelque façon plus noble que la Iustice.

La disposition des propositions dans leur propre lieu est le veritable moyen que nous deuons employer, pour accorder plusieurs veritez qui paressent opposées les vnes aux autres, comme les Philosophes disent que la Presomption est vn

Vice contraire à la Magnanimité, & les Theologiens la Mettent au nombre des Pechez qui sont contre le Saint Esprit. Pour les accorder il faut disposer plusieurs propositions en cét Ordre.

Celuy qui est Presomptueux est dereglé dans l'Esperance qu'il doit auoir; c'est pourquoy pour connoitre la Nature du Vice dont il est coupable il faut examiner celle de l'Esperance, qui peut être connüe par les Conditions de son Objet.

L'Esperance a pour Objet le Bien. Cette Condition, qui luy est commune auec l'Amour, la distingue de la Hardiesse, qui a pour Objet le Mal.

Il ne suffit pas de dire que l'Esperance a pour Objet le Bien; mais il faut asseurer qu'elle a pour Objet vn Bien Absent. Cette Condition, qui luy est commune auec le Desir, la distingue du Plaisir, qui a pour Objet vn Bien Present.

Le Bien Absent qui est l'Objet de l'Esperance est enuironné de difficultez. Cette Condition, qui distingue l'Esperance du Desir, luy est commune auec le Desespoir; mais elle en est differante; pource qu'elle regarde vn Bien que l'on croit possible; il faut donc conclure, que l'Esperance a pour Objet vn Bien Absent, difficile que l'on croit possible.

Vne chose est possible à l'Homme, ou lors qu'il peut l'obtenir par sa propre force, ou lors qu'il

Explication de la troisième Table. 265

qu'il peut arriuer par le moyen de la Puissance Diuine.

L'Homme peut être dereglé à l'égard de ces deux Causes qui font naître l'Esperance, & les dereglemens qui en prouiennent peuuent receuoir le nom de Presomption.

Celuy qui entreprend ce qui surpasse sa portée est Presomptueux, & en cette façon la Presomption est vn Vice contraire à la Magnanimité.

Celuy qui attend de la Misericorde Diuine ce qu'il n'en doit pas esperer est Presomptueux, & en cette maniere la Presomption est du nombre des Pechez qui sont contre le Saint Esprit, comme celuy qui croit qu'il peut obtenir pardon sans faire Penitence, & qu'il peut esperer la Possession de Dieu, par le moyen de la Bonté de ce premier Estre, sans qu'il soit obligé de la meriter, peche contre le Saint Esprit, entant qu'il meprise les moyens qui sont necessaires pour le retirer du Vice.

Il est vray que Dieu pouuoit éleuer les Substances Spirituelles à la Connoissance de son Essence dans le premier moment de leur Creation: toutefois nous deuons dire, que les Actions de merite sont des dispositions necessaires aux Hommes pour les conduire à la Iouïssance de Dieu. Ces dispositions ne montrent pas qu'il y ait quelque defaut dans la Puissance Diuine; mais elles sont des preuues de l'ordre que sa Sa-

L l

gesse a étably dans les choses qui possedent le Souuerain Bien. Cette Verité sera amplement prouuée dans l'Explication de la cinquiéme Table de la Philosophie Morale.

Enfin pour donner le moyen de discourir clairement de toutes choses il faut mettre les propositions dans leur propre lieu ; c'est à dire que pour arriuer à cette Fin il faut descendre par Ordre des propositions Generales aux propositions Particulieres qui en dependent, comme pour montrer que celuy qui est Genereux méprise les méchans, il faut disposer plusieurs propositions en cét Ordre.

La Fin ou la derniere perfection de chaque chose consiste dans sa propre Action : car les Formes, qui font étre les choses ce qu'elles sont, leur ont été données pour agir.

Cette proposition Generale nous enseigne, que la Fin de l'Homme, qui reçoit le nom de Felicité, consiste dans l'Action qui luy conuient en tant qu'il est Homme.

L'Habitude qui arriue à l'Homme le fait agir facilement.

La Fin d'vne bonne Habitude est de faire facilement de bonnes Actions.

La Vertu Morale a pour Fin des Actions qui sont conformes à leur Principe.

La Fin de la Generosité, qui est l'ornement des autres Vertus, est de faire des Actions Eclatantes qui meritent l'Honneur, & la Gloire.

Explication de la troisiéme Table.

Les Actions pour être éclatantes doiuent être opposées à celles des Hommes Ordinaires.

Les Hommes ordinaires, qui se laissent conduire par leurs Passions, s'abaissent deuant ceux qui ont beaucoup d'Authorité; ou pource qu'ils esperent de faire Fortune; ou pource qu'ils craignent de perdre ce qu'ils possedent. Le Desir de faire Fortune, ny la Crainte de perdre les Biens ou la Vie n'ont pas assez de force pour éloigner celuy qui est Genereux de la pratique de la Vertu; c'est pourquoy nous deuons dire qu'il méprise les Méchans; c'est à dire qu'il n'estime pas beaucoup leur Fortune, & qu'il ne craint pas leur Puissance.

Nous pouuons commencer par les mesmes propositions pour discourir des autres Actions de la Generosité: car puis que les Hommes ordinaires veulent surpasser par la grandeur du Crime ceux qui les ont offencez, celuy qui est Genereux se met en état de les vaincre par la Beauté de la Vertu. Les Hommes ordinaires se portent facilement à la Medisance; mais celuy qui est Genereux s'oppose aux Sources de cette pernicieuse Qualité. Enfin les Hommes ordinaires preferent l'Opinion à la Verité; mais celuy qui est Genereux ne cherche l'Opinion que pour la Vertu; c'est à dire qu'il ne veut faire connoitre sa Vertu que pour obliger les autres à l'imiter.

Suiuant cette Methode Generale nous deuons mettre dans leur propre lieu les propositions qu'il faut prendre pour bien discourir de la Felicité.

Nous pourrons par ce moyen éuiter plusieurs Erreurs, accorder les Philosophes sur ce sujet, & discourir clairement de la Felicité.

On peut tomber dans l'Erreur dans le traité de la Felicité, ou en prouuant vne veritable Conclusion par vne mauuaise raison, ou en établissant vne fausse Conclusion.

Ces deux Erreurs se forment facilement dans l'Esprit de celuy qui ne sçait pas le propre lieu des propositions qu'il faut prendre pour bien discourir de la Felicité.

Ceux qui asseurent que l'Honneur ne peut étre le Souuerain Bien, à cause qu'il n'est pas dans celuy qui le reçoit, se seruent d'vne mauuaise raison, pour prouuer vne veritable Conclusion; car le Souuerain Bien, ou l'obiet qui nous rend Heureux est hors de nous. Quand on demande si la Felicité consiste dans l'Honneur, on prend la Felicité pour l'Objet; c'est à dire qu'on demande si l'Honneur est le But auquel nous deuons tendre; c'est pourquoy on void clairement que ceux qui disent que l'Honneur ne peut étre la Felicité, à cause qu'il n'est pas dans celuy qui le reçoit, ne prennent pas la veritable raison qu'il faut employer pour détruire l'Erreur des Ambitieux : car comme i'ay montré dans le douziéme Chapitre de la premiere partie de cét Ouurage on prouueroit par la mesme raison que Dieu ne peut étre le Souuerain Bien; puis qu'il est hors de nous.

Explication de la troisième Table. 269

Il est des Philosophes qui soutiennent que la Felicité de l'autre vie ne consiste pas dans la connoissance, à cause que la Felicité est desirée pour elle mesme, & que la connoissance se rapporte à vne autre chose. Ils se trompent en ce qu'ils prennent vne proposition qui n'est pas dans son propre lieu pour établir vne fausse Conclusion : car ils se seruent d'vne proposition qui n'appartiennent qu'à l'Objet qui nous rend Heureux, pour discourir de l'Action qui nous vnit au Souuerain Bien.

Les Philosophes disent ordinairement, que la Felicité est dans celuy qui est Heureux, & qu'elle est desirée pour elle mesme.

Ces Deux propositions peuuent tromper ceux qui ne sçauent pas à quelle chose elles doiuent etre appliquées, comme ils peuuent croire que Dieu ne peut étre notre Felicité ; puis qu'il est hors de nous ; & que le Bon-heur des Chretiens en cette Vie ne consiste pas dans l'Amour de Dieu, à cause que cette Action n'est qu'vn moyen qui les met en état de le posseder en l'autre vie.

Pour s'opposer à la naissance de ces deux Erreurs il faut sçauoir, que nous prenons principalement le nom de Felicité, ou pour l'Objet qui nous attire, ou pour l'Action qui nous y attache.

Quand nous disons que la Felicité est desirée pour elle mesme, nous parlons de l'Objet qui doit étre le dernier Terme de nos Desirs ; mais

Ll iij

quand nous asseurons que la Felicité est vne perfection qui se rencontre dans celuy qui est Heureux, nous parlons de l'Action qui l'vnit à Dieu.

Il est facile d'éuiter par la disposition de ces propositions en leur propre lieu les Erreurs precedentes, & plusieurs autres qui peuuent facilement étre engendrées dans l'Esprit de ceux qui ne sçauent pas à quelle chose elles doiuent étre appliquées.

Les Vns disent que l'Homme peut étre Heureux en ce Monde, & les autres tiennent le party contraire.

Il est facile de les accorder par la disposition de quelques propositions Generales en leur propre lieu: car si nous parlons du Bon-heur qui est la perfection de l'Homme entant qu'il est Homme, nous deuons asseurer que nous y pouuons arriuer en cette Vie ; mais si nous parlons de la Felicité qui exclud toute sorte de Maux, nous deuons soutenir qu'il est impossible de la trouuer en ce Monde.

Les opinions que les Hommes ont de l'Essence de la Felicité sont grandement differentes. Les vns la mettent dans les Actions de l'Entendement : les autres attribuent cet auantage à celles de la Volonté, & les autres soutiennent que les deux ensemble sont necessaires pour vnir parfaitement l'Homme au Souuerain Bien.

Pour les accorder il faut supposer que la Diuision est vtile, pour mettre les propositions Ge-

Explication de la troisième Table. 271

nerales dans leur propre lieu.

Pour pratiquer icy ce Precepte il faut sçauoir, que la Felicité conuient à l'Homme, ou en cette vie, ou en l'autre vie ; & que la premiere est ou Naturelle, ou Surnaturelle.

La Felicité Naturelle est la perfection de l'Homme entant qu'il est Homme.

La Felicité Surnaturelle qui conuient à l'Homme en cette Vie est l'Action qui le met en état de posseder Dieu en l'autre Vie.

La Felicité de l'autre Vie est la premiere Action qui vnit l'Homme tres-parfaitement à Dieu.

Apres auoir mis dans leur propre lieu les propositions Generales qu'il faut prendre pour discourir de l'Essence de la Felicité, il est facile d'accorder les Philosophes sur ce sujet: car puis que la Felicité Naturelle est la perfection de l'Homme entant qu'il est l'Homme, elle consiste essentiellement dans les Actions de son Entendement, & de sa Volonté. La Felicité Surnaturelle qui conuient à l'Homme en cette Vie le mettant en état de posseder Dieu en l'autre Vie consiste essentiellement dans l'Action de sa Volonté : car c'est l'Action qui prouient de la Charité qui le rend agreable à Dieu, & qui luy fait meriter la Ioüissance de sa Gloire. Enfin puis que la Felicité de l'autre Vie est la premiere Action qui vnit l'Homme tres-parfaitement à Dieu, il est tres-éuident, qu'elle consiste essentiellement dans l'Action de son Entendement.

j'expliqueray amplement ces propositions Generales, & les Conclusions qui en peuuent être tirées, dans la suite de cette premiere partie de la Philosophie Morale, où ie montreray que les mesmes propositions sont les Fondemens qu'il faut établir pour discourir clairement de la Felicité.

Pour mettre en leur propre lieu les principales propositions qu'il faut prendre pour discourir clairement de la Felicité, il faut sçauoir qu'elles regardent, ou l'Objet qui peut rendre l'Homme Heureux, ou l'Action qui l'vnit au Souuerain Bien. Celles qui appartiennent à l'Objet qui nous attire seront établies dans le Chapitre suiuant.

DES PRINCIPALES PRO-
positions qu'il faut prendre pour discourir clairement de l'Obiet qui peut rendre l'Homme Heureux.

CHAPITRE XXII.

COMME il est vtile d'éuiter les repetitions dans toutes les Sciences, & particulierement dans l'Explication de celle qui doit s'occuper promtement à la moderation de nos Passions, il semble qu'il soit inutile d'établir en ce Chapitre les propositions qu'il faut prendre pour discourir clairement de l'Objet qui peut rendre l'Homme Heureux ; puis qu'elles ont été disposées par ordre dans la premiere Table de la Philosophie Morale, & qu'elles ont été expliquées amplement dans le quatriéme Chapitre de la premiere partie de cét Ouurage, où i'ay montré que le Souuerain Bien est tres-parfait ; qu'il est desiré pour luy mesme ; que toutes choses y doiuent être rapportées ; & qu'il peut borner entierement nos Desirs.

Le Nombre des Conditions que i'attribuë au

Souuerain Bien dans la premiere Table de la Philofophie Morale augmente la difficulté qui peut être faite contre la troifiéme : car aprés auoir prouué dans la premiere Table que l'Objet qui peut rendre l'Homme Heureux a principalement quatre Conditions, ie me contente de luy en donner deux dans la troifiéme, quand i'affeure qu'il eft defiré pour luy mefme, & qu'il eft hors de nous.

La reponfe qu'il faut faire à cette difficulté doit étre tirée du differant But que ie me propofe dans ces deux Tables : car dans la premiere ie veux établir les principales conditions du Souuerain Bien, & dans la troifiéme ie me contente de parler des propofitions Generales qui peuuent être la fource de plufieurs Erreurs, lors qu'elles ne font pas bien appliquées, comme il eft très-veritable que la Felicité eft defirée pour elle mefme : mais comme cette Condition, entant qu'elle eft attribuée à la Felicité, ne conuient qu'à l'Objet qui nous attire, celuy là fe trompe qui l'applique à l'Action qui nous vnit au Souuerain Bien.

Celuy qui connoit la Nature de l'Objet qui doit être la derniere Fin de nos Actions iuge facilement qu'il eft defiré pour luy mefme, & qu'il eft hors de nous.

Ie demeure d'accord que tout ce qui eft defiré pour luy mefme n'eft pas hors de nous : dautant que le Plaifir que nous receuons eft defiré pour

Explication de la troisième Table. 275

luy mesme ; mais ie soutiens que le Souuerain Bien qui est desiré pour luy mesme est hors de nous.

Ces deux Conditions, qui conuiennent à l'Objet que nous cherchons pour être en repos, ne peuuent être veritablement attribuées à l'Action qui nous y attache : car cette Action ne peut être desirée pour elle mesme, & il est tres-éuident qu'elle n'est pas hors de nous ; puis qu'elle est vne perfection, ou de notre Entendement, ou de notre Volonté.

L'Action qui nous vnit à notre derniere Fin ne peut être desirée pour elle mesme ; puis qu'elle y doit être rapportée, étant vn Moyen qui nous y conduit, ou qui nous en donne la possession.

Ie ne dis pas seulement que l'Action qui nous attache au Souuerain Bien est vn Moyen qui nous y conduit ; dautant que cette Condition ne conuient pas à la Felicité de l'autre Vie. Il ne suffit pas de dire qu'elle nous en donne la possession : pource que cette Condition ne conuient pas à la Felicité de cette Vie : C'est pourquoy pour bien exprimer la Nature de l'Action qui nous vnit à l'Objet qui peut nous rendre Heureux, i'asseure que c'est vn Moyen qui nous y conduit, ou qui nous en donne la possession.

La distinction de la Felicité qui a eté faite en ce Chapitre met d'accord les Philosophes qui demandent si elle doit être mise au nombre des Biens créés : car si nous la prenons pour l'Objet auquel nous deuons rapporter toutes nos Actions, il est certain qu'elle est vn Bien Increé, n'étant autre chose que Dieu, qui est le seul Etre qui peut entierement borner nos Desirs; mais si nous la prenons pour l'Action qui nous vnit à ce dernier Terme de notre Connoissance, & de notre Amour, elle est vn Bien Creé ; puis quelle est vne perfection, ou de notre Entendement, ou de notre Volonté.

La mesme distinction peut seruir pour accorder ceux qui demandent si la Felicité est suiette au Changement : car il est tres-euident que l'Objet qui nous rend Heureux par sa possession est exempt de changement ; pource que cet Objet n'est autre que Dieu, qui étant Simple, & Infiny ne peut être sujet au changement comme ie montreray dans la Theologie Naturelle, en expliquant les Attribus Negatifs de la Diuinité ; mais si nous parlons de l'Action qui nous vnit au Souuerain Bien, nous en deuons faire quelque distinction, & nous deuons sçauoir qu'elle conuient à l'Homme, ou en cette Vie, ou en l'autre Vie. La premiere est suiette au changement; mais la seconde est Eternelle, comme ie montreray dans l'Explication de la sixiéme Table de la Philosophie Morale.

Enfin la mesme Distinction peut seruir pour mettre d'accord ceux qui demandent si la Felicité de l'Homme conuient aux choses qui n'ont pas l'vsage de la Raison : car si nous prenons la Feli-

Explication de la troisiéme Table. 277
cité pour l'Objet auquel nous deuons tendre, nous deuons asseurer qu'elle conuient à toutes choses; dautant que Dieu étant le premier Principe de toutes choses est aussi leur derniere Fin; mais si nous la prenons pour l'Action qui nous vnit à Dieu, nous deuons soutenir que notre Felicité ne peut conuenir aux choses qui n'ont pas l'vsage de la Raison : car elles n'arriuent à leur derniere Fin qu'entant qu'elles ont quelque ressemblance de Dieu, par la participation de l'Etre, de la Vie, ou de la connoissance du Bien Sensible; mais nous auons receu vne lumiere qui est vne participation de la premiere Raison, qui nous conduit à la connoissance, & à l'Amour de Dieu.

Apres auoir expliqué les propositions qu'il faut prendre pour discourir de l'Objet qui peut rendre l'Homme Heureux, il faut disposer par ordre celles qu'il faut mettre en vsage pour discourir de l'Action qui l'vnit au Souuerain Bien.

Mm iij

DES PRINCIPALES PROPOSI-
tions, qu'il faut prendre pour discourir clairement de l'Action qui vnit l'Homme au Souuerain Bien.

CHAPITRE. XXIII.

POVR mettre dans leur propre lieu les principales propositions qu'il faut prendre pour discourir clairement de l'Action qui vnit l'Homme au Souuerain Bien, il faut supposer que cette Action, qui reçoit proprement le nom de Felicité, conuient à l'Homme, ou en cette Vie, ou en l'autre Vie.

La Felicité qui conuient à l'Homme en cette vie est ou Naturelle, ou Surnaturelle. La premiere est vne Action que l'Homme peut exercer par l'effort de sa Nature ; mais la seconde doit sa naissance à vn Principe Surnaturel que Dieu imprime dans l'Ame des Hommes, pour les éleuer à la Ioüissance de la Gloire.

La Felicité Naturelle est ou Imparfaite, ou Parfaite.

La premiere conuient à ceux qui s'appliquent

Explication de la troisiéme Table.

à la connoissance de la verité, & à la poursuitte de la Vertu, à cause qu'ils iugent qu'il est honneste de tendre à la perfection des Facultez qui les distinguent des Bestes.

La seconde est la perfection de ceux qui taschent de connoitre Dieu, & de l'aymer; d'où vient qu'Aristote, qui n'étoit éclairé que de la Lumiere de la Nature, dit à la fin de la Morale à Eud. que toute Condition qui par son excez, ou par son defaut nous empesche de connoitre Dieu, & de l'aymer est tres-pernicieuse.

Il faut icy remarquer que l'Homme peut aymer Dieu par vn Principe qui luy est Naturel; mais que cét Amour n'a pas assez de force pour luy en faire meriter la possession; car on ne peut obtenir la possession d'vn Bien Surnaturel que par vn Moyen Surnaturel.

Pour répondre aux difficultez qui peuuent être faites sur ces quatre Degrez de Felicité, il faut sçauoir qu'ils sont disposez suiuant l'ordre de leur perfection.

Le premier, qui est la perfection de l'Homme entant qu'il est Homme, est Imparfait à l'égard du second.

Nous pouuons faire le mesme iugement du second, à l'égard du trosiéme.

Enfin si nous comparons le troisiéme auec le quatriéme, nous trouuerons que le troisiéme est vn moyen pour nous conduire au quatriéme.

Dans le premier Etat nous considerons l'Homme entant qu'il cherche la Science, & qu'il tend à la Vertu, pour agir suiuant son Entendement, & sa Volonté ; Il est vray que ces Actions peuuent receuoir en quelque façon le nom de Felicité ; puis qu'elles sont conformes aux Facultez qui nous separent de la Condition des Bestes ; mais celuy qui dans la recherche de la Science, & de la Vertu n'a point d'autre Fin que de bien agir suiuant les Facultez qui luy sont propres est dans vn Etat inferieur à celuy dans lequel l'Homme s'attache à la contemplation, & à l'Amour de Dieu.

Ce second Degré de Felicité est imparfait, à l'égard du troisième : car celuy qui ayme Dieu, comme Autheur de la Nature, par vn Principe qui luy est Naturel, iouït seulement d'vne Felicité Naturelle, & l'Amour qu'il a pour Dieu n'etant qu'vn Effet de sa Volonté, n'est pas assez puissant pour luy procurer la possession du Souuerain Bien ; mais celuy qui ayme Dieu comme Autheur de la Grace, par le moyen d'vne Qualité Surnaturelle, dont il est redeuable à la Bonté Diuine, iouït d'vne Felicité Surnaturelle, & ce troisième Degré de Felicité le met en état d'arriuer au quatrième, en le conduisant au Bonheur de l'autre Vie, qui consiste dans la Contemplation de l'Essence Diuine.

Quelqu'vn pourroit dire qu'il faut considerer cinq Degrez de Felicité ; puis qu'il est raisonnable de distinguer l'Estat de la Nature de celuy

des

Explication de la troisième Table.

des Hommes qui ont vescu sous la Loy de l'Ancien Testament.

Pour répondre à cette difficulté, & à plusieurs autres qui peuuent etre faites contre les Degrez de Felicité qui ont eté expliquez auparauant il faut sçauoir que ie les ay disposez par ordre, pour établir les principales propositions qu'il faut prendre, pour discourir clairement de l'Action qui vnit l'Homme au Souuerain Bien.

Pour executer ce dessein il ne faut pas distinguer l'Etat de la Loy de l'Ancien Testament de celuy de la Nature ; dautant que la proposition Generale qu'il faut mettre en vsage, pour discourir de la Felicité qui conuient à l'Homme suiuant sa Nature peut seruir, pour discourir de celle qui luy conuient suiuant la Loy de Moyse : car comme ie montreray dans l'Explication de l'vnziéme Table de la Philosophie Morale les Preceptes Moraux de l'Ancienne Loy sont fondez sur la Loy Naturelle.

Comme nous deuons expliquer dans la Philosophie Morale les choses qui regardent la conduite de notre Vie, nous y deuons traiter de la Felicité qui nous conuient en cette Vie, & de celle de l'autre Vie, qui sera la recompense de notre Amour : car nous deuons auoir quelque connoissance de la derniere, pour en etre attirez, & nous deuons découurir les Moyens que nous deuons pratiquer pour y arriuer.

Le mesme Precepte nous oblige de traiter

dans la Philosophie Morale de la Felicité qui conuient à l'Homme suiuant sa Nature, & de celle qui luy peut arriuer en cette Vie, par le moyen d'vn Principe Surnaturel.

Il ne suffit pas d'examiner la premiere dans l'Explication de cette Science : car puis que le But qu'elle se propose est de nous conduire à notre derniere Fin, elle doit expliquer les moyens que nous deuons employer pour y arriuer; il est donc tres-éuident qu'elle doit traiter de la Felicité Surnaturelle de cette Vie, qui est necessaire à l'Homme, pour le conduire à celle de l'autre Vie.

On y doit aussi discourir de la Felicité Naturelle, pour faire connoitre la difference qui se rencontre entre la Grace, & la Nature, & comme la Grace est adioutée à notre Nature, il est certain qu'elle la perfectionne sans la detruire.

Ces Veritez nous enseignent que nous deuons parler dans la premiere partie de la Philosophie Morale de quatre Degrez de Felicité, dont le premier conuient à ceux qui s'appliquent à la poursuite des Sciences, & des Vertus, à cause de la beauté qui se rencontre dans ces Qualitez.

Ce premier Degré est imparfait à l'egard du second, auquel on arriue lors qu'on s'attache à la Contemplation, & à l'Amour de Dieu.

Ceux qui sont en cet état seulement ne peuuent meriter par les Actions qu'ils pratiquent la Felicité de l'autre Vie : car on ne peut arriuer à

Explication de la troisième Table. 283

vne Fin Surnaturelle que par vn Moyen Surnaturel ; mais les Chretiens, qui font éclairez de la lumiere de l'Euangile, doiuent esperer que la possession du Souuerain Bien sera la recompense de leur Amour ; c'est pourquoy nous pouuons asseurer, qu'ils sont heureux en ce Monde lors qu'ils ayment Dieu.

Ce troisiéme Degré de Felicité est le chemin qu'ils doiuent suiure, pour obtenir le Bon-heur de l'autre Vie, qui consiste dans la Contemplation de l'Essence Diuine.

La preuue de toutes ces Conclusions, & de plusieurs autres qui appartiennent aux quatre Degrez de Felicité doit être tirée de quelques propositions Generales que nous deuons prendre pour en discourir clairement.

Ces propositions Generales, qui ont eté disposées par ordre dans la Table que nous expliquons, doiuent etre parfaitement établies en ce Chapitre ; dautant qu'elles sont le Fondement de plusieurs Conclusions qui appartiennent à la premiere partie de la Philosophie Morale.

La Felicité qui conuient à l'Homme suiuant sa Nature, & qui est imparfaite, est la perfection de l'Homme entant qu'il est Homme.

L'Etablissement de cette proposition depend de quelques Principes de la Science Generale, qui doiuent etre disposez en cet ordre.

Premierement nous prenons principalement la Fin, ou pour vne chose pour laquelle vne autre chose est desirée, ou pour l'Action de quelque chose.

En second lieu si nous prenons la Fin pour l'Action qui vient de quelque Faculté, nous deuons asseurer, que la Fin d'vne chose en est la perfection.

En troisiéme lieu cette proposition Generale nous apprend, que la Fin de l'Homme, qui reçoit le nom de Felicité est la perfection de l'Homme.

En quatriéme lieu la Felicité Naturelle de l'Homme est celle qui luy conuient naturellement.

Enfin la Felicité qui conuient Naturellement à l'Homme est celle qui luy conuient entant qu'il est Homme.

L'Ordre de ces propositions nous fait connoitre, que si nous voulons discourir clairement du premier Degré de Felicité, nous deuons dire que celuy qui s'y rencontre possede la perfection qui conuient à l'Homme, entant qu'il est Homme; c'est à dire qu'il exerce par sa propre force les Actions qui sont conformes à sa Nature.

On pourroit dire, que la Felicité qui conuient à l'Homme suiuant sa Nature, & qui est imparfaite, ne peut étre la perfection de l'Homme en tant qu'il est Homme; car étant imparfaite elle ne peut etre du nombre des perfections. Il semble donc que la proposition que ie prends pour le Fondement des discours qu'il faut faire sur le

Explication de la troisième Table.

premier Degré de Felicité soit Contradictoire.

La Réponse qui doit etre faite à cette difficulté peut être facilement tirée des propositions precedantes. Ie demeure d'accord que le premier Dégré de Felicité est imparfait à l'égard du second, comme i'ay montré auparauant ; mais ie soutiens que celuy qui s'y rencontre possede la perfection qui conuient à l'Homme entant qu'il est Homme.

Pour accorder ces deux choses il faut sçauoir que celuy qui est en cét état iuge qu'il est honneste de bien agir suiuant les Facultez qui luy sont propres ; & que c'est pour cette raison seulement qu'il s'attache à la connoissance de la Verité, & à la pratique de la Vertu. Comme il ne tend pas directement à Dieu, le Degré auquel il s'arréte est imparfait, à l'égard de celuy dans lequel l'Homme s'occupe à la connoissance de la premiere Cause, & à l'Amour de la premiere Bonté. Toutefois nous pouuons dire que celuy qui est dans ce premier état possede la perfection qui conuient à l'Homme entant qu'il est Homme ; dautant qu'il agit suiuant son Entendement & sa Volonté.

Quelqu'vn pourroit dire que celuy qui s'applique à la connoissance des choses Naturelles, sans éleuer son Esprit à celle de Dieu ne peut être appellé heureux, puis que la Felicité de l'Homme est sa derniere perfection.

Pour répondre à cette difficulté il faut sçauoir, que lors que nous asseurons, que la Felicité de l'Homme est sa derniere perfection, nous voulons faire connoitre, qu'elle consiste dans l'Action qui conuient à sa Nature; d'où vient que nous pouuons donner le nom de Felicité à l'Action de celuy qui tend à la connoissance de la Verité, & à la pratique de la Vertu sans éleuer son Ame à Dieu. Il est vray que cette Action n'est pas absolument la derniere perfection de l'Homme; mais elle en est la derniere perfection, à l'égard de la forme qui la produit.

J'auoüe que cette Felicité est imparfaite, & qu'elle est desirée pour la parfaite; dautant que la connoissance des choses Naturelles est vn moyen pour connoitre Dieu; mais ie soutiens qu'elle peut receuoir en quelquelque façon le nom de Felicité.

Il est vray que la Felicité est desirée pour elle mesme; mais i'ay montré dans le Chapitre precedant, que cette proposition qui exprime la Nature de l'objet qui nous rend heureux par sa possession ne doit pas être mise en vsage pour discourir de l'Action qui nous vnit au Souuerain Bien: car puis qu'elle nous y conduit, ou qu'elle nous en donne la possession, il est tres-éuident qu'elle n'est pas desirée pour elle mesme.

Comme nous prenons la Felicité en ce Chapitre pour l'Action qui nous vnit au Souuerain Bien, & que le Souuerain Bien n'est autre que Dieu, comme i'ay montré dans le dix-neufuiéme Chapitre de la premiere partie de cét Ouurage, on pourroit croire, que l'Action de celuy qui tend à la connoissance de la Verité, & a la pratique de la Vertu sans éleuer son Ame à Dieu ne peut aucunement receuoir le nom de Felicité.

Pour répondre à cette difficulté il faut supposer, que les Fins Moyennes son desirees, à cause de la Vertu de la Fin principale qu'elles contiennent, de la mesme façon que les Causes Secondes tendent à la Fin de la premiere, suiuant l'impression qu'elle leur donne.

Ces Veritez prouuent que Dieu, etant la derniere Fin de toutes choses, est en quelque façon desiré en toute sorte de Fins, comme il agit en tout Agent, etant la premiere Cause Efficiente.

Il est vray que celuy qui dans la recherche de la Verité, & de la Vertu se propose seulement de bien agir suiuant les Facultez qui luy sont propres ne regarde pas directement à Dieu; mais il est certain qu'il est en quelque façon vny à cette premiere Cause: car puis que toute Verité est vne participation de la premiere Verité, & que toute Bonté est vne participation de la premiere Bonté, il est impossible que l'Homme puisse agir suiuant les Facultez qui luy sont propres, sans tendre en quelque façon à Dieu qui est le premier Principe de toute Verité, & de toute Bonté.

Pour discourir clairement de la parfaite Felicité qui conuient à l'Homme suiuant sa Nature, il ne suffit pas de dire, qu'elle est la perfection de l'Homme entant qu'il est Homme ; mais il faut adjouter quelque chose à cette proposition, & il faut asseurer que celuy qui est en cet état regarde directement Dieu, entant que la Lumiere qui est imprimée dans son Entendement, & qui est vne participation de la Raison diuine le conduit à la connoissance, & à l'Amour de la premiere Cause.

Bien que ce Degré de Felicité soit parfait, à l'égard du premier, il ne faut pas s'imaginer que celuy qui a trauaillé pour y arriuer soit à couuert de toute sorte de Maux : car cet auantage n'appartient qu'au Bon-heur de l'autre Vie, qui consiste dans la contemplation de l'Essence diuine.

La parfaite Felicité qui conuient naturellement à l'Homme exclud les Maux qui luy arriuent par sa faute, & qui l'empeschent d'exercer les Actions de son Entendement, & de sa Volonté.

La preuue de cette Verité peut etre facilement tirée du Fondement que nous auons étably, pour discourir clairement de cette Felicité : car puis qu'elle est la perfection de l'Homme entant qu'il est Homme, & qu'elle regarde directement Dieu, elle est incompatible auec les Maux qui arriuent à l'Homme par sa faute, & qui l'empeschent d'exercer les Actions de son Entendement, & de sa Volonté : c'est pourquoy nous

Explication de la troisième Table. 289

nous deuons conclure qu'vne seule Méchanseté suffit pour rendre l'Homme mal-heureux.

Il faut remarquer que nous ne deuons pas faire icy le mesme Iugement de la Vertu, c'est à dire que nous ne deuons pas croire qu'vne seule Vertu soit capable de rendre l'Homme heureux: car l'accomplissement du Bien depend de plusieurs choses; mais vn seul defaut peut etre Cause du Mal.

Pour discourir clairement de la Felicité Surnaturelle de cette Vie il faut sçauoir qu'elle consiste dans l'Action qui nous met en état de posseder Dieu en l'autre Vie.

Cette proposition Generale nous apprend, que les Chretiens sont heureux en ce Monde lors qu'ils ayment Dieu, par le moyen d'vne Qualité Surnaturelle que cette premiere Cause fait naistre en leur Ame, pour les éleuer à la Contemplation de son Essence.

Ces propositions nous font connoitre, que le Bon-heur de cette Vie est absolument necessaire pour arriuer à celuy de l'autre Vie; c'est pourquoy le Vulgaire se trompe quand il asseure que ceux qui sont heureux en ce Monde sont en peril d'etre eternellement mal-heureux.

Ie demeure d'accord que ceux qui sont heureux suiuant le sentiment du Vulgaire sont en peril d'etre eternellement mal-heureux: car ceux qui ont receu de grands auantages de la Nature, & de la Fortune, pour éclairer les autres, &

Oo

pour les secourir combattent ordinairement les ordres de la diuine Prouidence par les mesmes choses qui leur ont été données pour les executer.

Il semble que ceux qui possedent les premieres charges des Republiques ne soient eleuez au dessus des autres que pour faire éclater leur Vanité.

Puis qu'ils sont coupables de ce Vice, qui detruit l'Humilité, ils n'ayment pas Dieu.

Comme ils n'ont point d'Inclination pour le Souuerain Bien, ils n'y tendent pas, & le defaut de ce mouuement les rend incapables d'en obtenir la possession.

Enfin ceux qui sont dans l'abondance des Biens de la Fortune ont ordinairement peu de Charité, le Desir qu'ils ont d'augmenter les Biens qui les rendent considerables deuant les Hommes les éloigne de Dieu, & plusieurs passages de la Sainte Ecriture nous enseignent qu'ils ne peuuent que tres-difficilement arriuer à la Ioüissance de sa Gloire. Mais ceux qui sont veritablement heureux en ce Monde doiuent esperer que la Possession de Dieu sera l'accomplissement de leurs Desirs.

Il ne suffit pas à l'Homme d'auoir de grands auantages de la Nature, & de la Fortune; mais il doit chercher la Felicité, & s'il veut étre veritablement heureux, il doit employer les Biens qu'il a reçeus de Dieu pour executer les Ordres de sa Prouidence.

Explication de la troisiéme Table.

Il ne luy suffit pas d'étre eleué aux premieres dignitez d'vne Republique ; mais il doit en cét état imiter Dieu qui commande sans Passion pour le Bien de ses Creatures.

Enfin celuy qui est dans l'abondance des Biens de la Fortune, & qui tasche de les augmenter pour étre estimé des Hommes n'est pas veritablement heureux ; mais cette perfection appartient à celuy qui pratique l'Humilité : car puis que l'Amitié qui est entre les Inegaux se conserue par l'Inegalité, l'Humilité est la veritable marque de l'Amour que nous deuons porter à Dieu. Celuy qui ayme Dieu desire de s'vnir à cét Objet Infiny, & ce Mouuement le met en état d'arriuer à la Ioüissance de sa Gloire.

Puis que la Felicité Surnaturelle de cette Vie nous met en état de posseder Dieu en l'autre Vie, elle consiste dans l'Amour de Dieu. Comme l'Amour est fondé sur la ressemblance, nous deuons tascher d'imiter Dieu. Il nous a donné plusieurs Exemples de Patience ; nous deuons donc tirer notre Gloire des afflictions qui nous preparent à receuoir cette Vertu.

Ces propositions nous font connoitre, que la Felicité Surnaturelle de cette Vie n'exclud pas toute sorte de maux : car celuy qui est agreable à Dieu est heureux, quoy qu'il soit attaqué de plusieurs miseres, qui font reluire sa Patience. Cette Vertu, qui prouue que Dieu l'ayme fait naitre en son Ame l'Esperance de ioüir de sa Gloire, comme i'ay montré dans le second Chapitre de cét Ouurage.

Enfin pour discourir clairement de la Felicité de l'autre Vie il faut sçauoir qu'elle est la Possession de Dieu ; qu'elle est la premiere Action qui nous vnit tres-parfaitement à cette premiere Cause ; qu'elle exclud toute sorte de Maux ; & qu'elle borne entierement nos Desirs.

Il faut montrer que ces quatre propositions n'appartiennent qu'à la Felicité de l'autre Vie ; qu'elles doiuent etre disposées en cét ordre, & qu'elles peuuent etre le Fondement des discours que nous pouuons faire sur cette matiere.

Quand nous disons que la Felicité est la possession de Dieu nous exprimons le premier auantage que nous deuons attendre du Bon-heur de l'autre vie.

La preuue de cette Verité peut etre tirée de la proposition Generale qu'il faut prendre pour discourir de la felicité Surnaturelle de cette Vie : car si la Felicité Surnaturelle de cette Vie nous met en état de posseder Dieu, celle de l'autre Vie, qui est la recompense de notre Amour est la Possession de Dieu.

Pour bien entendre ce raisonnement il faut sçauoir, que la Felicité Surnaturelle de cette Vie étant vn moyen qui nous conduit au Bonheur de l'autre Vie, il est certain que c'est vn Mouuement qui nous conduit à vn parfait Repos. Quand nous cherchons vn Bien par quel-

Explication de la troisième Table.

que Mouuement, nous en deuons obtenir la Possession, pour trouuer le Repos qui nous attire ; donc puis que la Felicité Surnaturelle de de cette Vie est vn Mouuement qui nous conduit à celle de l'autre Vie, qui est vn parfait Repos, il faut asseurer que le Bon-heur de l'autre Vie consiste dans la Possession de Dieu.

La preuue de cette Verité peut être encore tirée des Principes de la Science Generale, qui nous enseignent, que la Bonté qui se rencontre dans la Fin qui nous attire nous fait agir ; que la connoissance de cette Fin est vne Condition necessaire pour en exciter le Desir dans notre Ame ; & que notre Volonté se porte à la chose qui est le Terme de son Action.

Suiuant ces Principes nous deuons dire que la Bonté de Dieu étant infinie est tres-puissante pour nous attirer ; que nous en deuons auoir quelque connoissance pour en desirer la participation ; & que la Possession de Dieu est le seul Bien qui peut entierement borner nos Desirs.

Il faut icy remarquer que Dieu est le Terme de nos Desirs d'vne maniere plus releuée que les autres Biens que nous pouuons obtenir : car comme leur connoissance n'établit pas entierement notre Repos, nous en cherchons la Possession ; mais nous possederons Dieu en l'autre Vie par la connoissance de son Essence, comme ie montreray dans l'Explication de la sixiéme Table de la Philosophie Morale.

Nous possedons Dieu par quelque Action, c'est pourquoy la Felicité de l'autre Vie étant la Possession de Dieu consiste dans la premiere Action qui nous vnit tres-parfaitement à ce dernier Terme de nos Desirs.

Celuy qui est tres-parfaitement vny à Dieu est vny à la Source de tous les Biens; d'où vient que la Felicité dont il ioüit exclud toute sorte de Maux.

Si la Felicité de l'autre vie exclud toute sorte de Maux, il est tres-éuident qu'elle borne entierement nos Desirs: car si celuy qui possede Dieu pouuoit desirer quelque chose, il seroit priué du Bien qu'il pourroit desirer. Cette proposition prouue qu'il ne seroit pas exempt de toute sorte de Maux; dautant que le defaut de quelque Bien est vn Mal; donc puis que la Felicité de l'autre vie exclud toute sorte de Maux, elle borne entierement nos Desirs.

La suitte de ces Conclusions nous apprend, que les quatre principales propositions que nous deuons prendre pour discourir clairement de la Felicité de l'autre Vie doiuent etre disposées en cet ordre.

1. La Felicité de l'autre Vie est la Possession de Dieu.

2. Elle consiste dans la premiere Action qui nous vnit tres-parfaitement à Dieu.

3. Elle exclud toute sorte de Maux.

4. Elle borne entierement nos Desirs.

Explication de la troisiéme Table.

Ce n'est pas assez de connoitre l'ordre de ces quatre propositions ; il faut encore sçauoir qu'elles peuuent etre le Fondement des discours qui appartiennent à la Felicité de l'autre Vie.

La premiere nous fera connoitre, que la Felicité de l'autre Vie ne consiste pas dans les Actions de la Volonté ; d'autant que la plus noble Action de cette Faculté, qui en est le Repos, suppose la Possession du Souuerain Bien.

La seconde nous apprendra, qu'elle consiste dans l'Action de l'Entendement : car comme cette Felicité est la premiere Action qui nous vnit tres-parfaitement à Dieu, elle consiste dans la Contemplation de son Essence.

La troisiéme, & la quatriéme nous seruiront pour montrer qu'elle est Eternelle : car puis que les Desirs de celuy qui void Dieu sont bornez, & qu'il iouït d'vne Felicité qui exclud toute sorte de Maux, il croit qu'elle ne finira iamais, & sa pensée est veritable.

Toutes ces Conclusions, dont il sera parlé amplement dans l'explication de la sixiéme Table de la Philosophie Morale, ne doiuent pas etre examinées en ce Chapitre, où ie me suis proposé seulement de mettre dans leur propre lieu les principales propositions qu'il faut prendre pour discourir clairement de toute sorte de Felicité.

Il semble que la quatriéme, que i'ay établie auparauant pour discourir de la Felicité de l'autre Vie ne conuient qu'à l'Objet qui nous rend heureux par sa Possession ; & que par ce moyen elle ne doit pas etre mise en vsage pour discourir de l'Action qui nous vnit tres-parfaitement à Dieu.

Pour decouurir plus clairement la difficulté qui peut etre faite sur ce sujet, il faut supposer, que l'Ambiguité du mot de Felicité peut etre cause de plusieurs Erreurs, comme i'ay montré dans le vint-vniéme Chapitre de la premiere partie de cet Ouurage : car les Philosophes se seruent de quelques propositions Generales pour parler de la Felicité qu'ils appliquent indifferemment à l'Objet qui nous rend heureux, & à l'Action qui le regarde. Toutefois les vnes ne conuiennent qu'à l'Objet, & les autres appartiennent seulement à l'Action qui nous y attache. Nous deuons tascher de mettre ces propositions en leur propre lieu.

Il semble que ie me suis éloigné de ce Precepte en ce Chapitre, lors que i'ay dit que la Felicité de l'autre Vie borne entierement nos Desirs, car ie me suis seruy de la mesme proposition dans la premiere Table de la Philosophie Morale, pour parler de l'Objet qui nous rend heureux par sa Possession.

Pour répondre à cette difficulté il faut dire, que quelques propositions Generales qui expriment la Nature de l'Objet que nous cherchons pour être en Repos ne peuuent être veritablement attribuées à l'Action qui nous y attache, comme celuy qui connoit la Nature de l'Objet

qui

Explication de la troisième Table. 297
qui doit être la derniere Fin de nos Actions iuge facilement, qu'il est desiré pour luy-mesme, & qu'il est hors de nous.

J'ay montré dans le vint-deuxiéme Chapitre de la premiere partie de cét Ouurage, que ces deux Conditions ne conuiennent pas à l'Action qui nous vnit au Souuerain Bien : car cette Action ne peut etre desirée pour elle mesme, étant vn moyen qui nous conduit au Souuerain Bien, ou qui nous en donne la Possession, & il est tres-éuident, qu'elle n'est pas hors de nous, puis qu'elle est vne perfection, ou de notre Entendement, ou de notre Volonté.

Bien que certaines conditions qui appartiennent à l'Objet qui nous attire ne puissent être veritablement attribuées à l'Action qui nous y attache : toutefois nous pouuons faire quelques propositions tres-Generales, qui peuuent etre appliquées indifferemment à l'Objet qui nous rend heureux, & à l'Action qui le regarde, comme apres auoir dit, que le Souuerain Bien, qui est le veritable Objet que nous deuons chercher, peut entierement borner nos Desirs, nous pouuons veritablement attribuer la mesme Condition à la Felicité de l'autre vie, qui nous en donnera la Possession.

Pour auoir vne claire connoissance de cette Verité il faut sçauoir, que lors que nous asseurons que l'Objet que nous deuons chercher peut entierement borner nos Desirs, nous voulons

P p

dire, qu'il bornera entierement les Defirs de ceux qui le poffederont : c'eft pourquoy nous deuons conclure que la Felicité de l'autre vie bornera entierement les Defirs de ceux qui en feront redeuables à la Bonté Diuine.

Apres auoir étably les principales propofitions qu'il faut prendre pour difcourir clairement de l'Action qui nous vnit au Souuerain Bien, qui reçoit proprement le nom de Felicité, il en faut examiner l'Effence.

DE L'ESSENCE DE LA Felicité.

CHAPITRE XXIV.

Q VAND nous examinons l'Essence de la Felicité nous voulons sçauoir par quelle Action nous pouuons être vnis au Souuerain Bien. Il est facile de rendre la raison de l'Ordre des sept choses que nous y considerons dans la troisiéme partie de la Table que nous expliquons: car les cinq premieres nous font connoitre le consentement des Philosophes; la sixiéme nous découure la diuersité de leurs opinions sur ce sujet, & la septiéme nous enseigne de quelle maniere nous les pouuons accorder.

Pour donner vne claire connoissance des cinq premieres propositions, & pour expliquer par ce moyen le consentement des Philosophes sur l'Essence de la Felicité, il faut descendre, suiuans les Preceptes de la Methode que i'ay donnez dans la Logique, des Principes de la Science Generale aux Conclusions qui en peuuent être tirées, & pour arriuer à cette Fin il faut disposer plusieurs propositions en cet Ordre.

La Fin proprement prise est vne perfection, pource qu'elle est fondée sur le Bien, dont la Nature est d'etre parfait.

Il faut auoir la connoissance de plusieurs Verritez, pour entendre parfaitement cette premiere proposition qui est dans la Table que nous expliquons.

La premiere chose que nous y deuons remarquer est que toute derniere chose peut receuoir en quelque façon le nom de Fin; mais que la Fin proprement prise doit etre parfaite: car puis qu'elle est du nombre des Causes, entant qu'elle attire à soy la Cause Efficiente par le Desir; & que c'est vne Proprieté du Bien d'etre desirable, elle est fondée sur le Bien, dont la Nature est d'etre parfait, suiuant les Principes de la Science Generale qui nous font connoitre que la perfection qui se rencontre dans le Bien est la Source de toutes les proprietez qui luy appartiennent: car nous le desirons à cause qu'il nous conuient. Il nous conuient pource qu'il a la Puissance de nous perfectionner. Enfin cette Puissance depend de sa Perfection.

Comme la Fin entant qu'elle est du nombre des Causes est vne derniere chose qui est parfaite, il est certain que toute Fin est le Terme de quelque Mouuement; & que tout Terme ne peut receuoir le nom de Fin proprement prise; d'où vient que la Mort, qui est le Terme, ou le Bout de notre Vie, n'en peut etre le But: car

Explication de la troisième Table. 301

nous ne deuons pas viure pour mourir ; mais pour aymer Dieu, afin de meriter par cette Action la Ioüissance de sa Gloire.

Ce n'est pas assez de montrer que la Fin proprement prise est parfaite, il faut encore prouuer, qu'elle est vne perfection, pour donner vne entiere connoissance de la premiere proposition, qui est dans la Table que nous expliquons.

Pour établir clairement ces deux Veritez il faut supposer, que lors que nous examinons icy l'Essence de la Felicité, nous la prenons pour l'Action qui nous vnit au Souuerain Bien ; & que par ce moyen nous prenons la Fin pour l'Action de quelque Faculté. Nous deuons donc asseurer, qu'elle est parfaite, & qu'elle est vne perfection : car si nous la considerons en elle mesme, elle est parfaite ; mais si nous la considerons à l'égard de la chose d'où elle prouient, elle en est vne perfection.

Pour donner vne plus claire connoissance de toutes ces Veritez nous deuons disposer trois propositions en cét ordre.

1. L'Essence du Bien est d'etre parfait : car comme j'ay montré auparauant la perfection qui se rencontre dans le bien est la Source de toutes les Proprietez qui luy appartiennent.

2. Comme la Fin est fondée sur le Bien, elle est parfaite.

3. La Fin étant prise pour l'Action d'vne chose en est vne perfection.

Pp iij

Puis que la Fin est vne perfection, & qu'elle est vne derniere chose, il est certain, qu'elle est la derniere perfection de chaque chose. Il faut donc examiner qu'elle est la derniere perfection de chaque chose pour auoir la connoissance de sa Fin.

Pour sçauoir quelle est la derniere perfection de chaque chose il faut supposer, que nous y deuons considerer deux sortes de perfections.

La premiere est la Forme qui la fait étre ce qu'elle est, & la seconde est l'Action qui en prouient.

Il semble que la forme ne soit pas la premiere perfection des choses Naturelles : car puis qu'elles sont composées de Matiere, & de Forme, la Matiere qui s'y rencontre precede la Forme : dautant que la Matiere passe de la Priuation à la Forme.

Il est vray que la Matiere precede la Forme: mais comme la Difference qui se rencontre dans les choses Naturelles est vn effet de leur Forme, & non pas de leur Matiere, nous deuons dire que la Forme est la premiere perfection que nous y deuons considerer : car puis qu'elles doiuent leur premiere perfection à la premiere chose qui les fait estre ce qu'elles sont, il est certain qu'elles l'empruntent de leur Forme, qui les établit dans vne certaine Espece.

La Forme, qui est la premiere perfection d'vne chose Naturelle luy a eté donnée pour agir ; c'est pourquoy la propre Action d'vne chose Naturelle est sa derniere perfection, & en suitte sa propre Fin.

Ces propositions Generales montrent clairement, que la propre Fin de l'Homme, qui reçoit le nom de Felicité, est l'Action qui luy conuient entant qu'il est Homme : car dans l'ordre des choses dont les vnes sont plus Generales que les autres ce qui conuient à la Superieure conuient à l'Inferieure, suiuant les Regles de la Logique.

Ce Principe nous apprend, que celuy qui connoit, que la Fin de chaque chose consiste dans sa propre Action, sçait aussi, que la Fin de l'Homme qui reçoit le nom de Felicité, consiste dans l'Action qui luy conuient entant qu'il est homme ; d'où vient qu'Aristote dit au sixiéme Chapitre du premier liure de sa Morale, que si l'Homme a quelque Action qui luy soit propre, cette Action établit sa Felicité.

Il est tres-éuident que l'Homme a quelque propre Action: car comme parle le mesme Philosophe au mesme Chapitre, si les yeux exercent vne fonction qui leur est propre, il faut faire le mesme Iugement de l'Homme entant qu'il est Homme. Si l'Homme exerce quelque propre Action, en qualité de Peintre, ou d'Architecte, il produit sans doute quelque Action qui luy conuient entant qu'il est Homme : car si les choses qui dependent de la determination de l'Homme ne sont pas inutiles, l'Ame Raisonnable, qui le diſtingue des Beſtes, & qui eſt vn Effet de la détermination diuine ne luy a pas été donnée inutilement.

Pour auoir vne plus claire connoiſſance de la Comparaiſon precedante il faut ſuppoſer, que ſuiuant les Preceptes de la Methode qui ont été diſpoſez par ordre dans la quatriéme partie de la Logique nous pouuons faire vn meſme Iugement des choſes qui ſont ſemblables; que nous deuons commencer par celles qui ſont les plus claires, pour connoitre celles qui ne ſont pas ſi éuidentes, & que les deux propoſitions qui expriment les Iugemens que nous faiſons des choſes qui ſont ſemblables doiuent etre prouuées par vne meſme propoſition Generale.

Suiuant le premier de ces trois Preceptes nous comparons le Peintre auec l'Homme.

Nous mettons en vſage le ſecond, quand nous diſons, que ſi l'Homme exerce quelque propre Action en qualité de Peintre, ou d'Architecte, il doit produire quelque Action entant qu'il eſt Homme.

Enfin pour pratiquer le troiſiéme Precepte nous deuons aſſeurer, que tout Agent Artificiel, ou Naturel eſt ce qu'il eſt par vne Forme, qui eſt le Principe de quelque Action.

L'Homme eſt Peintre par vne Forme Artificielle, qui eſt vn Effet de ſon induſtrie, & il eſt Homme par l'Ame Raiſonnable, qui eſt vn Effet de la premiere Cauſe. Toute Forme qui fait être

vn

Explication de la troisiéme Table.

vn Agent ce qu'il est, peut être le Principe de quelque Action; donc si l'Homme exerce quelque propre Action en qualité de Peintre, il produit quelque Action qui luy conuient, entant qu'il est Homme : car tout Agent Artificiel, ou Naturel est ce qu'il est par vne Forme, qui est le Principe de quelque Action.

Puis que nous voulons expliquer icy le consentement des Philosophes sur l'Essence de la Felicité; & que nous voulons disposer par ordre des propositions Generales pour discourir clairement de toute sorte de Felicité on pourroit croire, que nous ne deuons pas soutenir que la Felicité de l'Homme consiste dans vne Action qui luy conuient entant qu'il est Homme : car comme l'Action qui conuient à l'Homme entant qu'il est Homme est celle qu'il produit par l'effort de sa Nature, elle luy procure seulement la Felicité Naturelle ; c'est pourquoy il faut faire vne proposition plus Generale, pour discourir de toute sorte de Felicité.

Pour répondre à cette difficulté il faut oter l'Equiuoque des derniers mots de la proposition par laquelle nous asseurons que la Felicité de l'Homme est l'Action qui luy conuient entant qu'il est Homme.

Quand nous prenons cette proposition pour le Fondement des discours que nous voulons faire de la Felicité Naturelle, nous ne voulons pas dire seulement, que cette Felicité est l'Action qui conuient à la Nature de l'Homme ; nous voulons encore faire connoitre, qu'elle confiste dans l'Action qu'il peut exercer par l'effort de fa Nature.

Quand nous la prenons pour difcourir de la Felicité de l'Homme en General, nous voulons dire feulement que la Felicité de l'Homme eft l'Action qui luy conuient entant que l'Ame Raifonnable le diftingue des Beftes.

Pour oter entierement l'Equiuoque qui fe rencontre dans les derniers mots de cette propofition n'ous y deuons adiouter quelque chofe, & nous deuons affeurer que la Felicité de l'Homme eft l'Action qui luy conuient entant qu'il eft Homme, foit qu'il puiffe exercer cette Action par fa propre force, foit qu'il ait befoin d'vn Principe Surnaturel pour la produire.

Les Actions qui conuiennent à l'Homme entant qu'il eft Homme font celles qui viennent de fon Entendement, & de fa Volonté : car il n'eft releué au deffus de la Vie des Beftes que par les fonctions de ces deux Facultez ; il faut donc conclure, que la Felicité de l'Homme confifte dans l'Action de fon Entendement, ou dans celle de fa Volonté.

Apres auoir expliqué le confentement des Philofophes fur l'Effence de la Felicité, nous deuons découurir la diuerfité de leurs Opinions fur ce fujet.

La fixiéme propofition de la troifiéme partie

Explication de la troisiéme Table.

de la Table que nous expliquons nous apprend, que les vns mettent l'Essence de la Felicité dans l'Action de l'Entendement ; que les autres attribuent cét auantage à l'Action de la Volonté ; & que les autres soutiennent, que les deux ensemble sont necessaires pour vnir parfaitement l'Homme au Souuerain Bien.

La septiéme proposition de la troisiéme partie de la Table que nous expliquons montre de quelle maniere nous accorderons dans les trois Tables suiuantes les Opinions des Philosophes sur l'Essence de la Felicité.

Pour donner icy quelque connoissance des Veritez que nous voulons expliquer dans ces trois Tables nous deuons supposer, que nous ne deuons pas discourir de la Felicité qui arriue à l'Homme en cette Vie de la mesme façon que nous deuons traiter de celle dont il iouïra en l'autre Vie. Nous deuons aussi sçauoir, que nous deuons parler de la Felicité qui conuient à l'Homme suiuant sa Nature, & de celle des Chretiens d'vne maniere grandement differante.

La Felicité Naturelle de l'Homme consiste dans l'Action de son Entendement, & dans celle de sa Volonté.

La Felicité des Chretiens consiste essentiellement dans l'Action de leur Volonté, dautant que la Felicité de l'autre Vie sera la recompense de leur Amour.

Enfin le Bon-heur de l'autre Vie consiste

essentiellement dans l'Action de l'Entendement : car les Hommes seront heureux en l'autre Vie entant qu'ils connoitront Dieu, sans aucun Raisonnement par la Contemplation de son Essence.

La Verité de ces trois Conclusions peut être facilement tirée des propositions Generales qui ont été disposées par Ordre en cette Table, pour discourir clairement de toute sorte de Felicité, & si nous voulons accorder les Philosophes sur ce sujet, nous deuons raisonner en cette maniere.

La Felicité Naturelle de l'Homme est la perfection qui luy conuient entant qu'il est Homme. Il est Homme par son Entendement, & par sa Volonté; il faut donc conclure que la Felicité qui luy conuient suiuant sa Nature consiste dans les Actions de ces deux Facultez.

La Felicité Surnaturelle de cette Vie est celle qui nous met en état de posseder Dieu en l'autre vie ; l'Amour de Dieu est l'Action qui nous met en état d'arriuer à la iouïssance de sa Gloire ; l'Amour est vne Action de la Volonté ; il faut donc asseurer, que la Felicité des Chretiens en ce Monde consiste essentiellement dans l'Action de leur Volonté.

La Felicité de l'autre Vie est la premiere Action qui vnit l'Homme tres-parfaitement à Dieu. Il est tres-éuident que l'Homme sera plutost vny à Dieu en l'autre Vie par l'Action de son Entendement, que par celle de sa Volonté; il faut donc

Explication de la troisiéme Table.

soutenir, que le Bon-heur de cette Vie consiste essentiellement dans l'Action de l'Entendement.

Ces trois conclusions seront amplement expliquées dans les trois Tables suiuantes, où ie répondray aux difficultez qui peuuent être faites pour en combattre la Verité; mais ie dois auparauant découurir en peu de mots l'Ordre des Diuisions qui sont contenuës dans la troisiéme Table, dont il faut auoir vne parfaite connoissance; puis qu'elle établit les fondemens qu'il faut suiure pour discourir clairement de toute sorte de felicité.

L'ORDRE DES DIVISIONS QVI sont contenuës dans la Troisiéme Table de la Philosophie Morale.

CHAPITE. XXV.

LE nom de Felicité peut être pris, ou pour l'Objet qui peut rendre l'Homme heureux par sa Possession, ou pour l'Action qui vnit l'Homme au Souuerain Bien, ou pour vn Etre par Accidant, qui contient l'Objet qui nous rend heureux, & l'Action qui le regarde.

Les deux premieres significations conuiennent plus proprement à la Felicité, que la troisiéme: car comme suiuant les Principes de la Science Generale nous prenons principalement la Fin, ou pour vne chose qui excite nos Desirs, ou pour l'Action de quelque Faculté, nous prenons ordinairement la Felicité qui est notre derniere Fin, ou pour l'Objet qui nous attire, ou pour l'Action qui nous y conduit, ou qui nous en donne la Possession.

L'Objet qui nous attire doit proprement receuoir le nom de Souuerain Bien, & l'Action qui nous y attache doit proprement receuoir celuy de Felicité.

Explication de la troisiéme Table.

L'Equiuoque du mot de Felicité peut facilement tromper ceux qui n'ont pas assez de Lumiere pour en faire la distinction: car les Philosophes ont étably quelques propositions Generales pour parler de la Felicité, qu'ils appliquent indifferemment à l'Objet qui nous rend heureux, & à l'Action qui le regarde: toutefois les vnes ne conuiennent qu'à l'Objet, & les autres appartiennent seulement à l'Action qui nous y attache.

Nous deuons mettre dans leur propre lieu les propositions Generales que nous deuons prendre pour bien discourir de la Felicité. Nous pourrons par ce moyen euiter plusieurs Erreurs, accorder les Philosophes sur ce sujet, & discourir clairement de la Felicité.

Les principales propositions qu'il faut mettre en vsage pour discourir clairement de la Felicité regardent, ou l'Objet qui peut rendre l'Homme heureux, ou l'Action qui l'vnit au Souuerain Bien.

Pour bien discourir de l'Objet qui peut nous rendre heureux par sa possession, nous deuons sçauoir, qu'il est desiré pour luy mesme, & qu'il est hors de nous.

Ces deux Conditions, qui conuiennent à l'Objet que nous cherchons pour etre en repos ne peuuent etre veritablement attribuées à l'Action qui nous y attache: car puis que cette Action est vn moyen qui nous conduit au Souuerain Bien, ou, qui nous en donne la Poſſeſſion, elle ne peut etre deſirée pour elle meſme, & il eſt tres-euident, qu'elle n'eſt pas hors de nous; puis qu'elle eſt vne perfection, ou de notre Entendement, ou de notre Volonté.

Pour mettre dans leur propre lieu les principales propoſitions qu'il faut prendre pour diſcourir clairement de l'Action qui vnit l'Homme au Souuerain Bien, il faut ſuppoſer, que cette Action, qui reçoit proprement le nom de Felicité, conuient à l'Homme, ou en cette Vie, ou en l'autre Vie; que la premiere eſt ou Naturelle, ou Surnaturelle; & que la Felicité Naturelle de l'Homme eſt ou Imparfaite, ou Parfaite.

Pour auoir vne claire connoiſſance de ces quatre Degrez de Felicité, il faut ſuppoſer, qu'ils ſont diſpoſez ſuiuant l'Ordre de leur Perfection.

Le premier eſt imparfait, à l'égard du ſecond.

Nous pouuons faire le meſme Iugement du ſecond, à l'égard du troiſiéme.

Enfin ſi nous comparons le troiſiéme auec le quatriéme, nous trouuerons, que le troiſiéme eſt vn moyen pour nous conduire au quatriéme.

Le premier Degré de Felicité conuient à ceux qui s'appliquent à la pourſuitte des Sciences, & des Vertus, à cauſe de la Beauté qui ſe rencontre dans ces qualitez.

Ce premier Degré eſt imparfait, à l'égard du ſecond, auquel on arriue, lors qu'on s'attache à la Contemplation, & à l'Amour de Dieu.

Ceux

Explication de la troisiéme Table.

Ceux qui sont en cét état seulement ne peuuent meriter par les Actions qu'ils pratiquent la Iouïssance de Dieu: car ils ayment Dieu seulement comme Autheur de la Nature, par vn Principe qui leur est Naturel, & il est tres-éuident qu'on ne peut arriuer à vne Fin Surnaturelle, que par vn Moyen Surnaturel; mais les Chretiens, qui sont éclairez de la Lumiere de l'Euangile doiuent esperer, que la Possession du Souuerain Bien sera la recompence de leur Amour; c'est pourquoy nous pouuons dire, qu'ils sont heureux en ce Monde, lors qu'ils ayment Dieu. Ce troisiéme Degré de Felicité est le chemin qu'ils doiuent suiure, pour obtenir le Bonheur de l'autre Vie, qui consiste dans la contemplation de l'Essence Diuine.

La preuue de toutes ces Veritez, & de plusieurs autres Conclusions qui appartiennent aux quatre Degrez de Felicité doit être tirée de quelques propositions Generales que nous deuons prendre pour en discourir clairement.

Ces propositions Generales doiuent étre disposées suiuant l'Ordre des quatre Degrez de Felicité.

La Felicité qui conuient à l'Homme suiuant sa Nature, & qui est Imparfaite, est la perfection de l'Homme entant qu'il est Homme.

Pour discourir clairement de la parfaite Felicité qui conuient à l'Homme suiuant sa Nature, il ne suffit pas de dire, qu'elle est la perfection de l'Homme entant qu'il eſt Homme ; mais il faut adiouter quelque choſe à cette propoſition, & il faut aſſeurer, que celuy qui eſt en cét état regarde directement Dieu, entant que la lumiere qui eſt imprimée dans ſon Entendement, & qui eſt vne participation de la Raiſon Diuine le conduit à la Connoiſſance & à l'Amour de Dieu.

Pour diſcourir clairement de la Felicité Surnaturelle de cette Vie il faut dire, que c'eſt vne Action qui nous met en état de poſſeder Dieu en l'autre Vie.

Enfin pour bien diſcourir de la Felicité de l'autre Vie, il faut ſçauoir, qu'elle conſiſte dans la premiere Action qui vnit l'Homme tres-parfaitement à Dieu.

Apres auoir étably les principales propoſitions que nous deuons prendre pour diſcourir clairement de l'Action qui nous vnit au Souuerain Bien, qui reçoit proprement le nom de Felicité, il en faut examiner l'Eſſence.

Nous conſiderons ſept choſes pour en auoir la connoiſſance dans la troiſiéme partie de la Table que nous expliquons. Les cinq premieres nous font connoitre le conſentement des Philoſophes ; la ſixiéme nous découure la diuerſité de leurs Opinions ſur ce ſujet, & la ſeptiéme nous enſeigne de quelle maniere nous les pouuons accorder.

Pour donner vne claire connoiſſance des cinq premieres propoſitions, & pour découurir par ce

Explication de la troisième Table.

moyen le Consentement des Philosophes sur l'Essence de la Felicité, il faut descendre des Principes de la Science Generale aux Conclusions qui en peuuent étre tirées, & pour arriuer à cette Fin il faut disposer plusieurs propositions en cét Ordre.

Le Bien est desirable.

Nous le desirons à cause qu'il nous conuient.

Il nous conuient, pource qu'il a la Puissance de nous perfectionner.

Cette Puissance depend de sa perfection, il faut donc conclure, que l'Essence du Bien est d'etre parfait; puis que la perfection qui s'y rencontre est la Source de toutes les Proprietez qui luy appartiennent.

Si la Fin est fondée sur le Bien, elle est parfaite.

Il est tres-éuident, que la Fin est fondée sur le Bien : car elle est du nombre des Causes, entant qu'elle attire à soy la Cause Efficiente par le Desir, & c'est vne Proprieté du Bien d'etre desirable.

La Fin étant prise pour l'Action d'vne chose, en est vne perfection.

Puis que la Fin est vne perfection, & qu'elle est vne derniere chose, il est certain, qu'elle est la derniere perfection de chaque chose; il faut donc examiner qu'elle est la derniere perfection de chaque chose pour auoir la connoissance de sa Fin.

Pour sçauoir qu'elle est la derniere perfection de chaque chose il faut supposer, que nous y deuons considerer deux sortes de perfections.

La premiere est la Forme, qui la fait etre ce qu'elle est, & la seconde est l'Action qui en prouient.

La Forme, qui est la premiere perfection d'vne chose ; puis qu'elle l'établit dans vne certaine Espece, luy a été donnée pour agir ; c'est pourquoy la propre Action d'vne chose est sa derniere perfection, & en suite sa propre Fin.

Ces propositions Generales montrent clairement, que la propre Fin de l'Homme, qui reçoit le nom de Felicité, est l'Action qui luy conuient entant qu'il est Homme, c'est à dire entant que l'Ame Raisonnable le distingue des Bestes.

Les Actions qui conuiennent à l'Homme entant qu'il est Homme sont celles qui viennent de son Entendement, & de sa Volonté ; car il n'est releué au dessus de la Vie des Bestes que par les fonctions de ces deux Facultez ; il faut donc conclure, que la Felicité de l'Homme consiste dans l'Action de son Entendement, ou dans celle de sa Volonté.

Apres auoit expliqué le consentement des Philosophes sur l'Essence de la Felicité, nous deuons faire connoitre la diuersité de leurs Opinions sur ce sujet.

La sixiéme proposition de la troisiéme partie

Explication de la troisiéme Table. 317

de la Table que nous expliquons nous apprend, que les vns mettent l'Essence de la Felicité dans les Actions de l'Entendement; que les autres attribüent cét auantage aux Actions de la Volonté ; & que les autres soutiennent, que les deux ensembles sont necessaires pour vnir parfaitement l'Homme au Souuerain Bien.

Nous pouuons accorder les Philosophes sur l'Essence de la Felicité, par le moyen des propositions Generales que nous deuons prendre pour discourir clairement de toute sorte de Felicité: car puis que la Felicité Naturelle de l'Homme est la perfection qui luy conuient entant qu'il est Homme, elle consiste essentiellement dans les Actions de son Entendement, & de sa Volonté. La Felicité Surnaturelle qui conuient à l'Homme en cette vie le mettant en état de posseder Dieu en l'autre vie consiste essentiellement dans l'Action de sa Volonté : car c'est l'Action qui prouient de la Charité qui le rend agreable à Dieu, & qui luy fait meriter la Ioüissance de sa Gloire Enfin puis que la Felicité de l'autre vie est la premiere Action qui vnit l'Homme tres-parfaitement à Dieu, il est tres-éuident qu'elle consiste essentiellement dans l'Action de son Entendement.

Apres auoir disposé par ordre dans la troisiéme Table les propositions Generales qu'il faut prendre pour discourir clairement de toute sorte de Felicité, il faut parler dans la quatriéme de la

R r iij

Parfaite Felicité qui conuient naturellement à l'Homme en cette Vie. L'Essence de cette Felicité est la premiere chose que nous y deuons examiner; mais nous deuons traiter auparauant de la Felicité Naturelle de l'Homme en General; c'est à dire que nous deuons expliquer en General l'Essence de celle qui est imparfaite, & de celle qui est Parfaite.

DE L'ESSENCE DE LA
Felicité qui conuient Naturellement à l'Homme en cette Vie.

CHAPITRE XXVI.

Vand nous examinons l'Essence de la Felicité qui conuient naturellement à l'Homme en cette vie, nous voulons sçauoir en quelle Action elle consiste, & comme elle appartient à l'Homme, qui n'est releué au dessus des Bestes que par son Entendement, & sa Volonté, nous cherchons si elle consiste dans l'Action de son Entendement, ou dans celle de sa Volonté, ou si elle depend des Actions de ces deux Facultez.

Quelques Philosophes ne pouuans surmonter les difficultez qui se rencontrent dans cette question asseurent, qu'il est inutile d'examiner si la Felicité doit étre mise dans l'Action de l'Entendement, ou dans celle de la Volonté, à cause qu'vn Etre par Accident peut étre definy d'vne differante maniere, suiuant le consentement de tous les Philosophes.

Ie demeure d'accord auec eux, qu'il est inutile

de parler de l'Effence des Etres par Accident ; puis qu'ils peuuent être definis d'vne differente façon. l'auouë aufsi que la Felicité eft vn Etre par accidant, entant qu'elle contient l'Objet qui nous attire, & l'Action qui le regarde ; mais comme nous parlons icy feulement de l'Action qui nous vnit au Souuerain Bien, nous deuons fçauoir à quelle Action nous deuons attribuer cét auantage.

La propofition Generale qu'il faut prendre pour difcourir clairement de la Felicité Naturelle de l'Homme montre, qu'elle depend de l'Action de fon Entendement, & de celle de fa Volonté : car puis qu'elle eft la perfection de l'Homme entant qu'il eft Homme, elle doit etre mife dans les Actions des Facultez qui diftinguent l'Homme des Beftes.

Nous deuons faire le mefme Iugement de la Felicité imparfaite qui conuient à l'Homme fuiuant fa Nature que de la parfaite, c'eft à dire que nous deuons mettre l'vne aufsi bien que l'autre dans les Actions de l'Entendement & de la Volonté : dautant que ces deux Felicités conuiennent en ce qu'elles font la perfection de l'Homme entant qu'il eft Homme.

Il eft vray que dans la premiere l'Homme ne regarde pas directement Dieu comme dans la feconde, comme i'ay montré auparauant ; c'eft pourquoy pour répondre aux difficultez que l'on peut faire fur ce fujet, & pour difcourir par ordre

Explication de la quatrième Table.

dre des deux premiers Degrez de Felicité il faut prouuer deux choses.

Premierement que la Felicité qui conuient naturellement à l'Homme en cette Vie, soit qu'elle soit Imparfaite, soit qu'elle soit Parfaite consiste essentiellement dans les Actions de son Entendement, & de sa Volonté. Cette Verité sera établie en ce Chapitre.

En second lieu que la Parfaite Felicité qui conuient à l'Homme suiuant sa Nature doit etre mise dans les plus nobles Actions de ses plus releuées Facultez; d'où vient que nous conclurons dans le Chapitre suiuant, que l'Homme est arriué au dernier Degré de perfection auquel il peut tendre par l'effort de sa Nature, lors que son Entendement contemple Dieu, qui est tres-veritable, & que sa Volonté ayme Dieu, qui est tres-bon.

Quand nous disons que la Felicité Naturelle de l'Homme est la perfection qui luy conuient entant qu'il est Homme, nous voulons faire connoitre que c'est vne perfection qui luy appartient entant que l'Ame Raisonnable le distingue des Bestes. Il est tres éuident qu'il est releué au dessus des Bestes par les fonctions de son Entendement, & de sa Volonté; il faut donc conclure qu'il doit sa Felicité Naturelle aux Actions de ces deux Facultez.

Celuy qui veut arriuer à la Felicité qui luy conuient naturellement ne doit pas se contenter d'aquerir la perfection de son Entendement ; il doit encore tendre à celle de sa Volonté. Il ne luy suffit pas d'etre bien éclairé ; il doit encore adiouter l'Eclat des Vertus aux Lumieres de sa Raison, & il est tres-certain, que l'Homme quelque sçauant qu'il soit est dans l'Etat de Brutalité, quand il est entierement addonné au Vice : car puis que l'Etat de Brutalité est opposé à celuy que les Philosophes appellent Heroïque, il faut discourir de l'vn par opposition à l'autre.

L'Homme est éleué au dernier Degré de la Vertu, quand sa Volonté commande absolument aux Facultez qui releuent de son Empire ; il faut donc conclure qu'il est dans l'état de Brutalité, lors qu'il se laisse entierement conduire par la Violence de ses Passions. Les connoissances qu'il peut auoir des Sciences prouuent qu'il est tres-coupable : car puis qu'il auoit receu beaucoup de lumiere, il pouuoit facilement resister à ses Ennemis Domestiques, qui l'ont reduit à la plus deplorable Condition de la Vie Humaine. Comme les Sens ont vsurpé vne Puissance Tyrannique sur sa Raison, & que la partie Inferieure, qui luy est commune auec les Bestes, commande absolument à sa Volonté contre l'Ordre de la Nature, il s'éloigne de celuy de Dieu, sa Vie n'est pas beaucoup differante de celle des Bestes, & quoy qu'il ait plusieurs connoissances des Sciences, il faudroit auoir perdu la Raison pour croire qu'il ioüit de la Felicité qui

Explication de la quatriéme Table. 323
conuient à fa Nature; c'eſt pourquoy il faut aſſeurer que cette Felicité, qui eſt la perfection de l'Homme entant qu'il eſt Homme, ne depend pas ſeulement de l'Action de ſon Entendement; mais qu'elle conſiſte eſſentiellement dans les Actions de ſon Entendement, & de ſa Volonté.

Ceux qui ſçauent que l'Eſſence de chaque choſe eſt la premiere perfection qui s'y rencontre diſent qu'il faut raiſonner de l'Eſſence du Bon-heur de cette Vie comme de celle de la Felicité de l'autre Vie, & dautant que la ſeule Action de l'Entendement établit l'Eſſence de la Felicité de l'autre Vie ils ſoutiennent qu'il faut faire le meſme Iugement de l'Eſſence de la Felicité Naturelle.

La Réponſe qui doit être faite à cette difficulté doit être tirée des Propoſitions Generales qu'il faut prendre pour diſcourir clairement de toute ſorte de Felicité: car comme celle de l'autre vie eſt la Poſſeſſion de Dieu, elle ne conſiſte eſſentiellement que dans l'Action de l'Entendement: pource que le repos de la Volonté, qui eſt la plus noble de ſes Actions ſuppoſe la Poſſeſſion du Souuerain Bien, comme ie montreray amplement dans l'Explication de la ſixiéme Table de la Philoſophie Morale; mais puis que la Felicité qui peut arriuer naturellement à l'Homme en cette Vie eſt la perfection qui luy conuient entant qu'il eſt Homme, il eſt tres-éuident qu'elle depend essentiellement de l'Action de son Entendement, & de celle de sa Volonté.

Quelqu'vn pourroit accorder la proposition Generale que ie prends pour parler clairement de la Felicité Naturelle de l'homme sans demeurer d'accord de la Conclusion que i'en tire. En Effet il semble que nous puissions dire que la Felicité Naturelle de l'Homme soit la perfection qui luy conuient entant qu'il est Homme sans etre obligez de conclure qu'elle contient essentiellement les Actions de son Entendement, & de sa Volonté.

Il est vray que la proposition Generale qui est le Fondement des discours qu'il faut faire de la Felicité Naturelle de l'Homme nous apprend, qu'elle conuient seulement à ceux qui sont bien éclairez, & dont la Volonté est bien reglée; mais il semble qu'elle ne prouue pas, que l'Essence du Bon-heur qui conuient naturellement à l'Homme en cette vie depend de l'Action de son Entendement, & de celle de sa Volonté, comme bien que l'Homme soit vn Animal Raisonnable, qu'il ait la Puissance de rire, & que ces deux choses soient inseparables, il ne faut pas dire pourtant qu'elles composent l'Essence de l'Homme; dautant que les Philosophes auoüent d'vn commun Consentement, que l'Essence de chaque chose est la premiere perfection qui s'y rencontre.

Suiuant ce Principe ils soutiennent, que l'Animal Raisonnable est l'Essence de l'Homme, & que la Puissance de rire est seulement vne Proprieté qui est inseparable de sa Nature.

Il semble que le mesme Fondement prouue, que l'Essence du Bon-heur de celuy qui est bien reglé suiuant son Entendement, & sa Volonté, ne dépend que de l'Action de son entendement, & que la perfection de sa volonté est vne suite de celle de son entendement. En effet ie montreray dans l'explication de la sixiéme Table de la Philosophie Morale, que l'essence de la Felicité de ceux qui sont tres-parfaitement vnis à Dieu en l'autre vie, par la Contemplation de sa Nature, ne doit étre mise que dans l'Action de leur entendement, & que la Ioüissance du Souuerain Bien qui est le parfait repos de leur Volonté est vne suite de la Contemplation de Dieu.

Il est certain que ceux qui sont éleuez à ce dernier Degré de Felicité ont trouué la derniere perfection de leur entendement, & de leur Volonté : car ils connoissent l'essence Diuine sans aucun raisonnement, ils ayment necessairement la premiere Bonté, & comme leur Volonté ioüit d'vn Bien Vniuersel, qui contient toute sorte de perfections, leurs Desirs sont entierement bornez. Il est aussi tres-veritable, que la parfaite Contemplation de la premiere Verité, la Puissance de la contempler toujours, & la Ioüissance du Souuerain Bien sont des auantages inseparables de la Felicité des Bien-heureux ; d'où vient que ie montreray dans l'explication de la sixiéme Table de la Philosophie Morale, que la Vision, la Comprehension, & la Ioüissance de Dieu sont les Veritables recompenses de leur Foy, de leur Esperance, & de leur Charité: toutefois ie prouueray dans l'explication de la mesme Table, que la Felicité qui les met à couuert de toute sorte de Maux ne consiste essentiellement que dans l'Action de leur Entendement; & que les Actions qui perfectionnent leur Volonté sont des suites de la Contemplation de Dieu.

Il semble que la verité de ces Conclusions ne soit appuyée que sur le Principe dont nous auons parlé auparauant : car puis que l'essence de chaque chose est la premiere perfection qui s'y rencontre, la Contemplation de Dieu établit l'Essence de la Felicité de l'autre vie, & les autres auantages qui arriuent à ceux qui voyent Dieu comme il est en luy mesme ne sont que des suites de cette Action qui les vnit tres-parfaitement à la premiere source de leur Bon-heur.

On peut dire qu'il n'y a rien qui doiue nous empescher de discourir de la mesme façon de la Felicité qui peut arriuer naturellement à l'Homme en cette vie : car quoy qu'elle soit la perfection de l'Homme entant qu'il est Homme, & qu'elle conuienne seulement à ceux qui sont bien éclairez, & dont la Volonté est bien reglée, on pourroit dire pourtant, que son Essence ne depend que de l'Action de l'Entendement ; dau-

Explication de la quatriéme Table. 327
tant que l'eſſence de chaque choſe eſt la premiere perfection que nous y deuons conſiderer.

Il faut ſçauoir trois choſes pour répondre parfaitement à cette difficulté.

Premierement que le Principe qui la fait naitre n'eſt pas entierement étably.

En ſecond lieu que ie ne me ſeruiray pas de ce Principe dans l'Explication de la ſixiéme Table de la Philoſophie Morale, pour montrer que la ſeule Action de l'Entendement établit l'Eſſence du Bon-heur de l'autre Vie.

En troiſiéme lieu qu'il faut diſcourir d'vne maniere grandement differante de la Felicité Naturelle de l'Homme, & de celle qui bornera entierement ſes Deſirs en l'autre Vie par la con-templation de l'Eſſence Diuine.

Premierement la propoſition de celuy qui ſoutient que l'Eſſence de chaque choſe eſt la premiere perfection qui s'y rencontre eſt tres-veritable ; mais elle ne montre pas entierement ce que nous deuons entendre par l'eſſence des choſes. les Philoſphes tombent ſouuent dans vn ſemblable defaut dans l'établiſſement des Prin-cipes de Connoiſſance, comme ceux qui diſent que les Contraires ne peuuent etre dans vn meſ-me Sujet ne donnent pas vne entiere connoiſ-ſance de leur Nature ; c'eſt pourquoy nous de-uons adjouter quelque choſe à cette propoſition, pour donner le moyen de repondre aux difficul-tez que l'on peut faire pour en combattre la Verité, & nous deuons asseurer, que les Contraires ne peuuent etre ensemble, au dernier Degré, dans la mesme partie d'vn mesme Sujet, comme i'ay montré dans la premiere partie de la Logique.

Si nous voulons aussi auoir vne parfaite connoissance de l'essence de chaque chose, nous ne deuons pas nous contenter de connoitre, qu'elle est la premiere perfection qui s'y rencontre; nous deuons encore sçauoir qu'elle est la Cause des Proprietez qui luy appartiennent, comme l'Animal Raisonnable est l'essence de l'Homme pource qu'il est la premiere perfection que nous y deuons considerer, & la Cause de toutes les Proprietez qui conuiennent à la Nature Humaine.

Le parfait établissement du Principe qui nous fait connoitre ce que nous deuons entendre par l'essence d'vne chose prouue tres clairement, que celle de la Felicité Naturelle de l'Homme ne depend pas seulement de l'Action de son entendement; dautant que la seconde condition de l'essence ne conuient pas à l'Action de cette Faculté.

Il est vray que l'Action de l'entendement est la premiere perfection que nous deuons considerer dans la Felicité Naturelle de l'Homme; mais elle n'est pas la veritable Cause des autres auantages qui sont necessaires pour le rendre heureux, dautant que la perfection de la Volonté,

qui

Explication de la quatriéme Table.

qui suppose la Connoissance de l'Entendement comme vne Condition qui contribüe à sa naissance, ne la reconnoit pas pour sa veritable Cause.

En second lieu comme l'Action de l'Entendement n'est pas la veritable Cause de l'Action de la Volonté il ne faut pas imiter la façon de raisonner de ceux qui soutiennent que l'Essence de la Felicité de l'autre vie ne depend que de l'Action de l'Entendement, à cause que l'Essence d'vne chose est la premiere perfection qui s'y rencontre, & la veritable Cause de toutes les Proprietez qui luy appartiennent.

La Conclusion qu'ils veulent prouuer est tres-asseurée; mais ils ne mettent pas en vsage la proposition qu'il faut prendre pour en faire connoitre la Verité: car puis que l'Action de l'Entendement n'est pas la veritable Cause de l'Action de la Volonté, la Contemplation de Dieu n'est pas la veritable Cause des Actions qui perfectionnent la Volonté de ceux qui sont arriuez à ce dernier Degré de Felicité.

Ie répondray aux difficultez que l'on peut faire sur ce sujet, dans l'explication de la sixiéme Table de la Philosophie Morale, où ie prouueray que le Bon-heur de l'autre vie étant la Possession de Dieu ne consiste essentiellement que dans l'Action de l'Entendement, à cause que le repos de la Volonté, qui est la plus noble de ses Actions suppose la Possession du Souuerain Bien.

En troisiéme lieu ceux qui veulent traiter de la Felicité de cette vie comme de celle de l'autre vie, & qui mettent l'Essence de la premiere aussi bien que celle de la seconde dans la seule Action de l'Entendement asseurent que pour bien parler de l'Essence d'vne chose il suffit de dire, que c'est la premiere perfection qui s'y rencontre, soit que les autres perfections qu'elle possede en deriuent comme de leur veritable Cause, soit qu'elles en dependent seulement comme d'vne condition qui contribuë à leur Naissance.

Ie puis accorder ces propositions, que i'examineray dans l'explication de la sixiéme Table de la Philosophie Morale, sans etre obligé de suiure le sentiment de ces Philosophes; dautant qu'il faut discourir de la Felicité Naturelle de l'Homme, & de celle de l'autre Vie d'vne maniere grandement differante; car la connoissance qui est la premiere perfection que nous deuons considerer dans l'vne, & dans l'autre, peut etre separée de la perfection de la Volonté en cette Vie; mais en l'autre Vie elle est inseparable des auantages qui perfectionnent la Volonté des Bien-heureux.

Il est tres-éuident que l'Homme peut auoir en cette Vie plusieurs connoissances, sans etre Vertueux; mais il aymera necessairement Dieu en l'autre Vie, lors qu'il luy sera Vny par la contemplation de son Essence.

L'Experience ordinaire nous découure claire-

Explication de la quatriéme Table.

ment la premiere de ces Veritez, & ie prouueray la seconde dans l'Explication de la sixiéme Table de la Philosophie Morale, quand ie montreray, que les Bien-heureux, qui se rapportent à Dieu de la mesme façon que les Hommes regardent en cette Vie le Bien en General, ne pourront iamais s'éloigner d'vn Objet qui contient toute sorte de perfections sans aucun defaut.

Puis que l'Homme peut etre en mesme temps éclairé, & coupable de plusieurs Crimes, il faut conclure, que la Felicité qui luy peut arriuer naturellement, étant la perfection qui luy conuient entant qu'il est Homme, contient essentiellement la perfection de son Entendement, & celle de sa Volonté.

Il faut aller plus auant, pour d'écouurir l'Essence de cette Felicité, lors qu'elle est Parfaite.

DE L'ESSENCE DE LA PARfaite Felicité qui conuient Naturellement à l'Homme en cette Vie.

CHAPITRE XXVII.

PRES auoir montré dans le Chapitre precedant, que la Felicité Naturelle de l'Homme contient essentiellement la perfection de son entendement, & celle de sa Volonté, il faut aller plus auant en ce Chapitre, où il faut prouuer, que la Parfaite Felicité qui conuient à l'Homme suiuant sa Nature consiste essentiellement dans la Contemplation, & dans l'Amour de Dieu.

La Verité de cette Conclusion doit étre tirée du Principe qu'il faut prendre pour la prouuer.

Pour discourir clairement de la Parfaite Felicité qui conuient à l'Homme suiuant sa Nature, il ne suffit pas de dire, qu'elle est la perfection de l'Homme entant qu'il est Homme; mais il faut adiouter quelque chose à cette proposition, & il faut asseurer, que celuy qui est en cét état regarde directement Dieu.

Suiuant ce Principe, qui a été étably dans

Explication de la quatriéme Table. 333
le vint-troisiéme Chapitre de la premiere Partie de cét Ouurage, nous deuons soutenir, que la Parfaite Felicité qui conuient à l'Homme suiuant sa Nature consiste dans les plus nobles Actions des plus releuées Facultez, à l'égard du plus excellent Objet; c'est pourquoy nous deuons conclure, que l'Homme est arriué au dernier Degré de perfection auquel il peut tendre par l'effort de sa Nature, lors que son Entendement contemple Dieu, qui est tres-veritable, & que sa Volonté ayme Dieu, qui est tres-bon.

Il faut sçauoir trois choses pour bien entendre ce raisonnement, qui est dans la Table que nous expliquons.

Premierement que nous parlons icy du Bonheur que l'Homme peut aquerir par la Force de sa Nature.

En second lieu que nous y traitons de celuy qui est Parfait.

En troisiéme lieu que la Felicité Naturelle de l'Homme est Parfaite lors qu'elle regarde directement Dieu.

La premiere de ces trois propositions nous enseigne, que l'Essence de la Felicité que nous examinons en ce Chapitre depend de la perfection de l'Entendement, & de celle de la Volonté.

La seconde nous fait connoitre, qu'elle doit etre attribuée aux plus nobles Actions de l'Homme.

Enfin la troisiéme nous apprend, qu'elle consiste dans la contemplation, & dans l'Amour de Dieu.

Pour montrer plus clairement que ces Conclusions sont bien tirées des Principes qui les produisent, il faut raisonner en cette maniere.

Premierement la Felicité Naturelle de l'Homme étant la perfection qui luy conuient entant qu'il est Homme depend essentiellement de la perfection de son Entendement, & de celle de sa Volonté ; comme i'ay montré dans le Chapitre precedant, où i'ay repondu aux difficultez que l'on peut faire pour détruire cette Verité.

En second lieu pour bien expliquer l'essence de la parfaite Felicité qui conuient à l'Homme suiuant sa Nature ce n'est pas assez de dire qu'elle depend de la perfection de son Entendement, & de celle de sa Volonté: car entant qu'elle est parfaite, elle doit etre attribuée aux plus nobles Actions des Facultez qui distinguent l'Homme des Bestes.

Enfin comme elle est Parfaite entant qu'elle regarde directement Dieu, nous deuons conclure, qu'elle conuient seulement à ceux qui s'attachent à la Contemplation, & à l'Amour de la premiere Cause.

Pour auoir connoissance de la Verité de cette Conclusion il faut mettre en vsage le Precepte de la Methode qui nous enseigne que pour discourir clairement de toutes choses il faut descendre

Explication de la quatriéme Table. 335
par Ordre des Principes aux Conclusions qui en peuuent étre tirées.

Pour pratiquer icy ce Precepte il faut disposer plusieurs propositions en cét Ordre.

Si la Felicité Naturelle de l'Homme contient essentiellement la perfection de son Entendement & celle de sa Volonté, il est tres-éuident qu'elle doit étre attribuée aux plus nobles Actions de l'Homme, lors qu'elle est Parfaite; C'est pourquoy il faut examiner qu'elles sont les plus nobles Actions de l'Homme, pour décourir le dernier Degré de Felicité auquel il peut ariuer par l'effort de sa Nature.

Pour iuger de l'Excellence des Actions de l'Homme il faut sçauoir de quelle source la Noblesse des Actions doit étre tirée.

Comme l'Excellence des Effets est fondée sur celle des Causes qui les produisent, la Noblesse des Actions depend de celle des Facultez qui les eugendrent; c'est pourquoy nous deuons asseurer qu'vne Action est plus ou moins noble entant qu'elle vient d'vne Faculté plus ou moins releuée, d'où vient que l'Action de la veüe n'est pas si noble que celle de l'Entendement : car la premiere vient seulement d'vne Faculté qui nous est commune auec les Bestes ; mais la seconde est vne production de la plus releuée Faculté de l'Homme.

Ce n'est pas assez de sçauoir icy que les Actions doiuent leur Noblesse à celle des Facultez qui les produisent: car puis que la parfaite Felicité que l'Homme peut obtenir par sa propre industrie depend des plus nobles Actions des plus releuées Facultez il faut chercher la source de la Noblesse des Actions qui viennent d'vne mesme Faculté, pour sçauoir dans quelles Actions nous deuons mettre la parfaite Felicité qui conuient à l'Homme suiuant sa Nature.

Puis que la premiere Bonté des Actions Humaines depend de l'Objet qui les établit dans vne certaine Espece, l'excellence des Actions qui sont produites par vne mesme Faculté doit etre tiree de l'Excellence de l'Objet qu'elles regardent, comme la connoissance des choses Spirituelles doit etre preferée à celle des choses Corporelles, & l'Amour que nous deuons porter à Dieu est plus noble que celuy que nous pouuons auoir pour ses Creatures; d'où vient que nous deuons condamner l'Aueuglement de ceux qui cherchent la connoissance des choses Naturelles, sans éleuer leur esprit à la Contemplation de Dieu, & la folie de ceux qui méprisent Dieu pour s'occuper à la poursuite des Biens du Monde.

La suite de ces propositions nous fait connoitre, que la parfaite Felicité qui peut arriuer naturellement à l'Homme en cette Vie consiste dans les plus nobles Actions des plus releuées Facultez, à l'égard du plus excellent Objet; c'est pourquoy si nous voulons découurir le dernier
Degré

Explication de la quatrième Table.

Degré de Felicité que nous pouuons obtenir par la force de notre Nature nous deuons examiner trois choses.

Premierement quelles sont les plus nobles Facultez de l'Homme.

En second lieu quelles sont les Actions de l'Homme les plus releuées.

En troisiéme lieu quel est le plus excellent Objet que les Actions de l'Homme puissent regarder.

Premierement comme l'Homme est composé de deux Parties, qui sont le Corps, & l'Ame Raisonnable, il y a aussi deux sortes de Facultez.

Les vnes appartiennent au Corps, & les autres sont propres à l'Ame Raisonnable; à sçauoir l'Entendement, & la Volonté.

Les premieres sont Corporelles; mais les autres sont Spirituelles.

Les premieres exercent leurs Actions par des Organes proportionnez à leur Nature; mais les autres agissent sans Organe Corporel.

Enfin les premieres nous sont communes auec les Bestes; mais les autres nous sont communes auec les Substances qui sont separées de la Matiere.

Les propositions precedantes nous enseignent que si nous voulons considerer la Nature de nos Facultez, leur maniere d'agir, & le rapport qu'elles ont, ou auec les Bestes, ou auec les Intelligences, nous trouuerons que l'entendement & la Volonté surpassent absolument toutes les autres Facultez.

Cette Verité, qui est accordée de tous les Philosophes est si claire, que tous ceux qui ont l'vsage de la Raison la connoissent; mais ce consentement vniuersel des Hommes est vne preuue tres-asseurée de l'aueuglement de ceux qui obeïssent à leurs Passions, de leur Brutalité, & de leur Ingratitude.

Ils demeurent d'accord que l'Entendement, qui connoit les choses Spirituelles, est plus noble que le Sens, qui ne connoit que les choses Corporelles. Ils auoüent aussi, que la Volonté, qui est vne Faculté Spirituelle, est plus excellente que l'Appetit Sensuel, qui est vne Faculté Corporelle: toutefois ils méprisent la conduite de la Raison pour suiure celle des Sens, & ils s'éloignent des Ordres de la Volonté, pour obeïr aux Mouuemens de la Passion qui les agite. Ces Actions sont des preuues tres-éuidentes de leur Aueuglement.

Ils sçauent que le Sens, & l'Appetit Sensuel sont deux Facultez qui leur sont communes auec les Bestes, & que l'Entendement, & la Volonté les rendent semblables aux Anges: toutefois l'attachement qu'ils ont aux Biens de la Terre prouue tres-clairement, qu'ils se laissent conduire par le Sens plûtost que par la Raison & que leur Volonté est assuietie aux Loix de la Partie inferieure

Explication de la quatriéme Table.

de leur Ame. On ne peut affez blâmer leur Brutalité; puis qu'ils quittent vne Vie Angelique, pour imiter celle des Beftes.

Les auantages qu'ils peuuent tirer de leur entendement, & de leur Volonté leur font connoitre qu'ils font grandement redeuables à Dieu, & qu'ils font coupables d'Ingratitude; puis qu'ils ne fuiuent pas les Ordres des Facultez que Dieu leur a données pour executer ceux de fa Prouidence.

En fecond lieu la Contemplation & l'Amour font les plus excellentes Actions que l'Homme puiffe exercer en ce Monde: car la Contemplation eft la plus releuée Action de fon Entendement, & l'Amour eft la plus parfaite Action que fa Volonté puiffe exercer en cette Vie.

Il eft tres-éuident que la Contemplation eft la plus excellente Action de l'Entendement: car puis que cette Action s'arrete dans la connoiffance de fon Objet, elle n'oblige pas celuy qui la produit à faire ce qu'elle luy fait connoitre.

Puis que la Contemplation n'oblige pas celuy qui contemple à faire la chofe qu'il confidere, nous iugeons facilement que cette Action eft vn parfait repos; c'eft pourquoy nous deuons conclure qu'elle doit étre preferée aux connoiffances que nous auons des chofes que nous deuons faire.

Ceux qui ont la connoiffance des Principes de la Science Generale ne doutent pas de la Verité de cette Conclufion, qu'ils peuuent facilement établir en cette maniere.

La Fin est plus noble que le Moyen qui nous y conduit.

Cette proposition Generale montre clairement que le repos est plus noble que le Mouuement qui est vn Moyen pour y arriuer.

Comme le repos est plus noble que le Mouuement qui est vn Moyen pour y arriuer, la Contemplation, qui est vn parfait Repos, doit être preferée aux connoissances que nous auons des choses que nous deuons faire.

Apres auoir prouué que la Contemplation est la plus noble Action de l'Entendement il faut montrer que l'Amour est la plus parfaite Action que la Volonté puisse exercer en cette Vie.

Pour auoir vne claire connoissance de cette Verité il faut repondre aux difficultez que l'on peut faire pour la combattre.

Il semble que l'Amour ne soit pas vne Action de la Volonté; puis qu'elle est du nombre des Passions qui se forment dans l'Appetit Sensuel.

Pour répondre à cette difficulté il faut sçauoir que le nom d'Amour est Equiuoque; dautant qu'il signifie, ou l'Inclination que nous auons au Bien Sensible, ou celle que nous auons au Bien qui est conforme à la Raison.

Si nous prenons l'Amour pour l'Inclination que nous auons au Bien Sensible, nous deuons soutenir qu'elle est la premiere Passion de l'Ap-

Explication de la quatriéme Table.

petit Concupiscible; mais si nous la prenons pour l'Inclination que nous auons au Bien qui est conforme à la Raison, nous deuons asseurer qu'elle est du nombre des Actions de la Volonté.

On peut faire icy vne seconde difficulté beaucoup plus grande que la premiere, pour combattre la proposition par laquelle i'asseure que l'Amour est la plus noble Action que la Volonté puisse exercer en cette Vie.

En effet il semble que cét auantage doit étre attribué à la Ioüissance, suiuant les Lumieres que nous pouuons receuoir des propositions qui ont été disposées par ordre auparauant: car puis que la Fin est plus noble que le Mouuement qui est vn Moyen pour y arriuer; il semble donc que la Ioüissance, qui est le parfait Repos de la Volonté soit la plus noble de ses Actions.

Il est vray que la Ioüissance est absolument la plus noble Action de la Volonté; mais cette proposition ne détruit pas celle par laquelle i'asseure que l'Amour est la plus noble Action que la Volonté puisse exercer en cette Vie; dautant que la Ioüissance ne luy peut arriuer qu'en l'autre Vie.

Ie prouueray amplement cette Verité dans l'explication de la vint-quatriéme Table de la Philosophie Morale, quand ie montreray, que nous ne pouuons ioüir que de la derniere Fin : & que la parfaite ioüissance de cette Fin en suppose la Possession.

Pour donner icy quelque connoissance de cette Verité il faut disposer par Ordre quelques propositions.

La Ioüissance est le parfait Repos de la Volonté.

Il est certain que notre Volonté ne sera en Repos que lors que ses Desirs seront entierement bornez.

Les desirs de notre Volonté ne peuuent être entierement bornez que par la Possession d'vn Bien Vniuersel; il faut donc conclure, que la Ioüissance, étant le parfait Repos de la Volonté suppose la Possession du Souuerain Bien.

Ce n'est pas assez d'auoir prouué que la Contemplation, & l'Amour sont les plus nobles Actions que l'Homme puisse exercer en cette Vie : car comme l'Excellence des Actions qui doiuent leur naissance à vne mesme Faculté doit être tirée de l'Excellence de l'Obiet qu'elles regardent, nous deuons icy examiner quel est le plus parfait Objet de la connoissance, & de l'amour, d'autant que nous y voulons établir l'Essence de la parfaite Felicité qui conuient naturellement à l'Homme, qui depend des plus nobles Actions de ses plus releuées Facultez.

En troisiéme lieu pour découurir le plus noble Objet de la Connoissance, & de l'Amour, il faut supposer que ces Actions ont le mesme Objet que les Facultez qui les produisent.

La Physique nous enseigne, que l'Objet de

Explication de la troisième Table. 343

l'Entendement est ou Materiel, ou Formel; que l'Etre en General est l'Objet Materiel de cette Faculté; que la Verité est son Objet Formel; & qu'en suite ce qui est Intelligible est l'Objet de l'Entendement.

La mesme Science nous apprend, que l'Objet de la Volonté est, ou Materiel, ou Formel; que l'Etre en General est l'Objet Materiel de cette Faculté; que la Bonté est son Objet Formel, & qu'en suite ce qui doit être desiré est l'Objet de la Volonté.

Ces Veritez nous font connoitre, que Dieu est le plus excellent Objet de l'Entendement, & de la Volonté: car comme il est vn Etre Infiny, il est aussi infiniment Intelligible, & dautant qu'il est infiniment bon, il doit être aussi le principal Objet de nos Desirs.

La suite des propositions qui ont été disposées par Ordre en ce Chapitre prouue, que la Parfaite Felicité qui conuient à l'Homme suiuant sa Nature doit être mise dans la Contemplation, & dans l'Amour de Dieu.

Pour auoir vne plus claire connoissance de cette Verité il faut reduire en peu de mots le raisonnement qui a été fait sur ce sujet, en cette maniere.

La Parfaite Felicité qui peut arriuer naturellement à l'Homme en cette Vie depend de ses plus nobles Actions.

Comme les Actions empruntent leur Noblefse de la Faculté qui les produit, & de l'Objet qu'elles regardent, la Felicité, dont nous examinons l'essence en ce Chapitre, consiste dans les plus nobles Actions, des plus releuées Facultez, à l'égard du plus excellent Objet.

L'Entendement, & la Volonté, qui distinguent l'Homme des Bestes, sont ses plus nobles Facultez.

La Contemplation, qui est dans le Repos, est la plus noble Action de l'entendement.

L'Amour est la plus parfaite Action que la Volonté puisse exercer en cette Vie.

Dieu, qui est tres-Intelligible, & tres-bon, est le plus excellent Objet de l'entendement, & de la Volonté.

La suite de ces propositions prouue clairement, que l'Homme est arriué au dernier degré de Felicité auquel il peut tendre par l'effort de sa Nature, lors que son Entendement contemple Dieu, qui est tres-veritable; & que sa Volonté ayme Dieu, qui est tres bon.

Apres auoir étably l'Essence de la parfaite Felicité qui conuient à l'Homme suiuant sa Nature il en faut faire la Diuision, suiuant l'ordre de la Table que nous expliquons, qui nous enseigne que cette Felicité est, ou Contemplatiue, ou Actiue.

Pour entendre cette Diuision, & pour decouurir le rapport qu'elle peut auoir auec les choses qui ont été expliquées auparauant, il faut disposer quelques

Explication de la quatriéme Table.

quelques propofitions en cét Ordre.

La Parfaite Felicité que l'Homme peut obtenir par l'effort de fa Nature confifte effentiellement dans la Contemplation, & dans l'Amour de Dieu.

Celuy qui ayme Dieu fuit la Lumiere qui eft naturellement imprimée dans fon Entendement.

La Lumiere qu'il a de la Nature le conduit à la pratique des Vertus; c'eft pourquoy fa Felicité, ou fa Vie eft, ou Contemplatiue, ou Actiue.

Les vns s'attachent principalement à la premiere, & les autres s'addonnent particulierement à la feconde.

Ariftote prouue amplement dans le dixiéme liure de fa Morale, que la Vie Contemplatiue eft plus noble que l'Actiue.

Pour auoir vne claire connoiffance de cette Verité, il faut découurir la fource des raifons qu'il faut prendre pour l'établir.

LA SOURCE DES RAISONS
qu'il faut prendre pour montrer que la
Vie Contemplatiue est plus noble que
l'Actiue.

Chapitre XXVIII.

L est vtile de sçauoir la source des raisons qu'il faut mettre en vsage pour prouuer toute sorte de Conclusions, comme celles qu'il faut prendre pour montrer que les Plaisirs de l'Ame sont plus nobles que ceux du Corps doiuent étre tirées de la naissance du Plaisir; c'est à dire que nous deuons examiner de quelle maniere le Plaisir se forme dans l'Appetit Sensuel, ou dans la Volonté, pour faire connoitre que les Plaisirs de l'Ame doiuent etre preferez à ceux du Corps.

Comme le Plaisir est vne Action des Facultez qui desirent il faut auoir la connoissance de la façon d'agir de ces Facultez pour sçauoir de quelle maniere le Plaisir y peut étre engendré.

La Physique nous apprend que les Facultez qui desirent, & celles qui connoissent agissent

Explication de la quatriéme Table. 347

d'vne maniere grandement differante: toutefois nous pouuons asseurer sans etre en peril de tomber dans l'erreur, que les Objets ne peuuent etre connus ny desirez, qu'ils ne soient en quelque façon vnis à la chose qui les connoit, ou qui les desire.

Les choses Intelligibles ne peuuent etre connuës qu'elles ne soient dans l'Entendement qui les connoit : car l'entendement attire à soy son Objet, en le connoissant par l'Image, & par l'Idée qu'il en produit.

Il est vray que la Bonté qui est dans la Fin fait agir la Volonté; & que cette Faculté se porte à la chose qui est le Terme de son Action; mais la connoissance de la Fin est vne condition necessaire pour en exciter le Desir.

Ces propositions nous enseignent, que les Objets ne peuuent etre connus, ny desirez, qu'ils ne soient en quelque façon vnis à la chose qui les connoit, ou qui les desire.

Ces Veritez nous découurent clairement la naissance du Plaisir : car puis qu'il est vne suite du Desir, nous deuons asseurer qu'il se forme en l'Ame, lors qu'vn agreable Objet est vny à quelque Faculté.

Cette proposition nous apprend, que la Noblesse des Plaisirs doit etre tirée, ou de leur Objet, ou de la Faculté qui les reçoit, ou de l'vnion de leur Objet auec leur Sujet.

Nous pouuons tirer des raisons de ces trois

Xx ij

sources, pour faire connoitre, que les Plaisirs de l'Ame doiuent etre preferez à ceux du Corps.

Premierement comme l'excellence des Plaisirs est fondée sur celle de leur objet, il est tres-éuident que les Plaisirs de l'Ame sont plus nobles que ceux du Corps: car les choses Corporelles, qui sont l'Objet des Plaisirs du Corps doiuent ceder à la Noblesse des choses Spirituelles, qui sont l'Objet des Plaisirs de l'Ame.

Comme les Plaisirs de l'Ame ont pour Objet des choses Spirituelles, ils ne sont pas accompagnez de Douleur; mais il ne faut pas faire le mesme Iugement de ceux du Corps: car les choses Corporelles, qui sont leur Objet ont quelque perfection auec plusieurs defauts. Si la connoissance de leur perfection peut donner du Plaisir, celle de leurs defauts peut être le Principe de la Douleur.

Puis qu'elles sont suietes au changement, si leur presence peut engendrer quelque Plaisir dans l'Ame de celuy qui les possede, leur Absence peut être cause de son inquietude; d'où vient qu'Aristote dit admirablement au septiéme Chapitre du second liure de sa Politique, que celuy qui veut trouuer vn Plaisir sans Douleur doit s'addoner à l'Etude de la Philosophie.

En second lieu les Plaisirs du Corps se forment dans l'Appetit Sensuel, par la connoissance de l'Imagination; mais ceux de l'Ame sont produits dans la Volonté, par le moyen de la con-

Explication de la quatriéme Table. 349
noiffance de l'Entendement. Il eft certain que la Volonté qui eft vne Faculté Spirituelle, qui agit fans Organe Corporel, & qui nous eft commune auec les Intelligences, eft plus noble que l'Appetit Senfuel, qui eft vne Faculté Corporelle, qui agit par vn Organe Corporel, & qui nous eft commune auec les Beftes ; il faut donc conclure que les Plaifirs de l'Ame font plus nobles que ceux du Corps, à l'égard de la Faculté qui les reçoit.

En troifiéme lieu l'vnion des Obiets Spirituels auec la Volonté eft plus admirable que celle des Objets Corporels auec l'Appetit Senfuel.

Pour auoir vne parfaite connoiffance de cette Verité il faut fçauoir, que l'Vnion de deux chofes eft excellente, lors qu'elle fe fait d'vne excellente maniere, qu'elle eft fort étroite, & qu'elle eft de longue durée.

Suiuant ces propofitions nous pouuons montrer par trois raifons, que l'Vnion des Objets Spirituels auec la Volonté eft plus admirable que celle des Objets Corporels auec l'Appetit Senfuel.

Premierement l'Vnion des Objets Spirituels auec la volonté fe fait d'vne plus excellente façon que celle des Objets Corporels auec l'Appetit Senfuel : car la premiere ne fe fait pas comme la feconde par le changement d'vn Organe Corporel.

En fecond lieu l'Vnion des Objets Spirituels

auec la Volonté eſt Plus étroite, que celle des Objets Corporels auec l'Appetit Senſuel.

Il faut ſçauoir trois choſes pour auoir la connoiſſance de cette Verité. Premierement que l'vnion des Objets Spirituels auec la Volonté depend de l'Entendement. En ſecond lieu que celle des Objets Corporels auec l'Appetit Senſuel ſe fait par le moyen du Sens. Enfin que l'entendement va plus auant que le Sens: car le Sens s'arréte à la ſurface des choſes qu'il connoit; mais l'Entendement penetre dans leur Eſſence.

Ces Veritez que la Phyſique nous enſeigne nous font connoitre tres-clairement, que l'vnion des Objets Spirituels auec la Volonté eſt plus étroite que celle des Objets Corporels auec l'Appetit Senſuel : car la premiere depend de l'entendement qui penetre dans l'Eſſence des choſes qu'il connoit; mais la ſeconde ſe fait par le Moyen du Sens, qui s'arrete à la ſurface des choſes qui ſont l'Objet de ſa connoiſſance.

En troiſiéme lieu l'Vnion des Objets Spirituels auec la Volonté eſt de plus longue durée, que celle des Objets Corporels auec l'Appetit Senſuel : pource que les choſes Spirituelles ne ſont pas ſuiettes au changement comme les choſes Corporelles.

Les propoſitions precedantes montrent tres-clairement, que les raiſons qu'il faut employer pour prouuer que les Plaiſirs de l'Ame ſont plus nobles que ceux du Corps doiuent être tirées de

Explication de la quatriéme Table. 351
leur Objet, de la Faculté qui les reçoit, & de l'Vnion de leur Objet auec leur Sujet.

Il faut pratiquer la mefme Methode pour prouuer toute forte de Conclufions; c'eft à dire qu'il faut découurir la fource des raifons que l'on doit mettre en vfage pour en faire connoitre la Verité.

I'ay donné plufieurs Preceptes pour arriuer à cette Fin, dans la quatriéme partie de la Logique; c'eft pourquoy ie me contenteray de chercher en ce Chapitre la fource des raifons qu'il faut prendre pour montrer que la Vie Contemplatiue eft plus noble que celle qui s'attache à la pratique des Actions exterieures de la Vertu.

Pour trouuer la Source des raifons qui prouuent que la Vie Contemplatiue doit étre preferée à l'Actiue, il faut examiner ce que nous deuons remarquer dans l'vne, & dans l'autre.

Si nous voulons connoitre ce que nous deuons remarquer dans la Vie Contemplatiue, & dans l'Actiue, nous deuons fçauoir ce que nous deuons confiderer en toute forte de Vie.

Nous deuons confiderer en toute forte de Vie fon Principe, fon Terme, ou fon Objet, & le Rapport qu'elle peut auoir auec la premiere Vie : c'eft pourquoy l'Excellence d'vne Vie doit étre tirée, de fon Principe, de fon Objet, & du Rapport qu'elle peut auoir auec Dieu, qui eft la Vie mefme, comme ie montreray dans l'Explication de la huitiéme Table de la Theologie Naturelle.

Suiuant la liaison de ces proposition nous deuons asseurer que la Noblesse de la Vie Contemplatiue doit étre tirée, ou du Principe qui contemple la Verité, ou de l'Objet de la Contemplation, ou de l'Imitation de Dieu.

Pour auoir vne claire connoissance de cette Verité il faut disposer par Ordre quelques propositions.

Toutes choses imitent Dieu par le moyen de leurs Actions.

Comme Dieu se communique d'vne differante façon à ses Creatures, il est aussi l'Objet de leurs Desirs d'vne maniere grandement differante.

Les choses qui n'ont point de Raison ne tendent à Dieu qu'Indirectement; mais celles qui sont Raisonnables ont reçeu vne Lumiere, qui est vne participation de la premiere Raison, qui les conduit à la Connoissance, & à l'Amour de Dieu; d'où vient que nous pouuons dire, suiuant l'Ordre de la Table que nous expliquons, que l'Esprit Humain s'attachant à la Contemplation de Dieu imite parfaitement la premiere Cause, dont le Bon-heur consiste dans la Contemplation de son Essence.

La disposition de ces propositions nous fait connoitre tres-clairement, que la Noblesse de la Vie Contemplatiue doit étre tirée, ou du Principe qui

Explication de la quatriéme Table.

qui contemple la Verité, ou de l'Objet de la Contemplation, ou de l'Imitation de Dieu.

Ie montreray suiuant cét Ordre, dans les Chapitres suiuans, que la Vie Contemplatiue est plus noble que l'Actiue, à cause que la premiere vient d'vn plus noble Principe que la seconde ; que l'Objet de la premiere est plus excellent que celuy de la seconde ; & que la premiere nous fait imiter Dieu plus parfaitement que la seconde.

Y y

QVE LA VIE CONTEMPLA-
tiue est plus noble que l'Actiue, à l'égard de son Principe.

CHAPITRE XXIX.

L faut sçauoir pourquoy la Vie Humaine doit être diuisée en Contemplatiue, & en Actiue, pour connoitre, que la premiere est plus Noble que la seconde, à l'égard de son Principe.

La premiere chose qu'il faut faire pour bien établir la Diuision precedante est de répondre à vne difficulté que l'on peut faire pour la combattre.

Si nous considerons les Principes de la Vie, de la Contemplation, & des Actions Exterieures, nous pourrons croire que la Vie Humaine ne doit pas étre diuisée en Contemplatiue, & en Actiue.

Il est vray que l'Ame est le premier Principe de la Vie, de la Contemplation, & des Actions Exterieures que nous pouuons exercer; mais elle est le Principe de ces trois choses d'vne differante maniere.

L'Ame est le Principe de la Vie par son Essen-

Explication de la quatriéme Table. 355
ce; d'où vient qu'Aristote dit au second liure de l'Ame que la Vie des choses Viuantes n'est autre chose que leur Etre.

L'Ame est le Principe de la Contemplation, & des Actions Exterieures, par des puissances qui viennent de son Essence : car elle contemple par l'Entendement, & il est tres-éuident qu'elle exerce des Actions Exterieures par le moyen de plusieurs Facultez.

Comme l'Ame est le Principe de la Vie par son Essence, & qu'elle produit la Contemplation, & les Actions Exterieures par quelques Facultez differantes de sa Nature on pourroit dire, que la Vie Humaine ne doit pas être diuisée en Contemplatiue, & en Actiue.

Pour répondre à cette difficulté il faut sçauoir, que la Forme de chaque chose, qui l'établit dans vne certaine Espece, est le Principe de sa propre Operation ; d'où vient que nous pouuons dire, que la Vie est l'Etre des choses Viuantes, à cause que les choses Viuantes, qui doiuent leur Etre à la Fortune qui les fait étre ce qu'elles sont, exercent des Actions conformes à leur Nature.

Pour répondre plus clairement à la difficulté precedante il faut distinguer deux sortes de Vies.

La premiere est l'Etre que l'Ame donne au Corps, & la seconde consiste dans les Actions que l'Ame produit par ses Facultez.

L'Ame est le Principe de ces deux Vies d'vne differante façon : car elle est le Principe de la premiere par son Essence; mais elle est le Principe de la seconde par ses facultez; c'est pourquoy la Vie Humaine doit être diuisée en Contemplatiue, & en Actiue.

La Verité de cette Conclusion depend de plusieurs propositions qui doiuent être disposées par Ordre.

Les choses Viuantes contiennent en elles mesmes le Principe de leur Mouuement, comme i'ay montré dans l'Explication de la quatorziéme Table de la Physique.

Comme elles contiennent en elles mesmes le Principe de leur Mouuement, elles peuuent exercer quelques Actions par leur propre force.

Les Actions qui leur conuiennent principalement sont celles qui leur sont propres, & qui sont conformes à leur Nature.

Suiuant ces Veritez nous deuons asseurer, que les choses Viuantes viuent proprement, quand elles exercent les Actions qui leur sont propres, & qui sont conformes à leurs Inclinations, comme la Vie des Plantes consiste dans la Nourriture, & dans la Generation; Celle des Bestes se fait connoitre par le Sentiment, & par le Mouuement. Enfin les Hommes viuent proprement, lors qu'ils agissent suiuant leur Raison.

Il est tres-certain que les Hommes agissent suiuant leur Raison, lors qu'ils trauaillent auec beaucoup de soin pour aquerir la Science, & la Vertu; mais comme les vns s'arretent principa-

Explication de la quatriéme Table. 357
lement à la Contemplation de la Verité, & que les autres s'adonnent particulierement à la pratique des Action Exterieures de la Vertu, la Vie Humaine doit etre diuisée en Contemplatiue, & en Actiue.

Pour auoir vne Parfaite connoissance de cette Diuision il faut sçauoir, qu'elle est fondée sur celle que nous pouuons faire de l'Esprit Humain: car puis que l'Homme vit proprement quand il agit suiuant sa Raison, la Diuision de la Vie qui luy est propre doit etre tirée de celle de sa Raison.

La Raison Humaine est, ou Speculatiue, ou Pratique : car ou la connoissance qui prouient de cette Faculté s'arréte dans la Contemplation de la Verité, ou elle tend à quelque Action Exterieure.

La premiere appartient à la Raison Speculatiue, & la seconde est vn Effet de la Raison pratique.

On pourroit dire que la Raison Speculatiue, & la Raison Pratique ne sont pas deux differantes Facultez : car ce qui est par Accidant n'établit pas vne differance Essentielle, & il arriue par Accidant aux choses qui peuuent etre connües par l'Entendement, ou qu'elles peuuent etre connües seulement, ou qu'elles peuuent etre faites.

J'auoüe qu'il ne faut pas mettre vne Differance Essentielle entre la Raison Speculatiue, & la

Raison pratique, comme i'ay montré dans l'Explication de la vint-deuxiéme Table de la Physique ; c'est pourquoy il faut remarquer, que la Diuision que les Philosophes font de la Raison en Speculatiue, & en Pratique montre seulement, que nous pouuons donner ces deux noms à cette Faculté à cause de deux differantes fonctions.

Pour repondre aux difficultez que l'on peut faire sur ce sujet, & pour sçauoir de quelle maniere la diuision de la Vie Humaine en Contemplatiue, & en Actiue doit etre tirée de la Diuision de la Raison, il faut dire, que la Vie Contemplatiue est celle qui conuient à la Raison, entant qu'elle s'occupe à la Contemplation de la Verité ; & que la Vie Actiue est celle qui conuient à la mesme Faculté, entant qu'elle connoit plusieurs choses que nous deuons pratiquer.

Comme vne parfaite Diuision doit contenir toutes les parties de la chose que l'on diuise, il semble que celle que nous faisons de la Vie Humaine en Contemplatiue, & en Actiue ne soit pas acheuée : car si nous consultons le troisiéme Chapitre du premier Liure de la Morale d'Aristote, nous trouuerons que la Vie est, ou Voluptueuse, qui a pour Objet les Plaisirs du Corps, ou Actiue, qui tend principalement à la Vertu, ou Contemplatiue, qui s'attache à la Contemplation de la Verité.

Ie demeure d'accord auec Aristote que cette

Explication de la quatrième Table.

Diuision est veritable ; mais ie soutiens qu'elle ne détruit pas la precedante : car puis que les Voluptueux, qui viuent d'vne façon qui leur est commune auec les Bestes degenerent de leur condition, comme dit Aristote au mesme Chapitre, il faut asseurer, que la Vie qui est propre à l'Homme est, ou Contemplatiue, ou Actiue.

Cette Diuision peut étre combattüe par le témoignage de Saint Augustin, qui établit trois sortes de Vies propres à l'Homme au dix-neufuiéme Chapitre de la Cité de Dieu.

La premiere, qui est dans le Repos est celle qui doit étre appellée Contemplatiue.

La seconde s'applique à la pratique des Actions Exterieures de la Vertu.

La troisiéme est composée des deux precedantes.

Si nous considerons les differantes occupations des Hommes, nous trouuerons, que la Diuision que Saint Augustin fait de la Vie Humaine est tres-veritable; il ne suffit donc pas de dire, que la Vie qui est propre à l'Homme est, ou Contemplatiue, ou Actiue.

Pour accorder ces propositions il faut sçauoir, que le Milieu qui est composé de ses Extremitez y est en quelque façon contenu, comme la Tiedeur est contenuë dans le Chaud, & dans le Froid.

Ce Principe nous apprend, que la Vie de ceux qui s'addonnent à la Contemplation de la Verité, & à la pratique des Actions Exterieures de la Vertu est contenüe dans la Vie Contemplatiue, & dans l'Actiue ; mais comme dans le mélange des quatre premieres Qualitez qui se rencontrent dans les Corps Naturels l'vne surpasse les autres, dans la Vie Humaine qui est composée de la Contemplation, & de la pratique de la Vertu, l'vne de ces Actions surpasse l'autre ; c'est à dire que si nous considerons les occupations de ceux qui s'attachent à la recherche de la Verité, & à la pratique des Actions Exterieures de la Vertu, nous trouuerons, qu'ils s'addonnent principalement à la premiere, ou à la seconde de ces Actions ; c'est pourquoy nous deuons conclure, que la Vie qui est propre à l'Homme est, ou Contemplatiue, ou Actiue.

Nous pourrons douter de la Verité de cette Conclusion si nous remarquons auec Aristote au dernier Chapitre du neufuiéme liure de sa Morale, que nous deuons donner le nom de Vie à l'Action qui est conforme à notre Inclination.

Cette proposition montre que la Diuision de la Vie Humaine doit étre tirée de la diuersité des Actions qui peuuent étre conformes aux particulieres Inclinations des Hommes.

Si nous considerons toutes les Inclinations des Hommes, nous iugerons facilement, que toutes les Actions qui leur répondent ne peuuent étre contenües dans la Contemplation de la Verité, & dans la pratique de la Vertu ; c'est pourquoy

il semble

Explication de la quatriéme Table.

il semble que la Diuision de la Vie Humaine en Contemplatiue, & en Actiue ne soit pas acheuée.

Pour répondre à cette difficulté il faut sçauoir, que les Hommes se laissent conduire par la Violence de leurs Passions, ou qu'ils suiuent la lumiere de la Raison.

Les Actions de ceux qui suiuent le Mouuement de la Passion qui les agite ne peuuent pas receuoir le nom de Vie Humaine, comme i'ay dit auparauant.

Quand les Hommes suiuent la Lumiere de leur Raison, toutes leurs Actions se rapportent, ou à la recherche de la Verité, ou à la Conduite de la Vie Humaine ; c'est pourquoy nous deuons soutenir, que la Vie qui est propre à l'Homme est, ou Contemplatiue, ou Actiue.

Apres auoir bien étably cette Diuision il faut prouuer en ce Chapitre, que la Vie Contemplatiue est plus noble que l'Actiue, à l'égard de son Principe

Aristote nous fait connoitre cette Verité, au septiéme Chapitre du dixiéme Liure de sa Morale, lors qu'il dit, que la Contemplation conuient à l'Homme suiuant son Entendement, qui est la plus noble de ses Facultez.

Il est vray que la Volonté, qui a pour Objet le Bien en General, est en quelque façon plus noble que l'Entendement ; mais l'Entendement est absolument plus noble que la Volonté : car comme i'ay montré dans l'Explication de la vint-quatriéme Table de la Physique l'Objet de l'Entendement, qui est l'Essence du Bien qui peut etre desiré, est plus simple que le Bien qui peut etre desiré, qui est l'Objet de la Volonté.

Ce n'est pas assez de sçauoir que la Vie Contemplatiue conuient à l'Homme suiuant son Entendement, pour montrer qu'elle est plus noble que l'Actiue, à l'égard de son Principe; dautant que la Vie Actiue depend aussi bien que la Contemplatiue de l'Entendement : car la pratique des Actions Exterieures de la Vertu depend du Choix, qui vient de la Volonté, & le Choix suppose la Deliberation, qui est vn Effet de l'Entendement.

La Diuision de la Vie Humaine qui a été faite auparauant augmente la difficulté que l'on peut faire icy : car puis que la Vie qui est propre à l'Homme consiste dans les Actions qui sont conformes à sa Raison, la Vie Contemplatiue, & l'Actiue dependent d'vn mesme Principe; il semble donc que la premiere ne soit pas plus noble que la seconde, à l'égard de son Principe.

Ie demeure d'accord, que les deux vies qui sont propres à l'Homme dependent de sa Raison: toutefois ie soutiens que la premiere est plus noble que la seconde, à l'égard de son Principe; dautant que la Vie Contemplatiue appartient à la Raison Speculatiue, qui est plus noble que la Raison Pratique, qui est le Principe de la vie Actiue.

Explication de la quatrième Table.

Comme nous deuons iuger de l'Excellence des Facultez par celle des Objets qu'elles regardent la Raison Speculatiue, qui a pour Objet des choses necessaires, & principalement Dieu, doit étre preferée à la Raison Pratique, qui a pour Objet plusieurs choses Contingentes; il faut donc conclure que la vie contemplatiue est plus noble que l'Actiue, à l'égard de son Principe.

Pour auoir vne plus claire connoissance de la verité de cette conclusion il faut sçauoir, que les Facultez qui nous sont communes auec les Bestes contribüent aux Actions Extérieures de la Vertu : mais que la contemplation n'appartient qu'à l'Entendement, qui est la plus releuée Faculté de l'Homme.

Si nous considerons les Actions de ceux qui s'addonnent à la vie contemplatiue, nous trouuerons qu'elles sont comme autant d'Images de la Felicité Diuine, & nous iugerons, que la Sagesse, qui attache l'Homme à la Contemplation de Dieu, l'éleue à vn degré de perfection qui surpasse le degré de son Être ; puis qu'elle le rend participant de la condition des Substances qui sont absolument separées de la Matiere.

La Vie Contemplatiue, qui ne consiste que dans l'Action de la Raison Speculatiue, n'appartient pas à l'Homme, entant qu'il est composé d'vne Ame Spirituelle, & d'vn corps suiet à la corruption ; mais elle luy conuient seulement, entant qu'il est éclairé en sa plus haute partie d'vne lumiere tres-éclatante, qui est vne participation de la Raison Diuine; d'où vient qu'Aristote dit admirablement au septiéme Chapitre du dixiéme liure de sa Morale, que celuy qui contemple la Verité ne vit pas entant qu'il est Homme; mais entant qu'il y a en luy vne chose diuine, qui l'éleue au dessus de sa Nature.

Pour expliquer ce passage, & pour montrer que la Vie Contemplatiue éleue l'Homme à vn degré de perfection qui surpasse le degré de son Etre il faut auoir la connoissance de la Vie qui conuient à l'Homme entant qu'il est Homme.

Cette vie peut être facilement connüe par ses Conditions.

Nous deuons connoitre la Nature de l'Homme, pour découurir les conditions de la vie qui luy conuient entant qu'il est Homme.

Comme tout Corps Naturel est composé de deux Parties, qui sont la Matiere, & la Forme, l'Homme est aussi composé de deux Parties, qui sont le Corps, & l'Ame.

Les Actions que l'Homme exerce prouuent clairement qu'il a deux sortes de Facultez.

Les vnes sont attachées au Corps, & les autres sont propres à l'Ame; à sçauoir l'Entendement, & la Volonté.

Les premieres nous sont communes auec les Bestes; mais les autres nous sont communes auec les Intelligences.

Celuy qui connoit la Nature de l'Homme iu-

Explication de la quatriéme Table.

ge facilement qu'il vit entant qu'il eft Homme, lors qu'il regle par fa Raifon les Paffions qui luy font communes auec les Beftes.

Cette propofition nous apprend, que la Vie qui appartient à l'Homme entant qu'il eft Homme à deux conditions : car l'Homme vit proprement lors qu'il agit fuiuant fa Raifon, & il vit entant qu'il eft Homme, quand les deux Parties qui le compofent contribüent aux Actions qu'il exerce.

Pour repondre aux difficultez que l'on peut faire icy il faut ofter l'Equiuoque de quelques façons de parler, que nous mettons fouuent en vfage pour exprimer les auantages qui peuuent arriuer à l'Homme, comme lors que nous affeurons que la Felicité de l'Homme, entant qu'elle eft prife en General, eft la perfection qui conuient à l'Homme entant qu'il eft Homme, nous voulons dire feulement, que la Felicité de l'Homme eft l'Action qui luy conuient entant que l'Ame Raifonnable le diftingue des Beftes; mais quand nous foutenons, que la Felicité Naturelle de l'Homme eft la perfection qui luy conuient entant qu'il eft Homme, nous ne voulons pas dire feulement, que cette Felicité eft l'Action qui conuient à la Nature de l'Homme; nous voulons encore faire connoitre qu'elle confifte dans l'Action que l'Homme peut exercer par l'effort de fa Nature, comme i'ay montré dans le vintquatriéme Chapitre de la premiere partie de cét

Ouurage. Enfin quand nous parlons icy de la Vie qui conuient à l'Homme entant qu'il est Homme, nous parlons de celle qui luy appartient entant qu'il est composé d'vne Ame Spirituelle, & d'vn Corps sujet à la Corruption.

La Vie Actiue, qui consiste dans la pratique des Actions Exterieures de la Vertu, est la Vie de l'Homme entant qu'il est Homme; mais la Contemplatiue l'éleue à vn degré de perfection qui surpasse le degré de son Estre.

Il est facile de prouuer ces deux Veritez, par le moyen des propositions precedantes.

I'ay montré auparauant que l'Homme vit entant qu'il est Homme, lors qu'il regle par sa Raison les Passions qui luy sont communes auec les Bestes; nous deuons donc asseurer que la Vie Actiue luy conuient entant qu'il est Homme; puis qu'elle consiste dans la pratique des Actions Exterieures de la Vertu.

Quand l'Homme s'attache à la Contemplation de la premiere Verité, il ne vit pas entant qu'il est Homme; c'est à dire entant qu'il est composé de differantes parties; mais cette Action, qui est l'Effet d'vne Faculté qui luy est commune auec les Intelligences l'éleue au dessus de sa Nature.

Si nous considerons la premiere chose qui regle la vie Actiue, nous trouuerons qu'elle conuient à l'Homme entant qu'il est Homme.

Il faut disposer par ordre quelques proposi-

Explication de la quatriémé Table.

tions pour faire paretre la Verité de cette Conclusion.

La Vie Actiue est reglée par la Prudence.

La Prudence suppose les autres Vertus Morales qui la conseruent, comme ie montreray dans l'Explication de la trente-deuxiéme Table de la Philosophie Morale.

Les Vertus Morales s'occupent à moderer les Passions.

Celuy qui modere ses Passions agit entant qu'il est composé de differantes Parties : car les Passions se forment dans vne Faculté Corporelle qui luy est commune auec les Bestes : mais la moderation qu'il y apporte est vn Effet de sa Raison ; disons donc que la Vie Actiue, qui est reglée par la Prudence, conuient à l'Homme entant qu'il est Homme.

La Contemplation à l'égard de son Essence n'appartient qu'à l'Entendement ; c'est pourquoy celuy qui contemple Dieu se met au dessus de la Nature Humaine ; puis qu'il agit par vne Faculté qui n'a point de commerce auec le Corps.

Il est vray que l'Ame, qui est la Source de la Faculté par laquelle l'Homme contemple la Verité, est attachée au Corps ; mais quand cette diuine Faculté contemple la Verité, son Action est à l'égard de son Essence independante du Corps, à cause qu'elle agit sans Organe Corporel, comme i'ay montré dans l'Explication de la derniere Table de la Physique; nous pouuons donc asseurer, que la Vie Contemplatiue est au dessus de la Nature Humaine; car comme i'ay dit auparauant elle n'appartient pas à l'Homme entant qu'il est composé d'vne Ame Immortelle, & d'vn corps corruptible; mais elle luy conuient seulement entant qu'il est éclairé en sa plus haute partie d'vne lumiere qui est vne participation de la Raison Diuine.

Apres auoir prouué que la Vie Contemplatiue est plus noble que l'Actiue, à l'égard de son Principe, il sera facile de montrer qu'elle la surpasse par l'Excellence de son Objet; c'est pourquoy ie ne me contenteray pas d'établir cette Verité dans le Chapitre suiuant: ie tascheray encore de disposer par Ordre dans le mesme Chapitre les degrez qui nous éleuent à la Contemplation de Dieu.

QVE LA VIE CONTEMPLA-
tiue est plus noble que l'Actiue, à l'égard de son Objet, & quels sont les Degrez qui nous éleuent à la Contemplation de Dieu.

CHAPITRE XXX.

COMME les Passions Humaines, & plusieurs autres choses Contingentes, qui sont l'Objet de la Vie Actiue, ne peuuent entrer en comparaison auec Dieu, qui est le principal Objet de la Contemplation, il est tres-éuident que la Vie Contemplatiue est plus noble que l'Actiue, à l'égard de son Objet.

La Vie Actiue regarde les choses de la Terre mais la Contemplatiue eleue l'Homme iusqu'au Ciel, où il puise dans les Thresors de l'Eternité. Cette premiere, & Infinie Verité qu'il contemple n'a pas plûtost éclairé son Ame des Rayons de sa splendeur, qu'il abandonne la poursuite des Biens temporels pour tendre à Dieu. Son Ame est remplie d'vne lumiere si éclatante, qu'en deuenant insensible à tout autre Plaisir elle se laisse rauir à ce diuin contentement à qui les Anciens Philosophes ont donné le nom de mort agreable ; d'où vient qu'Aristote dit au septiéme Chapitre du dixiéme Liure de sa Morale, que la Sagesse, qui preside dans la Vie Contemplatiue fait naistre en l'Ame des Plaisirs admirables, à cause de leur pureté, & de leur durée.

Les Plaisirs qu'elle produit sont admirables, entant qu'ils surpassent les Plaisirs ordinaires des Hommes. On n'y sçauroit trouuer aucune Impureté ; puis que leur Objet contient toute sorte de perfections sans aucun defaut, & comme Dieu qu'ils regardent n'est point sujet au changement leur durée peut etre Eternelle. L'Ame qui en est rauie ne souffre aucune violente agitation, & nous pouuons dire qu'elle iouït de ce silence qui est vne Image du Repos Eternel.

Ce n'est pas assez de sçauoir que Dieu est le principal Objet de la Contemplation ; il faut encore auoir la connoissance des dispositions qui nous peuuent conduire à ce dernier degré de perfection.

Il semble qu'il soit difficile d'accorder sur ce sujet plusieurs passages de Saint Augustin, de Saint Thomas, d'Aristote, & du Sage.

Saint Augustin au liure de la Veritable Religion dit, que nous ne deuons pas chercher la connoissance des choses Naturelles par vne vaine curiosité ; mais que nous deuons examiner les

Explication de la quatriéme Table. 371
merueilles de la Nature, pour arriuer à la connoiſſance des choſes Immortelles, qui ne ſont pas ſujettes au Changement.

Suiuant cette penſée nous deuons condamner ceux qui s'attachent à la conſideration des Effets de la Nature par vne Curioſité, ou Vaine, ou Criminelle.

Les premiers examinent auec beaucoup de ſoin les merueilles qui reluiſent dans le Monde, ſans éleuer leur Eſprit à Dieu, & les autres attribüent à la Nature tous les Effets qu'ils admirent, pour combattre l'Exiſtence de la premiere Cauſe.

Les premiers s'arretent au milieu de leur courſe, & les autres tendent à vne Fin oppoſée à celle qu'ils doiuent regarder; dautant qu'il ne faut examiner les merueilles qui ſe rencontrent dans les Ouurages de Dieu que pour connoitre Dieu; nous deuons donc aſſeurer auec Saint Auguſtin, que les choſes Naturelles, qui font reluire par leur Ordre la Sageſſe Diuine ſont les veritables Degrez qui nous conduiſent à la Contemplation de la premiere Verité.

Quand Saint Thomas parle de la Vie Contemplatiue, il demande ſi les Vertus Morales luy appartiennent, & pour decider cette queſtion il ſuppoſe qu'vne choſe appartient à la Contemplation, ou eſſentiellement, ou comme vne diſpoſition neceſſaire pour exercer cette Action qui éleue l'Homme au deſſus de ſa Nature.

Aaa ij

Il conclud que les Vertus Morales n'appartiennent pas essentiellement à la Vie Contemplatiue; puis que cette vie n'a pour Fin que la consideration de la Verité; mais il demeure d'accord qu'elles sont des Degrez qui nous y conduisent; pource qu'elles s'opposent à la violence des Passions qui nous attachent à la Terre, & qui nous détournent de la connoissance des choses Diuines. Si nous voulons suiure le sentiment de Saint Thomas nous dirons que les Vertus Morales sont les principales dispositions qui nous sont necessaires pour nous addonner à la Vie Contemplatiue.

Si nous consultons Aristote sur ce sujet il nous apprendra que la Prudence est la veritable disposition que nous deuons auoir pour aquerir la Sagesse. Il nous decouure cette Verité à la fin du premier liure des grandes Morales, lors qu'il dit que la Prudence commande pour la Sagesse comme l'Intendant d'vne Maison commande pour le repos de son Maitre.

Pour bien entendre cette comparaison il faut sçauoir qu'elle est fondée sur les deuoirs de l'Intendant d'vne Maison, & sur ceux de la Prudence.

L'Intendant d'vne Maison ne commande pas à tous ceux qui la composent; puis qu'il n'a point d'Empire sur son Maitre; mais il commande à tous les autres, afin que chacun faisant bien son deuoir le Maitre de la Maison ne soit

Explication de la quatriéme Table.

pas détourné par les affaires domestiques, & qu'il n'ait point d'autre pensée que de faire des Actions éclatantes qui meritent l'Honneur, & la Gloire.

La Prudence ne commande pas aussi à toutes les choses qui sont dans l'Ame; puis qu'elle n'a point d'Empire sur la Sagesse; mais elle commande à l'Amour, à l'Esperance, à la Crainte, à la Colere, & aux autres Passions, afin que les Mouuemens de la Partie Inferieure de l'Ame étant assujetis à la Puissance de la Raison l'Homme soit en état de s'addonner à la Sagesse, qui l'attache à la Contemplation des choses diuines.

Cette Comparaison nous fait connoitre, que suiuant le sentiment d'Aristote la Prudence est la principale disposition qui conduit l'Homme à la Sagesse.

Le Sage dit au premier Chapitre des Prouerbes que la Crainte de Dieu est le commencement de la Sagesse, & il attribuë cét auantage au vray desir de discipline au sixiéme Chapitre de la Sagesse.

Pour accorder ces passages, & pour disposer par ordre les Degrez qui nous éleuent à la Contemplation de la premiere Verité il faut supposer que toute Cause qui regarde vne Fin Vniuerselle fait agir les Puissances qui tendent à quelque Fin particuliere qui est contenuë sous cette Fin Generale.

Cette proposition prouue, que la Volonté,

qui a pour Objet le Bien en General, fait agir l'Entendement, & plusieurs autres Facultez de l'Ame, qui releuent de son Empire entant qu'elles regardent quelque Bien en Particulier.

La Contemplation de la premiere Verité etant vn Bien tres aymable notre Volonté l'ayme; d'où vient qu'elle commande à notre entendement de chercher les Moyeus qui sont necessaires pour y arriuer.

Notre entendement s'applique à cette recherche par la deliberation, & apres auoir bien deliberé il conclud que deux choses l'empeschent de connoitre Dieu, qui sont le defaut de Lumiere, & l'excés des Passions; c'est pourquoy il iuge qu'il est necessaire d'y apporter deux remedes.

Comme nous ne pouuons pas connoitre Dieu par luy-mesme, à cause qu'il est Infiny, nous deuons tascher de le connoitre par ses Ouurages dont l'ordre est si admirable qu'il nous donne quelque connoissance de la Sagesse diuine; nous deuons donc soutenir auec Saint Augustin, que les choses Naturelles, qui sont admirablement disposées par ordre, sont des Degrez qui nous conduisent à la Contemplation de la premiere Sagesse.

Puis que les Passions, qui nous attachent à la Terre, empeschent notre esprit de s'éleuer à la connoissance des choses diuines, nous auons besoin d'vne Qualité pour leur resister, & nous sommes redeuables de cét auantage aux Vertus Morales; nous deuons donc suiure le sentiment de Saint Thomas, qui asseure que les Vertus Morales sont des dispositions necessaires pour aquerir la Sagesse.

Les Vertus Morales supposent la Prudence qui est la lumiere qui les conduit. Vous auez donc raison, Aristote de mettre la Prudence au nombre des Degrez qui sont necessaires pour arriuer à la Contemplation de Dieu.

Le deuoir de la Prudence est de bien regler nos Passions. Pour arriuer à cette Fin elle doit s'opposer à la naissance de celles qui nous peuuent nuire; mais elle doit exciter dans nos Ames celles qui nous peuuent seruir. Cette proposition Generale nous enseigne, qu'elle y doit faire naitre la crainte de Dieu; disons donc auec le Sage au premier Chapitre des Prouerbes que la Crainte de Dieu est le commencement de la Sagesse.

Celuy qui craint Dieu craint aussi de manquer à faire sa Volonté; & puis que ce defaut peut étre vn Effet de l'Ignorance, il cherche la lumiere; il faut donc conclure auec Salomon au sixiéme Chapitre de sa Sagesse, que le vray desir de Discipline en est le Commencement.

Enfin on peut asseurer, sans combattre les Veritez precedantes, que la Physique, & la Morale sont les veritables Degrez qui nous conduisent à la Contemplation de Dieu: car les choses Naturelles, qui nous en peuuent donner quelque connoissance sont considerées par la Physique, & la Philosophie Morale, nous enseigne la pratique des autres dispositions que nous deuons auoir pour aquerir la Sagesse.

Apres auoir montré, que la Vie Contemplatiue est plus noble que l'Actiue, à l'égard de son Principe, & de son Objet, il reste à prouuer, que la premiere nous fait imiter Dieu plus parfaitement que la seconde.

Comme nous pouuons mettre en vsage plusieurs raisons pour éclaircir cette Verité, nous en découurirons la Source dans le Chapitre suiuant.

LA

LA SOURCE DES RAISONS
que nous deuons prendre, pour montrer que la Vie Contemplatiue nous fait imiter Dieu plus parfaitement que l'Actiue.

Chapitre XXXI.

OUR connoitre clairement que la Vie Contemplatiue surpasse l'Actiue, à l'égard de l'Imitation de Dieu, il faut sçauoir que la plus noble vie est celle qui nous approche dauantage de Dieu, qui est la vie mesme, comme ie montreray dans l'Explication de la huitiéme Table de la Theologie Naturelle.

Si nous voulons prouuer, que la Contemplation nous rend plus semblables à Dieu que la pratique des Actions Exterieures de la Vertu, nous deuons auoir quelque connoissance des perfections que nous deuons admirer dans la Diuinité.

Dieu ayant de sa Nature toute sorte de perfections les possede tousiours, & il est certain qu'il iouït d'vn parfait Repos.

Il faut disposer par ordre plusieurs proposi-

Bbb

tions, pour éclaircir ces veritez qui sont dans la Table que nous expliquons, & pour faire connoitre, qu'elles contiennent la Source des raisons que nous deuons prendre pour montrer que la Vie Contemplatiue nous fait imiter Dieu plus parfaitement que l'Actiue.

Il est tres-éuident que Dieu étant le premier Etre est absolument Independant.

Comme il est absolument Independant il ne peut rien receuoir.

Il est facile de reduire cette proposition au premier Principe de Connoissance : car si ce qui est absolument Independant pouuoit receuoir quelque chose, il seroit absolument Independant, & ne le seroit pas, ce qui est impossible.

Les Principes de la Science Generale nous enseignent tres-clairement que Dieu ne pouuant rien receuoir a toute sorte de perfections : car puis que la puissance de receuoir quelque chose ne peut étre otée que par l'Acte, il faut conclure, que Dieu ne pouuant rien receuoir possede toute sorte de perfections.

Celuy qui connoit que Dieu a toute sorte de perfections sçait aussi qu'il les possede touiours; dautant qu'vne eternelle durée est du nombre des perfections.

Si quelqu'vn doute de la Verité de cette Consequence, il faut combattre son Erreur par ce Raisonnement.

Si vn Estre pouuoit auoir toute sorte de per-

Explication de la quatriéme Table.

fections, sans les auoir touiours, ou il connoitroit qu'il en pourroit étre priué, ou il n'auroit pas cette connoissance.

S'il connoissoit qu'il en pourroit étre priué, la Crainte qu'il auroit de perdre ses auantages luy donneroit beaucoup d'inquietude ; il n'auroit donc pas toute sorte de perfections.

S'il n'auoit pas cette connoissance, il est tres-éuident qu'il n'auroit pas toute sorte de perfections; puis que le defaut de connoissance étant du nombre des Maux est vn defaut de perfection ; il faut donc conclure, que Dieu ayant de sa Nature toute sorte de perfections les possede toujours.

Enfin comme le Mouuement est vn Moyen que nous employons pour aquerir ce que nous n'auons pas, il est incompatible auec la Diuinité ; c'est pourquoy il faut asseurer que Dieu ayant toute sorte de perfections ioüit d'vn parfait Repos.

La liaison de ces propositions nous apprend que la Noblesse de nos Actions peut étre tirée de l'Independance, de la Durée & du Repos: car nos Actions sont plus ou moins nobles, entant qu'elles nous rendent plus ou moins semblables à Dieu, qui étant le premier Etre est aussi la Regle de la Noblesse de toutes choses.

Ces Veritez nous font connoitre, que les raisons, que nous deuons prendre pour montrer que la Vie Contemplatiue nous fait imiter Dieu plus parfaitement que l'Actiue doiuent être tirées, ou de l'Independance, ou de la Durée, ou du Repos.

QVE LA VIE CONTEMPLA-
tiue est plus noble que l'Actiue à l'égard de l'Independance.

CHAPITRE XXXII.

COMME Dieu est le premier Etre, il n'appartient qu'à luy d'etre absolument Independant ; c'est pourquoy quand nous entreprenons de prouuer, que la Vie Contemplatiue est plus noble que l'Actiue, à l'égard de l'Independance, nous ne voulons pas montrer que l'Homme soit absolument Independant dans la Vie Contemplatiue ; mais nous voulons faire connoitre seulement qu'il s'approche dauantage de l'Independance, par la Contemplation, que, par la pratique des Actions Exterieures de la Vertu.

L'Independance qui conuient plus parfaitement à la Vie Contemplatiue qu'à l'Actiue peut étre consideree, ou par rapport aux choses Exterieures, ou par rapport aux Hommes.

Pour entendre cette Diuision, qui est dans la Table que nous expliquons, il faut prouuer que celuy qui s'addonne à la Vie Contemplatiue ne depend pas de plusieurs choses qui sont necessaires aux Hommes, pour pratiquer les Actions Exterieures de la Vertu ; & que les vns ne dependent pas des autres pour contempler la Verité comme ils en dependent, pour exercer la Iustice, la Liberalité, & plusieurs autres Vertus Morales.

Il est vray que l'Homme depend de quelque chose pour contempler la premiere Verité aussi bien que pour pratiquer la Vertu : car il doit Viure pour exercer l'vne, & l'autre de ces Actions : c'est pourquoy il a besoin dans la Vie Contemplatiue aussi bien que dans l'Actiue des choses qui luy sont necessaires pour la conseruation de sa Vie ; mais si nous voulons comparer les Actions éclatantes qu'il produit dans la Vie Contemplatiue auec celles qu'il pratique dans la Vie Actiue, nous trouuerons que les premieres sont comme autant d'Images de la Felicité diuine ; qu'elles conuiennent à l'Homme, entant qu'il est éclairé en sa plus haute Partie d'vne lumiere qui est vne participation de la premiere Raison ; & qu'elles sont plus proches de l'Independance que les Actions Exterieures de la Vertu : car lors que l'Homme s'attache à la Contemplation de la premiere Cause, il s'éleue à vn degré de perfection qui surpasse le degré de son Etre, & nous pouuons dire qu'il est en quelque façon semblable à Dieu ; dautant qu'il ne depend pas de plusieurs choses Exterieures, qui luy sont necessaires pour pratiquer la Vertu,

Explication de la quatriéme Table. 383

comme il depend des perils qui peuuent detruire sa Vie pour exercer la Vaillance, il doit auoir des Richesses pour pratiquer la Iustice, & la Liberalité. Enfin Aristote nous enseigne au huitiéme Chapitre du dixiéme Liure de sa Morale, que l'Homme a besoin d'Authorité & de licence pour aquerir vne parfaite Temperance, & pour faire connoitre qu'il possede cette Vertu.

Puis que la Victoire suppose le Combat, & que la Puissance de l'Ennemy auquel on resiste est la mesure de l'Auantage que l'on peut auoir sur luy, Aristote a raison de dire, que l'Homme a besoin d'Authorité, & de Licence pour aquerir vne parfaite Temperance, & pour faire connoitre qu'il possede cette Vertu: car la Temperance, qui conserue plus parfaitement que les autres Vertus Morales la beauté Naturelle de l'Ame, reluit particulierement dans les Conditions éclatantes, lors que ceux qui ont la Licence de s'addonner à toute sorte de Plaisirs s'opposent à leur Violence. On peut dire qu'ils n'en sont pas detournez par la Crainte des peines, comme les Ames Vulgaires; mais qu'ils s'en éloignent par la beauté de la Vertu qu'ils pratiquent.

Bien qu'il soit tres-éuident que l'Homme s'approche dauantage de l'Independance, par la Contemplation, que par la pratique des Actions Exterieures de la Vertu: toutefois on peut faire quelque difficulté pour combattre cette Verité:

car on peut dire que l'Homme depend des choses Naturelles pour éleuer son Esprit à la Contemplation de Dieu, aussi bien qu'il depend de plusieurs choses externes pour pratiquer la Vertu.

Il est facile de répondre à cette difficulté : car l'Homme depend de plusieurs choses pour pratiquer les Actions Exterieures des Vertus Morales ; mais la seule consideration de soy-mesme le peut conduire à la connoissance de la premiere Cause.

L'Homme ne depend pas des choses Naturelles pour contempler Dieu de la mesme façon qu'il depend des choses externes pour pratiquer la Vertu ; dautant qu'il est toujours en sa Puissance de faire reflexion sur les merueilles de la Nature, qui font reluire la Sagesse diuine ; mais il n'a pas toujours les choses qui luy sont necessaires pour exercer les Actions Exterieures de plusieurs Vertus Morales.

Pour montrer que les vns ne dependent pas des autres pour contempler la Verité comme ils en dependent pour exercer la Iustice, la liberalité, & plusieurs autres Vertus Morales, il faut supposer que les vns peuuent dependre des autres dans leurs Actions, ou lors qu'ils peuuent être empeschez de les faire à cause de leur Puissance, ou lors qu'ils ont besoin d'eux pour les pratiquer.

Il semble qu'en la premiere façon les vns soient
independans

Explication de la quatriéme Table.

independans des autres dans la Vie Actiue auſſi bien que dans la Contemplatiue; pource que les Tyrans ne peuuent pas empeſcher les gens de bien de ſuiure les lumieres qui ſont naturellement imprimées dans leur Ame. Il eſt vray qu'ils ont beaucoup d'Authorité ſur la Volonté de ceux qui preferent les Biens de la Fortune à la Vertu, & la Vie à l'Honneur; mais les gens de bien les mépriſent; c'eſt à dire qu'ils n'eſtiment pas beaucoup leur Fortune, & qu'ils ne craignent pas leur Puiſſance.

I'auoüe qu'on ne peut empeſcher les gens de bien de pratiquer les Actions Interieures de la Vertu; mais ie ſoutiens qu'il ne faut pas faire le meſme iugement de la pratique de toutes les Actions Exterieures.

Puis que la perſecution des Tyrans fait relüire la Conſtance des Martyrs, il n'y a perſonne qui puiſſe empeſcher la pratique de quelques Actions Exterieures de la Vertu; mais les Tyrans peuuent empeſcher les gens de bien d'exercer celles de la Liberalité; d'autant qu'ils leur peuuent rauir les choſes qui ſont neceſſaires pour les mettre en vſage.

Ces Veritez nous enſeignent, que ſi nous conſiderons la premiere façon en laquelle les vns peuuent dependre des autres dans leurs Actions, nous deuons dire, que les vns dependent en quelque maniere des autres dans la Vie Actiue; mais ſi nous conſiderons les auantages

Ccc

dont l'Homme ioüit lors qu'il contemple Dieu nous trouuerons qu'il n'eſt point de Puiſſance Humaine qui puiſſe l'empeſcher de produire cette Action qui l'éleue au deſſus de ſa Nature.

Pour entendre cette Verité il faut ſçauoir, que trois choſes ſeulement ſont neceſſaires à celuy qui eſt vertueux pour contempler Dieu ; à ſçauoir l'Eſprit, qui eſt le Principe de cette Action ; Dieu, qui en eſt l'Objet ; & les choſes Naturelles, qui en ſont les Degrez.

L'Eſprit de celuy qui contemple la premiere Verité ne peut-être détourné de cette Action par la perſecution des Tyrans, Dieu ne luy peut être rauy par leur Malice, & l'admirable diſpoſition des choſes Naturelles ne releue point de leur Empire.

Nous pouuons meſme aſſeurer, que la Puiſſance des Illuſtres Criminels fait connoitre la premiere Puiſſance, qui les a éleuez au deſſus des autres ; qu'elle eſt vne preuue de la Bonté Diuine, qui leur a communiqué quelque ſorte d'Independance, & qui ſouffre leurs crimes pour leur donner le temps de quitter leur vie dereglée. Nous pouuons dire enfin que la Puiſſance criminelle des Hommes fait connoitre la Iuſtice Diuine qui ſe ſert quelquefois de l'Authorité des Souuerains pour la punition de leurs Sujets.

Si nous conſiderons la ſeconde façon en laquelle les vns peuuent dependre des autres dans leurs Actions, nous deuons ſoutenir que les vns

Explication de la quatrième Table.

ne dependent pas des autres dans la Vie Contemplatiue: car puis que trois choses seulement sont necessaires à celuy qui est Vertueux pour contempler Dieu, il est tres-éuident qu'il peut exercer cette Action dans la solitude: c'est pourquoy la Vie Contemplatiue doit étre preferée à l'Actiue, en laquelle les vns dependent des autres pour exercer la Iustice, la Liberalité, & plusieurs autres Vertus Morales.

Apres auoir montré, que la Vie Contemplatiue est plus noble que l'Actiue, à l'égard de l'Independance, nous deuons prouuer, qu'elle luy doit étre preferée, à l'égard de la Durée, suiuant l'Ordre qui a eté étably dans le Chapitre precedant.

QVE LA VIE CONTEMPLA-
tiue est plus noble que l'Actiue à l'égard de la Durée.

CHAPITRE XXXIII.

I nous voulons bien exprimer vn des principaux auantages que nous pouuons attendre de la Contemplation, nous deuons faire connoitre que la Durée luy conuient particulierement.

Nous deuons prouuer deux choses pour bien établir cette proposition, qui est dans la Table que nous expliquons.

Premierement que la Durée conuient à la Contemplation.

En second lieu qu'elle luy conuient particulierement; c'est à dire que la vie Contemplatiue a plus de Durée que l'Actiue.

Nous pouuons facilement montrer que la Durée conuient à la Contemplation, si nous considerons que cette Action a pour Objet des choses Incorruptibles; qu'elle produit vn Plaisir qui n'est point suiuy de Douleur; qu'elle doit sa naissance à vne Faculté Spirituelle; & que cet-

Explication de la quatriéme Table. 389

te admirable Faculté qui contemple la Verité agit sans Organe Corprel.

Pour découurir l'ordre de ces quatre raisons, qui sont dans la Table que nous expliquons il faut supposer qu'vne perfection peut auoir de la Durée, ou suiuant sa Nature, ou par rapport au Sujet qu'elle perfectionne.

Cette distinction peut seruir pour accorder les Opinions des Philosophes qui demandent si les Sciences ont plus de durée que les Vertus Morales: car les Sciences, qui ont pour Objet des choses Incorruptibles, ont plus de durée, suiuant leur Nature, que les Vertus Morales, qui ont pour Objet des choses Contingantes; mais si nous voulons comparer la durée des Sciences auec celle des Vertus Morales, par rapport au Sujets qu'elles perfectionnent, nous deuons suiure le sentiment d'Aristote, qui soutient dans l'vnziéme Chapitre du premier Liure de sa Morale, que les Vertus Morales ont plus de durée que les Sciences.

Il veut faire connoitre par cette proposition, qu'il est en quelque façon plus facile de conseruer les Vertus Morales que les Sciences: car les Habitudes s'augmentent par leur vsage, & nous pouuons pratiquer les Vertus Morales dans toutes nos Actions.

Comme vne perfection peut auoir de la durée, ou suiuant sa Nature, ou par rapport au Sujet qu'elle perfectionne, nous pouuons dire, que

Ccc iij

la Contemplation a beaucoup de durée soit que nous considerions sa Nature, soit que nous ayons égard à celuy qui contemple la Verité.

La durée qui conuient à la Contemplation, suiuant sa Nature peut être tirée, ou de la chose qui la precede, ou de celle qui la suit ; c'est à dire qu'elle peut être tirée, ou de son Objet, qui la precede, ou du Plaisir qui l'accompagne.

Il est tres-éuident que la Contemplation a beaucoup de durée, à l'égard de son Objet ; dautant qu'elle regarde des choses incorruptibles, qui ne sont point suiettes au changement.

Le Plaisir qu'elle produit prouue aussi qu'elle a beaucoup de durée : car ce Plaisir, qui conuient à l'Homme suiuant sa Nature, n'est point suiuy de Douleur.

La durée qui conuient à la Contemplation par rapport à celuy qu'elle perfectionne peut être tirée, ou de la Faculté qui contemple la Verité, ou de sa maniere d'agir : car puis que la Contemplation est vn effet de l'Entendement, qui est vne Faculté Spirituelle, & que cette diuine Faculté agit sans Organe Corporel, comme i'ay montré dans l'explication de la derniere Table de la Physique, la Contemplation a beaucoup de durée par rapport à celuy qu'elle perfectionne, soit que nous considerons la Faculté dont il se sert pour contempler la Verité, soit que nous ayons égard à la maniere d'agir de cette Faculté.

Explication de la quatriéme Table. 391

La liaison des propositions precedantes nous découure clairement l'Ordre des quatres raisons qui établissent la durée de la Contemplation: c'est pourquoy il faut conclure, que cette Action a beaucoup de durée, à cause qu'elle a pour Objet des choses incorruptibles; qu'elle produit vn Plaisir qui n'est poit suiuy de Douleur; qu'elle doit sa naissance à vne Faculté Spirituelle; & que cette diuine Faculté qui contemple la Verité agit sans Organe Corporel.

Les deux premieres raisons prouuent, que la durée conuient à la Contemplation suiuant sa Nature; & les deux autres font connoitre qu'elle luy conuient par rapport à celuy qui contemple la Verité.

Comme la seconde raison n'est pas si éuidente que les autres il faut tascher de l'éclaircir, & il faut prouuer trois choses pour arriuer à cette Fin.

Premierement que la Contemplation fait naitre vn plaisir admirable dans l'Ame de celuy qui s'éleue par cette Action au dessus de sa Nature.

En second lieu que le Plaisir qu'elle produit n'est point suiuy de Douleur.

En troisiéme lieu qu'en produisant vn Plaisir qui n'est point suiuy de Douleur elle a beaucoup de durée.

Premierement i'ay prouué dans le trentiéme Chapitre de la premiere partie de cét Ouurage, que la Sagesse, qui preside dans la Vie Contemplatiue, fait naitre en l'Ame des Plaisirs admirables, à cause de leur pureté, & de leur durée; mais comme les choses les plus claires peuuent étre combattües on peut faire quelques difficultez pour détruire cette Verité.

Il semble que si nous considerons attentiuement la Nature de la Contemplation, & celle du Plaisir, nous iugerons que le Plaisir n'appartient pas à la Contemplation : car la Contemplation est vn Effet de l'Entendement; mais le Plaisir est le Repos d'vne Faculté qui desire dans le Bien qui est conforme à sa nature.

Ie demeure d'accord, que la Contemplation est vne Action de l'Entendement; & que le Plaisir est le Repos, ou de la Volonté dans le Bien qui conuient à sa Nature, ou de l'Appetit Sensuel dans le Bien Sensible; mais ces propositions ne sont pas opposées à celle par laquelle i'assure que le Plaisir est vne suite necessaire de la Contemplation : au contraire la preuue de cette Verité peut etre tirée des mémes raisons que l'on met en vsage pour la combattre.

Pour accorder toutes ces propositions il faut montrer; que la Vie Contemplatiue appartient essentiellement à l'Entendement; que son commencement vient de la Volonté; & qu'elle se termine dans le Plaisir, qui peut etre vn effet de la mesme Faculté.

Comme la Vie Contemplatiue attache l'Homme à la connoissance de la premiere Verité, on void

Explication de la quatriéme Table. 393

void clairement qu'elle appartient à l'Entendement, à l'égard de l'Essence de cette Action; mais son commencement vient de la Volonté, entant que l'Amour que l'Homme porte à Dieu l'incite à contempler cette premiere Cause.

La Verité de cette Conclusion est fondée sur vne proposition Generale qui nous enseigne, que toute Cause qui regarde vne Fin Vniuerselle fait agir les Puissances qui tendent à quelque Fin Particuliere qui est contenuë sous cette Fin Generale.

Cette proposition Generale prouue, que la Volonté, qui a pour Objet le Bien en General, fait agir l'Entendement; qu'elle le conduit à la Contemplation; & que le commencement de la Vie Contemplatiue depend de la Volonté.

Comme l'Amour que nous portons à Dieu nous incite à contempler la premiere Source de la Beauté qui reluit dans les choses Naturelles, & que nous receuons du plaisir quand nous sommes arriuez au Bien qui auoit excité nos Desirs, la Contemplation, dont le commencement depend de la Volonté se termine dans le Plaisir; c'est à dire dans le Repos que la Volonté trouue dans vn Bien qui conuient à sa Nature.

Le Plaisir qui prouient de la Contemplation nous porte à l'Amour de l'Objet que nous contemplons; c'est pourquoy nous deuons asseurer que l'Amour, qui est le Principe de la Contemplation en est aussi le Terme.

Pour auoir vne plus claire connoissance de ces Veritez il faut disposer par Ordre plusieurs propositions, pour découurir celuy de plusieurs Actions qui peuuent être les Effets de notre Entendement, & de notre Volonté.

Puis que la perfection de quelque Bien est la mesure de la Puissance qu'il a pour nous attirer, si nous connoissons celuy qui est tres-parfait, nous l'aymons auec beaucoup d'ardeur.

Cette proposition prouue que notre Volonté a de sa Nature vne forte Inclination pour la Contemplation de la premiere Verité, à cause que cette Action nous rend participans de l'heureuse condition des Intelligences.

L'Amour que nous auons pour vn Bien qui a des charmes tres-puissans pour nous attirer nous incite à considerer attentiuement les merueilles qui s'y rencontrent ; disons donc que l'Amour que nous portons à Dieu nous fait méprifer les Biens de la Terre, pour contempler la premiere Source de toutes les beautez que nous pouuons admirer dans la Nature.

Si nous receuons du Plaisir quand nous sommes arriuez au Bien que nous auions desiré, la Contemplation de la premiere Cause fait naistre en notre Ame vn Plaisir qui répond à l'Excellence de l'Action qui le precede.

Comme le Plaisir que nous prenons à considerer la chose que nous aymons redouble l'Amour que nous auons pour elle, le Plaisir qui

Explication de la quatriéme Table.

accompagne la Contemplation de Dieu que nous aymons adiouté vne nouuelle ardeur à notre Amour; c'est pourquoy il faut conclure, que l'Amour est le Commencement, & le Terme de la Contemplation.

On peut facilement iuger que l'Amour est le Terme de la Contemplation ; mais il est difficile de prouuer qu'elle en est le Commencement.

I'ay donné quelque connoissance de cette Verité dans le trentiéme Chapitre de la premiere partie de cét Ouurage, quand i'ay dit que la Contemplation de la premiere Cause étant vn Bien tres-aymable notre Volonté l'ayme, & qu'elle commande à notre Entendement de chercher les Moyens qui sont necessaires pour y arriuer.

L'Ordre de ces propositions nous apprend, que le premier Degré qui nous conduit à la Contemplation de Dieu se rencontre dans notre Volonté ; & que par ce moyen l'Amour est le Commencement de la Contemplation.

Pour mieux établir cette Verité il faut répondre à vne grande difficulté que l'on peut faire pour la detruire.

En Effet celuy qui sçait l'Ordre qui se rencontre entre les Actions de l'Entendement, & de la Volonté connoit clairement, que les Actions de la Volonté supposent celles de l'Entendement; il sçait en suite, que l'Amour de Dieu en suppose la connoissance il semble donc que l'Amour ne soit pas le Commencement de la Contemplation.

Pour repondre à cette difficulté il faut considerer que l'Entendement meut la Volonté, & que la Volonté meut l'Entendement.

L'Entendement meut la Volonté, entant qu'il luy represente son Objet; mais la Volonté meut l'Entendement, entant qu'elle luy commande de s'occuper à la connoissance des choses releuées; nous pouuons donc dire, que l'Amour est le Commencement de la Contemplation.

Puis que le Plaisir de la Volonté est le Repos dans le Bien qui conuient à sa Nature; & que cette Faculté ne trouue son parfait Repos que dans la Iouïssance d'vn Bien qui borne entierement ses Desirs, il semble que le Plaisir de la Volonté soit vne suite de la Contemplation de l'autre Vie; & que ceux-là seulement reçoiuent vn veritable Plaisir qui connoissent l'Essence diuine par elle mesme sans aucune ressemblance.

Il est vray que le Plaisir que nous receuons de voir Dieu surpasse infiniment tous les Plaisirs de cette vie. Il est aussi tres-certain que notre Volonté ne peut trouuer son parfait Repos que dans la iouïssance de Dieu; mais comme nous pouuons arriuer en ce Monde à quelque Bien que nous y desirons, nous en pouuons receuoir quelque Plaisir; c'est pourquoy nous deuons asseurer que la Contemplation mesme de cette vie est agreable.

Explication de la quatriéme Table.

Aristote au quatriéme Chapitre du dixiéme Liure de sa Morale dit que le Plaisir est vne suite d'vne parfaite Operation; il semble donc qu'il n'accompagne pas la Contemplation de cette Vie: car elle est imparfaite suiuant le témoignage de Saint Paul, qui asseure au treiziéme Chapitre de la premiere Epitre aux Corinthiens, que nous voyons Dieu en cette Vie comme dans vn Miroir seulement; mais que nous le verrons en l'autre Vie par son Essence.

I'auoüe auec Aristote que le Plaisir est vne suite d'vne parfaite Operation. Ie demeure aussi d'accord, que la Contemplation de cette Vie est imparfaite; toutefois ie soutiens qu'elle est plaisante: car le passage de Saint Paul qui a été rapporté auparauant ne prouue pas que la Contemplation de cette Vie soit absolument imparfaite; mais il montre seulement qu'elle est imparfaite, à l'égard de la Contemplation de l'autre Vie.

Comme il faut iuger du Plaisir qui suit la Contemplation suiuant la Nature de cette Action il faut dire que le Plaisir qui vient de la Contemplation de cette Vie est imparfait, à l'égard de celuy qui accompagne la Contemplation de l'autre Vie.

Pour répondre à quelques difficultez que l'on pourroit faire sur ce sujet il faut distinguer quatre sortes de Plaisirs qui viennent de quatre choses; à sçauoir du Vice, de la Vertu, de la Contemplation de cette Vie, & de celle de l'autre Vie.

Les premiers n'ont que le nom de Plaisir; mais les trois autres sont de veritables Plaisirs.

Les premiers sont accompagnez de Douleur; mais les trois autres sont sans Douleur.

Les premiers nous sont ordinairement communs auec les Bestes; mais les autres nous releuent au dessus de leur Nature, ou nous rendent participans de celle des Intelligences.

Le Plaisir du Vice est imparfait.

Celuy de la Vertu repond à la perfection de la Qualité qui le produit.

Celuy qui se forme dans l'Ame de ceux qui s'attachent en cette Vie à la Contemplation de la premiere Sagesse est admirable, entant qu'il surpasse les Plaisirs ordinaires des Hommes.

Enfin nous receurons en l'autre Vie vn torrent de Plaisirs, lors que l'Essence diuine sera vnie par elle mesme à notre Entendement.

Le Plaisir qui vient du Vice est vne preuue de la bassesse, & de l'Aueuglement des Voluptueux, qui cherchent ce Plaisir qui leur est commun auec les Bestes pour éuiter la Douleur.

Celuy qui accompagne la Vertu conuient à l'Homme entant qu'il est Homme.

Celuy qui doit sa naissance à la Contemplation de cette Vie éleue l'Homme à vn Degré de perfection qui surpasse le Degré de son Estre.

Enfin nous deuons esperer de ioüir en l'autre

Explication de la quatrième Table. 399
Vie des Plaisirs de la Diuinité.

Apres auoir répondu aux difficultez que l'on peut faire pour montrer que le Plaisir n'appartient pas à la Contemplation, il faut prouuer que cette Action est tres-agreable.

La Contemplation de la premiere Verité est tres-agreable, dautant qu'elle est agreable par elle mesme, par la Sagesse qui nous ayde à l'exercer, & à cause de l'Amour qui nous y conduit.

Comme toute Action qui est conforme à l'Homme entant qu'il est Homme luy donne du Plaisir, la contemplation, qui est la plus releuée Action de son Entendement, luy est agreable.

Il est vray que la Contemplation n'appartient pas à l'Homme entant qu'il est Homme; c'est à dire entant qu'il est composé d'vne Ame Immortelle, & d'vn Corps qui est sujet à la Corruption; mais puis qu'elle luy conuient entant qu'il est éclairé en sa plus haute partie d'vne Lumiere qui est vne participation de la premiere Raison, elle fait naistre en son Ame des Plaisirs qui surpassent les Plaisirs ordinaires des Hommes.

Si celuy qui s'addonne à la Contemplation a l'Habitude de la Sagesse il produit facilement cette Action, qui est plaisante de sa Nature; c'est pourquoy le Plaisir qui l'accompagne s'augmente: car quand nous pratiquons facilement vne Action qui est agreable de sa Nature, la facilité que nous auons à l'exercer augmente le Plaisir que nous en pouuons receuoir.

Le Plaisir qui vient de la Contemplation s'augmente encore par l'Amour qui nous y conduit: car comme nous prenons vn grand Plaisir à voir la chose que nous aymons, non seulement pource qu'il est agreable de voir; mais aussi pource qu'il est agreable de voir ce qu'on ayme, nous prenons vn tres-grand Plaisir lors que nous contemplons Dieu que nous aymons; il faut donc conclure que la Contemplation de la premiere Cause est tres-agreable; dautant qu'elle est agreable par elle mesme, par la Sagesse qui nous ayde à l'exercer, & à cause de l'Amour qui nous y conduit.

En second lieu apres auoir montré que la Contemplation de Dieu fait naistre vn Plaisir admirable dans l'Ame de celuy qui s'éleue par cette Action au dessus de sa Nature, il est facile de prouuer que le Plaisir qui en prouient n'est point suiuy de Douleur.

Pour connoitre cette Verité il faut sçauoir que les Actions que nous faisons Volontairement nous donnent du Plaisir; qu'elles sont suiuies de Douleur, quand elles sont contraires à la Raison; & que le Plaisir qu'elles produisent n'est point détruit par la Douleur, lors qu'elles sont conformes à notre Nature.

Ces propositions nous enseignent, que celuy qui suit le mouuement de sa Volonté qui l'attache

Explication de la quatrième Table.

tache à la Contemplation de Dieu reçoit vn grand Plaisir, qui n'est point détruit par la Douleur; dautant qu'il exerce volotairement vne Action qui luy est commune auec les Intelligences.

Aristote dans l'vnziéme Chapitre du premier Liure de sa Rhetorique nous apprend que le Combat étant du nombre des choses violentes, empesche le Plaisir; il semble donc que le Plaisir qui prouient de la Contemplation soit détruit par la Douleur: car Saint Gregoire soutient dans la quatorziéme Homilie sur Ezechiel, que l'Ame qui tasche de contempler Dieu souffre quelque sorte de Combat qui peut detruire son Repos.

Tantost elle s'éleue, tantost elle s'abaisse. Elle s'éleue au dessus de sa Nature, & incontinent apres elle tombe dans vne grande defaillance. L'Adorable verité qu'elle contemple ne l'a pas plûtost éclairée, qu'elle puise dans la Science des choses diuines; mais la Lumiere qui l'éclaire est si éclatante qu'elle l'éblouit.

Pour répondre à cette difficulté il faut sçauoir de quelle maniere le Combat empesche le Plaisir.

Le Combat qui prouient de la contrarieté d'vne chose Exterieure la rend desagreable: car nous ne receuons point de Plaisir de la chose que nous voulons détruire; mais nous en pouuons receuoir de celle pour laquelle nous combattons, & la grandeur du Peril est la mesure du

Plaisir que nous deuons attendre de la Victoire.

Il est certain que le combat que nous pouuons souffrir dans la Contemplation ne vient pas de la contrarieté de la Verité que nous contemplons; mais du defaut de notre Entendement, & du Corps, qui detourne l'Ame de la connoissance des choses diuines.

La premiere Verité nous attire; mais nous n'auons pas assez de force pour nous y éleuer.

La premiere Verité est infiniment éclatante; mais notre Raison est bornée.

La premiere Verité est tres-Intelligible; mais nous n'auons pas assez de lumiere pour la bien connoitre.

Enfin la premiere Verité n'a pas plûtost penetré dans notre Ame, qu'elle nous attire à la consideration des merueilles qu'elle contient; mais le Corps, qui est Corruptible, & Mortel nous attache à la Terre.

La Contemplation de la premiere Bonté redouble l'Amour que nous auons pour elle. Cét Amour nous oblige à considerer plus attentiuement les merueilles qu'elle possede. Le Plaisir accompagne cette Action, & le Plaisir qu'elle produit nous engage encore à l'exercer. Plus nous contemplons Dieu plus nous l'aymons, & ces deux Actions font naitre en notre Ame vn Plaisir qui surpasse tous les autres Plaisirs qu'elle peut receuoir en cette vie.

Ces Actions ne bornent pas entierement les

Explication de la quatriéme Table. 403
Defirs de celuy qui les produit lors qu'il eſt animé par la Charité : car il voudroit auoir vne parfaite connoiſſance de Dieu, & il voudroit occuper continuellement ſon Eſprit à la conſideration de ſa Grandeur. Il hait ce qui l'empeſche de connoitre parfaitement Dieu, & ce qui peut interrompre la connoiſſance qu'il en peut auoir en cette Vie. Il hait donc ſon propre defaut, & la peſanteur du Corps qui l'attache à la Terre. Il voudroit étre exempt de ſa foibleſſe, & il voudroit que ſon Ame fut ſeparée du Corps qu'elle anime; c'eſt pourquoy il peut dire auec l'Apôtre ô que ie ſuis mal-heureux, qui eſt-ce qui me deliurera de ce Corps Corruptible, & Mortel qui m'empeſche de contempler parfaitement Dieu?

En troiſiéme lieu puis que le Plaiſir qui prouient de la Contemplation n'eſt point ſuiuy de Douleur, il eſt tres-éuident que la Contemplation a beaucoup de durée : car le plaiſir qui l'accompagne n'ayant point de Contraire ne peut étre détruit, & lors qu'vne Action nous donne du Plaiſir nous continuons à la pratiquer.

Les quatre raiſons qui ont étably la durée de la Contemplation nous enſeignent, que la Vie Contemplatiue a plus de Durée que l'Actiue.

Premierement la Vie Contemplatiue ayant pour Objet des choſes incorruptibles a plus de durée que l'Actiue, qui a pour Objet des choſes Contingentes.

En second lieu il est vray que la Vie Actiue produit aussi bien que la Contemplatiue vn Plaisir qui n'est point accompagné de Douleur, entant qu'elle s'occupe à la moderation des Passions; toutefois il est certain que la Vie Actiue est toute pleine d'agitation, & que la Contemplatiue est vne Image du Repos Eternel.

En troisiéme lieu les Facultez qui nous sont communes auec les Bestes contribüent aux Actions Exterieures de la Vertu; mais la Contemplation n'appartient qu'à l'Entendement, qui n'est point sujet au Changement; puis qu'il est du nombre des Facultez Spirituelles.

En quatriéme lieu cette diuine Faculté qui contemple la Verité agit sans Organe Corporel.

Toutes ces choses nous font connoitre, que la durée de la Vie Actiue est limitée par la durée de cette Vie; & que la Contemplatiue n'aura point d'autres bornes que celles de l'Eternité; d'où vient que nous deuons assurer, que la Vie Contemplatiue est plus noble que l'Actiue à l'égard de la durée. Il reste à prouuer qu'elle luy doit étre preferée à l'égard du Repos.

QVE LA VIE CONTEMPLA-
tiue qui est dans le Repos, est plus noble que l'Actiue, qui est dans vn Continuel Mouuement.

CHAPITRE XXXIV.

Evx qui connoissent la Nature de la Vie Contemplatiue, & celle de l'Actiue iugent facilement que la premiere, qui est dans le Repos, est plus noble que la seconde, qui est dans vn continuel mouuement : c'est pourquoy ie ne me contenteray pas d'établir cette Verité en ce Chapitre : ie tascheray encore d'y éclaircir quelques difficultez que l'on fait ordinairement sur la Comparaison de la Vie Contemplatiue auec l'Actiue.

Puis que la Vie Contemplatiue conuient à la Raison, entant qu'elle s'occupe seulement à la Contemplation de la Verité ; & que l'Actiue conuient à la mesme Faculté, entant qu'elle connoit plusieurs choses que nous deuons pratiquer, il est certain que la Vie Contemplatiue est dans le Repos ; & que l'Actiue est dans vn

Eee iij

continuel mouuement: c'eſt pourquoy la ſeconde doit ceder à la Nobleſſe de la premiere: car puis que la Fin eſt plus noble que le Moyen, ſuiuant les Principes de la Science Generale, le Repos eſt plus noble que le Mouuement qui eſt vn Moyen pour y arriuer.

Comme la Vie Actiue eſt vne diſpoſition pour la Contemplatiue, la premiere precede la ſeconde, & nous pouuons dire qu'elle nous ayde à l'exercer.

Pour entendre ces deux Veritez, & pour repondre aux difficultez que l'on y peut faire, il faut comparer la Vie Contemplatiue, & l'Actiue à l'égard de l'Ordre, & de la dependance.

Nous pouuons dire que la Vie Contemplatiue precede l'Actiue, & nous faiſons connoitre cette Verité, lors que nous diuiſons la Vie qui eſt propre à l'Homme en Contemplatiue, & en Actiue.

Nous pouuons aſſeurer ſans tomber dans l'Erreur, que la Vie Actiue etant vne diſpoſition pour la Contemplatiue la precede.

Pour accorder ces propoſitions il faut ſuppoſer, qu'vne choſe precede vne autre choſe, ou ſuiuant ſa Nature, ou ſuiuant l'ordre de la Generation, comme les diſpoſitions qu'vne Forme demande pour être introduite dans la Matiere la precedent, ſuiuant l'ordre de la Generation; mais la Forme les precede, ſuiuant ſa Nature.

Nous deuons dire auſſi que la Vie Actiue

Explication de la quatrième Table.

étant vne difpofition pour la Contemplatiue la precede, fuiuant l'ordre de la Generation; mais que la Vie Contemplatiue, qui appartient à la Raifon Speculatiue, precede fuiuant fa Nature l'Actiue, qui appartient à la Raifon Pratique.

Les vns foutiennent, que la Vie Actiue peut empefcher l'exercice de la Contemplatiue, & les autres affeurent, que la Vie Contemplatiue depend de l'Actiue.

Pour accorder ces deux opinions il faut fuppofer que la Vie Actiue peut être confiderée, ou à l'égard de la pratique des Actions Exterieures, ou à l'égard de la Moderation des Paffions.

Si nous confiderons la Vie Actiue à l'égard de la pratique des Actions Exterieures, nous pouuons dire qu'elle empefche en quelque façon l'exercice de la Vie Contemplatiue.

Si nous confiderons la Vie Actiue à l'égard de la moderation des Paffions, nous deuons affeurer qu'elle eft vne difpofition pour la Contemplatiue: car nous deuons moderer les Paffions qui nous attachent à la Terre pour nous éleuer à la Contemplation des chofes diuines.

Ceux qui fçauent que la Grace nous fait meriter principalement par la charité, comme ie montreray dans l'Explication de la feiziéme Table de la Philofophie Morale iugent facilement que nous ne pouuons pas meriter la Vie Eternelle par le moyen de la Contemplation de Dieu entant que cette Action eſt vne partie de notre Felicité Naturelle : c'eſt pourquoy il faut aſſurer que Saint Thomas parle de la Contemplation entant qu'elle eſt conduite par la Charité, lors qu'il aſſeure que la Vie Contemplatiue eſt plus meritoire que l'Actiue.

Quelqu'vn pourroit combattre cette doctrine de Saint Thomas. En Effet il ſemble que la Vie de celuy qui s'occupe continuellement à la Contemplation ne ſoit pas ſi agreable à Dieu que la Vie de celuy qui s'addonne particulierement à la pratique des Actions Exterieures de la Vertu : car le ſecond imite plus parfaitement que le premier la Vie de Ieſus-Chriſt, qui eſt venu trauailler en ce Monde pour le Salut des Hommes.

Nous pouuons facilement defendre le party de Saint Thomas, ſi nous expliquons entierement ſon ſentiment ſur ce ſujet, & ſi nous en voulons donner vne claire connoiſſance nous deuons diſpoſer par ordre quelques propoſitions.

La Charité eſt la Source du Merite, entant que les Actions des autres Vertus qui nous font meriter la Ioüiſſance de Dieu releuent de l'Empire de cette admirable Qualité qui preſide dans notre Volonté.

La Charité, qui eſt la Source du Merite, nous fait aymer Dieu, & notre Prochain : car comme nous voyons la Lumiere & la couleur par vne meſme Action : nous aymons Dieu, & notre Prochain par vne meſme Action : dautant que

Explication de la quatriéme Table.

que Dieu est à l'égard de l'Amour que nous deuons porter à notre Prochain ce que la lumiere est à l'égard des Couleurs: car comme les Couleurs sont visibles par le moyen de la lumiere, Dieu est la Cause pour laquelle nous deuons aymer notre Prochain.

Puisque Dieu est la Cause pour laquelle nous deuons aymer notre Prochain, l'Amour que nous deuons porter à Dieu est plus meritoire que celuy que nous deuons auoir pour notre Prochain.

Cette proposition nous enseigne, que l'Action qui regarde plus directement l'Amour de Dieu est plus meritoire que celle qui regarde directement l'Amour de notre Prochain que nous aymons pour Dieu.

La Vie Contemplatiue regarde directement l'Amour de Dieu ; mais l'Actiue regarde plus directement l'Amour du Prochain ; il faut donc conclure que la Vie Contemplatiue est plus meritoire que l'Actiue ; pource que la Charité qui nous fait aymer Dieu à cause de luy mesme est plus parfaite que celle qui nous le fait aymer dans le Prochain que nous aymons pour Dieu: toutefois Saint Thomas demeure d'accord qu'il peut arriuer, que l'vn merite dauantage par les Actions Exterieures de la Vertu, que l'autre par la Contemplation, entant que le premier se priue pour quelque temps de la douceur de la Contemplation pour trauailler pour le bien de son

Prochain, étant animé d'vne parfaite Charité qui luy fait suiure les Ordres de la Volonté de Dieu.

Enfin pour répondre aux difficultez que l'on peut faire sur ce sujet il faut sçauoir, que l'Action conuient principalement aux vns; que les autres sont particulierement appellez à la Contemplation, & que les vns arriuent aussi bien que les autres à leur perfection, lors qu'ils suiuent les Ordres de Dieu, pour faire éclater sa Grandeur & sa Gloire.

Apres auoir examiné l'Essence, & la Diuision de la parfaite Felicité qui conuient à l'Homme suiuant sa Nature, l'Ordre de la Table que nous expliquons nous oblige à dire quelque chose de ses Conditions.

DES CONDITIONS DE LA PARfaite Felicité qui conuient Naturellement à l'Homme en cette Vie.

CHAPITRE XXXV.

ARistote au cinquiéme Chapitre du premier Liure de sa Morale dit que la Felicité est parfaite, & qu'elle est la Possession de tous les biens qui sont necessaires pour rendre l'Homme heureux en cette Vie.

Le mesme Philosophe dans l'vnziéme Chapitre du mesme Liure asseure contre Solon que la Felicité est de longue durée.

On void clairement qu'Aristote établit seulement les Conditions de la Felicité qui conuient naturellement à l'Homme en cette Vie, & nous deuons sçauoir, que celle de l'autre Vie est tres-Parfaite, qu'elle vnit l'Homme à la Source de tous les Biens; & qu'elle est Eternelle, comme ie montreray dans l'explication de la sixiéme Table de la Philosophie Morale.

La Felicité Naturelle de cette Vie est Parfaite, lors que celuy qui en iouit regarde directement Dieu, qui eſt le principal Objet de ſa connoiſſance & de ſon Amour.

Pour répondre aux difficultez que l'on peut faire ſur cette premiere Condition de la Felicité Naturelle il faut ſe reſſouuenir que i'ay montré en pluſieurs endroits de cét Ouurage; que la Felicité Naturelle de l'Homme eſt, ou Imparfaite, ou Parfaite; que la premiere conuient à ceux qui s'appliquent à la pourſuite des Sciences, & des Vertus, à cauſe de la beauté qui ſe rencontre dans ces Qualitez; & que l'Homme eſt arriué au dernier degré de perfection auquel il peut tendre par l'effort de ſa Nature, lors que ſon Entendement contemple Dieu, qui eſt tres-veritable, & que ſa Volonté ayme Dieu, qui eſt tres-bon.

Quand Ariſtote dit au cinquiéme Chapitre du premier liure de ſa Morale que la Felicité eſt la poſſeſſion de tous les biens, il veut nous faire connoitre que la Parfaite Felicité qui arriue naturellement à l'Homme contient tous les Biens qui luy ſont neceſſaires pour le rendre heureux en cette Vie.

Il ſemble qu'il ſe contredit, lors qu'il ſoutient au meſme Chapitre que la Felicité ſe peut augmenter.

Pour montrer que l'vne de ces Conditions de la Felicité Naturelle ne détruit pas l'autre il faut ſuppoſer que le Bien qui contient abſolument tous les Biens, & qui ne peut receuoir aucune perfection n'eſt autre que Dieu: car comme la

Explication de la quatrième Table.

Partie ne peut être plus grande que le Tout qui la contient, les Biens Particuliers ne peuuent adiouter à Dieu aucune perfection; puis que celle qui leur appartient est vne participation de la premiere Bonté.

La Felicité que l'Homme peut aquerir par l'effort de sa Nature ne contient pas de cette maniere toute sorte de Biens. Elle n'enferme pas tous les Biens qui peuuent arriuer à l'Homme; mais elle contient seulement tous ceux qui luy sont necessaires pour le Repos qu'il peut attendre en cette Vie; il est donc tres-éuident qu'elle se peut augmenter: car l'Homme peut touiours receuoir quelque Bien qu'il n'a pas, & vn Bien étant adiouté à vn autre Bien l'augmente.

Aristote nous apprend dans l'vnziéme Chapitre du premiere Liure de sa Morale que la Felicité Naturelle de l'Homme est de longue durée, pour combattre l'Opinion de Solon, qui soutenoit qu'elle étoit tres inconstante.

Si nous voulons bien expliquer le sentiment d'Aristote sur ce sujet, nous deuons prouuer qu'il est difficile d'aquerir la Felicité; mais qu'il est difficile de la perdre lors qu'elle est aquise.

Pour faire connoître clairement qu'il est difficile d'aquerir la Felicité il faut disposer par Ordre plusieurs propositions.

La Felicité Naturelle de l'Homme est la perfection qui luy conuient entant qu'il est Homme.

414 *Premiere Partie de la Philof. Morale*

Cette propofition Generale nous enfeigne que la Felicité Naturelle de l'Homme contient effentiellement la perfection de fon Entendement, & celle de fa Volonté, comme j'ay montré dans le trente-vniéme Chapitre de la premiere partie de cét Ouurage.

Puis que la Felicité Naturelle de l'Homme contient effentiellement la perfection de fon Entendement, & celle de fa Volonté, il ne la peut obtenir qu'auec beaucoup de peine ; dautant qu'il luy eft difficile d'aquerir la Science, & la Vertu, qui font les Veritables Qualitez qui perfectionnent fon Entendement, & fa Volonté.

La Science depend d'vne bonne difpofition qui vient de la Nature, de l'Inftruction d'vn bon Maitre, & de l Vfage ; on n'y peut donc arriuer que tres-difficilement : car l'Experience nous apprend que ces trois chofes ne fe rencontrent que rarement enfemble.

Nous ne pouuons obtenir la Vertu qu'auec beaucoup de peine, à caufe des difficultez qui l'enuironnent, & du Plaifir qui nous porte au Vice. Il faut donc conclure qu'il eft tres-difficile d'aquerir la Felicité.

Il eft difficile de la perdre lors qu'elle eft aquife : pource que les Habitudes s'augmentent par leur vfage.

Nous pouuons tirer deux Conclufions de cette propofition Generale.

Explication de la quatrième Table.

Premierement que la Science, & la Vertu ont beaucoup de durée : car nous pouuons toujours mettre en vsage ces deux Qualitez, dont l'vne perfectionne notre Entendement, & l'autre est vne perfection de notre Volonté.

En second lieu que celuy qui est heureux peut l'étre tout le temps de sa Vie, soit que nous considerions ses Actions, soit que nous ayons égard aux choses qui luy arriuent.

Celuy qui a vne parfaite Habitude peut touiours exercer des Actions conformes à leur Principe. Celuy qui est Heureux possede la Vertu ; il est donc tres-certain qu'il peut touiours pratiquer des Actions Vertueuses. La Fortune ne peut pas s'opposer à la naissance des Actions des gens de bien; dautant qu'elles ne releuent pas de son Empire.

Les choses qui arriuent à celuy qui est Heureux sont, ou petites, ou grandes.

Les petites ne font aucune impression dans son Ame.

Les grandes sont du nombre, ou des Biens, ou des Maux.

Les Biens qui arriuent à celuy qui est Heureux seruent d'ornement à sa Felicité & la peuuent augmenter.

Il est vray qu'il n'appartient pas à toute sorte de personnes de supporter la bonne Fortune, comme parle Aristote au huitiéme Chapitre du cinquiéme liure de sa Politique ; mais celuy qui est vertueux n'est point ébloüy par l'éclat de la prosperité. Il regarde sa bonne Fortune comme vn foible rayon dont l'éclat depend de l'Imagination des vns, & la durée de la volonté des autres. Il considere sa Puissance comme vn ennemy Etranger qui peut donner des forces à ses Passions pour luy faire la guerre. Enfin lors qu'il a le pouuoir de commettre toute sorte de Crimes, n'en étant pas détourné par la Crainte des peines, comme les Hommes ordinaires, il s'en éloigne par sa Vertu.

Ie demeure d'accord que les maux qui arriuent à celuy qui est Heureux peuuent l'empescher de faire de belles Actions, comme la pauureté peut l'empescher de donner l'aumosne, & la Maladie peut luy oster le moyen d'exposer sa Vie pour la defense de sa Patrie ; mais ie soutiens que tous ces Maux ne sont pas assez puissans pour l'empescher de pratiquer toute sorte de Vertus; dautant qu'ils luy seruent de Matiere pour exercer quelque Vertu; disons donc que l'Homme peut conseruer sa Felicité dans les maux qui luy arriuent.

Aristote est dans ce sentiment dans l'vnziéme Chapitre du premier Liure de sa Morale. Il semble pourtant qu'il se contredit, ayant dit au troisiéme Chapitre du mesme liure, que celuy qui soutient que l'Homme peut étre Heureux lors qu'il est attaqué de plusieurs Maux fait vne proposition contraire au sentiment ordinaire des Hommes.

Lambin

Explication de la quatriéme Table.

Lambin qui a traduit ce passage ne l'a pas entendu, & son Erreur a fait naitre celle de quelques Philosophes, qui condamnent Aristote de Contradiction sur ce sujet, & qui donnent des preuues de leur Ignorance : car Aristote dit seulement au troisiéme Chapitre du premier Liure de sa Morale, que celuy qui est vertueux étant attaqué de plusieurs Maux qui peuuent détruire son repos ne peut étre Heureux s'il ne conserue sa resolution.

Pour entendre ce passage il faut sçauoir qu'Aristote voulant combattre en ce Chapitre l'Opinion de ceux qui mettoient la Felicité dans l'Habitude de la Vertu soutient que la derniere perfection ne luy conuient pas ; puis qu'elle peut seruir de moyen pour exercer vne bonne Action: c'est pourquoy il conclud que celuy qui a l'Habitude de la Vertu étant attaqué de plusieurs Maux ne peut étre Heureux s'il ne conserue sa resolution ; c'est à dire s'il ne passe de l'Habitude à l'Action qui luy conuient.

Il semble que nous ne puissions pas toujours mettre en vsage la Science, & la Vertu, & que la Felicité de cette vie ne soit pas de longue durée ; puis qu'elle est interrompuë par le sommeil.

Il est facile de répondre à cette difficulté : car lors que nous asseurons que nous pouuons toujours mettre en vsage les Vertus Morales, nous voulons dire seulement que nous pouuons pratiquer ces Qualitez dans toutes nos Actions.

Ggg

Il ne conuient qu'à ceux que Dieu a éleuez à la Ioüiſſance de ſa Gloire de contempler continuellement ſon Eſſence; mais quoy que la Felicité de cette Vie ſoit interrompuë par le ſommeil, il y a pourtant quelque difference entre le ſommeil des gens de bien, & celuy des méchans, pource que le ſommeil des gens de bien ſe rapporte en quelque façon à l'honneſteté, entant qu'il repare les Eſprits qui ſont neceſſaires pour s'addonner à la contemplation de la Verité, & à la pratique des Actions Exterieures de la Vertu.

On dit ordinairement que la Felicité dont nous auons examiné les Conditions en ce Chapitre ne conuient pas naturellement à l'Homme; qu'elle a été inconnüe à tous les Philoſophes Payens; & qu'Ariſtote dans ſa Morale propoſe les Vertus comme des moyens ſeulement pour nous conduire au Plaiſir, ou pour aquerir de l'Eſtime, ou pour agir ſuiuant les Regles de l'Honneſteté.

Ceux qui penſent que la Vertu ſuiuant l'Opinion d'Ariſtote n'a point d'autre Fin que le Plaiſir n'ont pas leu le neufuiéme Chapitre du premier liure de ſa Morale, où il montre que le Plaiſir n'eſt qu'vne ſuite de la Vertu.

Ceux qui ſoutiennent que la Vertu dans le ſentiment d'Ariſtote n'eſt qu'vn Moyen pour aquerir de l'Eſtime n'ont aucune connoiſſance de la Morale de ce grand Philoſophe : car il en-

Explication de la quatriéme Table.

feigne tres-clairement dans l'vnziéme Chapitre du troisiéme liure, que la Vaillance n'appartient qu'à ceux qui exposent leur vie à de beaux perils à cause qu'il est honneste de les combattre ; & que ceux qui les cherchent pour étre dans l'approbation des Hommes ne sont Vaillans qu'en apparence. Il asseure aussi au quatriéme Chapitre du quatriéme liure que celuy qui exerce la Magnificence fait de grandes depenses pour l'Honnesteté, qui est le but de toutes les Vertus.

Ces Passages ont obligé quelques Philosophes à croire qu'Aristote n'a point donné d'autre Fin à la Vertu que l'Honnesteté ; mais s'ils auoient leu tous ses liures, ils sçauroient qu'il dit à la fin de la Morale à Eud. que Dieu est le Terme de l'Ame, & la derniere Fin de tous les Biens.

Ce passage nous apprend que suiuant le sentiment mesme d'Aristote la vie a été donnée à l'Homme pour connoitre Dieu, & pour l'aymer.

Ie dois icy faire connoitre clairement que ce Philosophe Payen a été dans cette pensée ; puis que ie me suis proposé de recüeillir tous ses beaux sentimens, pour établir les premiers Fondemens de notre conduite.

Il sera tres-vtile de faire la liaison de plusieurs passages d'Aristote, pour montrer que la Lumiere que nous auons de la Nature nous enseigne que nous deuons connoitre, & aymer Dieu.

Aristote étant obligé d'oster quelque chose à

la Puissance diuine, au second Chapitre du sixiéme Liure de sa Morale, l'établit parfaitement, pour nous apprendre qu'il en faut parler auec reuerence. Il dit en ce Chapitre que nous ne deliberons pas des choses passées, mais des choses Futures; pource qu'il est impossible que ce qui est arriué ne soit pas arriué. Il asseure que c'est vne chose impossible à Dieu mesme ; mais il adjoute que c'est la seule chose qui luy est impossible, pour nous faire connoitre que nous ne deuons oster à la Puissance diuine que ce qui enferme vne éuidente Contradiction.

Si nous voulons bien exprimer le sentiment d'Aristote sur ce sujet, nous ne deuons pas dire que certaines choses soient impossibles; pource que Dieu ne les peut faire ; mais nous deuons asseurer que Dieu ne les peut faire ; pource qu'elles sont impossibles de leur Nature.

Celuy qui considere qu'Aristote parle auec reuerence de la Puissance diuine iuge facilement que suiuant la pensée de ce Philosophe l'Homme doit connoitre, & honorer Dieu.

Il fait paraestre plus clairement qu'il n'a pas ignoré cette Verité, lors qu'il dit à la Fin de la Morale à Eud. que Dieu est le dernier Terme de l'Ame, & la derniere Fin de tous les Biens.

Comme il ne se contente pas de dire que Dieu est le dernier Terme de l'Ame, & qu'il asseure qu'il est la derniere Fin de tous les Biens, il nous fait connoitre, que nous deuons contempler

Explication de la quatriéme Table. 421

Dieu à cause de luy mesme, il a donc creu que Dieu deuoit étre l'objet de notre Amour: car nous aymons quelqu'vn lors que nous pratiquons pour luy la plus noble Action que nous puissions exercer.

Si ces Consequences sont trop subtiles pour contraindre les Libertins, d'auoüer qu'Aristote a creu que Dieu deuoit étre le principal Objet de notre Connoissance, & de notre Amour, il leur faut faire remarquer qu'il conclud à la Fin de la Morale à Eu*** que toute Condition qui par l'excez, ou par le defaut de quelque chose nous empesche de connoitre Dieu, & de l'honorer est tres-pernicieuse.

Cette Verité luy parest si éuidente qu'il iuge qu'elle ne doit pas étre mise en question quand il soutient dans l'vnziéme Chapitre du premier liure des Topiques que ceux qui demandent s'il faut honorer Dieu doiuent étre punis.

Pour auoir vne claire connoissance de toutes les choses qui ont été dites dans l'Explication de la quatriéme Table de la Philosophie Morale il faut sçauoir l'ordre des Diuisions qu'elle contient.

L'ORDRE DES DIVISIONS QVI sont contenuës dans la quatriéme Table de la Philosophie Morale.

Chapitre XXXVI.

Comme l'Homme peut étre en mesme temps éclairé, & coupable de plusieurs Crimes, la Felicité qui luy peut arriuer naturellement étant la perfection qui luy conuient en tant qu'il est Homme contient essentiellement la perfection de son Entendement, & celle de sa Volonté.

Il faut aller plus auant pour découurir l'Essence de cette Felicité lors quelle est Parfaite.

La Parfaite Felicité qui conuient à l'Homme suiuant sa Nature doit être mise dans la Contemplation, & dans l'Amour de Dieu.

Pour auoir vne claire connoissance de cette Verité il faut disposer par Ordre quelques propositions.

La parfaite Felicité qui peut arriuer naturellement à l'Homme en cette Vie depend de ses plus nobles Actions, & comme les Actions em-

Explication de la quatrième Table. 423

pruntent leur Nobleſſe de la Faculté qui les produit, & de l'Objet qu'elles regardent, cette Felicité conſiſte dans les plus nobles Actions des plus releuées Facultez à l'égard du plus excellent Objet.

L'Entendement, & la Volonté, qui diſtinguent l'Homme des Beſtes ſont ſes plus nobles Facultez.

La Contemplation, qui eſt dans le Repos, eſt la plus noble Action de l'Entendement.

L'Amour eſt la plus parfaite Action que la Volonté puiſſe exercer en cette Vie.

Dieu, qui eſt tres-veritable, & tres-bon, eſt le plus excellent Objet de l'Entendement, & de la Volonté.

La diſpoſition de ces propoſitions nous apprend, que l'Homme eſt arriué au dernier degré de Felicité auquel il peut tendre par l'effort de ſa Nature, lors que ſon Entendement contemple Dieu, qui eſt tres-Veritable, & que ſa Volonté ayme Dieu, qui eſt tres-Bon.

Aprés auoir étably l'Eſſence de la Parfaite Felicité qui conuient à l'Homme ſuiuant ſa Nature, il en faut faire la Diuiſion, ſuiuant l'Ordre de la Table que nous expliquons, qui nous enſeigne que cette Felicité eſt, ou Contemplatiue, ou Actiue.

Pour entendre cette Diuiſion, & pour découurir le rapport qu'elle peut auoir auec les choſes qui ont été expliquées auparauant il faut disposer par Ordre quelques propositions.

La Parfaite Felicité que l'Homme peut obtenir par l'effort de sa Nature consiste essentiellement dans la Contemplation, & dans l'Amour de Dieu.

Celuy qui ayme Dieu suit la lumiere qui est naturellement imprimée dans son Entendement.

La Lumiere qu'il a de la Nature le conduit à la pratique des Vertus ; c'est pourquoy sa Felicité, ou sa Vie est, ou Contemplatiue, ou Actiue.

Cette Diuision est fondée sur celle que nous pouuons faire de l'Esprit Humain : car puis que l'Homme vit proprement, lors qu'il agit suiuant sa Raison, la Diuision de la Vie qui luy est propre doit étre tirée de celle de sa Raison.

La Raison Humaine est, ou Speculatiue, ou Pratique ; car ou la connoissance qui prouient de cette Faculté s'arréte dans la Contemplation de la Verité, ou elle tend à quelque Action exterieure.

La premiere appartient à la Raison Speculatiue, & la seconde est vn Effet de la Raison Pratique.

Pour sçauoir de quelle maniere la Diuision de la Vie Humaine en Contemplatiue, & en Actiue doit étre tirée de la Diuision de la Raison, il faut dire que la Vie Contemplatiue est celle qui conuient à la Raison entant qu'elle s'occupe seulement à la Contemplation de la Verité ; & que la Vie Actiue est celle qui conuient

Explication de la quatrième Table. 425

nient à la mesme Faculté, entant qu'elle connoit plusieurs choses que nous deuons pratiquer.

Aristote prouue amplement dans le dixiéme Liure de sa Morale que la Vie Contemplatiue est plus noble que l'Actiue.

Pour découurir la Source des raisons qu'il faut prendre pour prouuer cette Verité il faut disposer par Ordre quelques propositions.

Toutes choses imitent Dieu par leurs Actions.

Comme Dieu se communique d'vne differante façon à ses Creatures, il est aussi l'Objet de leurs Desirs d'vne maniere grandement differante.

Les choses qui n'ont point de Raison ne tendent à Dieu qu'indirectement ; mais celles qui sont Raisonnables ont receu vne Lumiere qui est vne participation de la premiere Raison qui les conduit à la connoissance, & à l'Amour de Dieu ; d'où vient que nous pouuons dire suiuant l'Ordre de la Table que nous expliquons, que l'Esprit Humain s'attachant à la contemplation de Dieu imite parfaitement la premiere Cause dont le Bon-heur consiste dans la Contemplation de son Essence.

La disposition de ces propositions prouue clairement, que la Noblesse de la Vie Contemplatiue peut étre tirée, ou du Principe qui contemple la Verité, ou de l'Objet de la Contemplation, ou de l'Imitation de Dieu.

Hhh

Suiuant cét Ordre nous pouuons asseurer, que la Vie Contemplatiue est plus noble que l'Actiue, à cause que la premiere vient d'vn plus noble Principe que la seconde; que l'Objet de la premiere est plus excellent que celuy de la seconde; & que la premiere nous fait imiter Dieu plus parfaitement que la seconde.

Ie demeure d'accord que ces deux Vies qui sont propres à l'Homme dependent de sa Raison : toutefois ie soutiens que la premiere est plus noble que la seconde, à l'égard de son Principe : dautant que la Vie Contemplatiue appartient à la Raison Speculatiue, qui est plus noble que la Raison Pratique, qui est le Principe de la Vie Actiue.

Comme nous deuons iuger de l'Excellence des Facultez par celle des Objets qu'elles regardent, la Raison Speculatiue, qui a pour Objet des choses necessaires, & principalement Dieu doit être preferée à la Raison Pratique, qui a pour Objet plusieurs choses Contingentes ; il faut donc conclure que la Vie Contemplatiue est plus noble que l'Actiue, à l'égard de son Principe.

Pour auoir vne plus claire connoissance de la Verité de cette Conclusion, il faut sçauoir que les Facultez qui nous sont communes auec les Bestes contribuënt aux Actions Exterieures de la Vertu ; mais que la Contemplation n'appartient qu'à l'Entendement, qui est la plus relenée Faculté de l'Homme.

La Vie Contemplatiue, qui ne consiste que dans l'Action de la Raison Speculatiue, n'appartient pas à l'Homme entant qu'il est composé d'vne Ame Spirituelle, & d'vn Corps sujet à la Corruption; mais elle luy conuient seulement entant qu'il est éclairé en sa plus haute partie d'vne Lumiere tres-éclatante, qui est vne participation de la Raison diuine; d'où vient qu'Aristote dit admirablement au septiéme Chapitre du dixiéme Liure de sa Morale que celuy qui contemple la Verité ne vit pas entant qu'il est Homme; mais entant qu'il y a en luy vne chose diuine qui l'éleue au dessus de sa Nature.

Comme les Passions Humaines, & plusieurs autres choses Contingentes, qui sont l'Obiet de la Vie Actiue, ne peuuent entrer en comparaison auec Dieu, qui est le principal Objet de la Contemplation, il est tres-éuident que la Vie Contemplatiue est plus noble que l'Actiue, à l'égard de son Objet.

Pour connoitre clairement que la Vie Contemplatiue surpasse l'Actiue, à l'égard de l'Imitation de Dieu, il faut sçauoir que la plus noble Vie est celle qui nous approche dauantage de Dieu, qui est la Vie mesme.

Si nous voulons prouuer que la Contemplation nous rend plus semblables à Dieu, que la pratique des Actions Exterieures de la Vertu, nous deuons auoir quelque connoissance des perfections que nous deuons admirer dans la Diuinité.

Dieu ayant de sa Nature toute sorte de perfections les possede toujours, & il est certain qu'il ioüit d'vn parfait Repos.

La liaison de ces propositions nous apprend, que la Noblesse de nos Actions peut étre tirée de l'Independance, de la Durée, & du Repos : car nos Actions sont plus, ou moins nobles, entant qu'elles nous rendent plus, ou moins semblables à Dieu, qui étant le premier Etre est aussi la Regle de la Noblesse de toutes choses.

Ces veritez nous font connoitre que les raisons que nous deuons prendre pour montrer que la Vie Contemplatiue nous fait imiter Dieu plus parfaitement que l'Actiue doiuent étre tirées, ou de l'Independance, ou de la Durée, ou du Repos.

Comme Dieu est le premier Estre, il n'appartient qu'à luy d'étre absolument Independant; c'est pourquoy lors que nous entreprenons de prouuer que la Vie Contemplatiue est plus noble que l'Actiue, à l'égard de l'Independance, nous ne voulons pas montrer que l'Homme soit absolument Independant, dans la Vie Contemplatiue; mais nous voulons faire connoitre seulement qu'il s'approche dauantage de l'Independance, par la Contemplation, que par la pratique des Actions Exterieures de la Vertu.

L'Independance qui conuient plus parfaite-

Explication de la quatriéme Table. 429
ment à la Vie Contemplatiue, qu'à l'Actiue peut être confiderée, ou par rapport aux chofes Exterieures, ou par rapport aux Hommes.

Pour entendre cette Diuifion il faut fçauoir, que celuy qui s'addonne à la Vie Contemplatiue ne depend pas de plufieurs chofes qui font neceffaires aux Hommes pour pratiquer les Actions Exterieures de la Vertu; & que les vns ne dependent pas des autres pour contempler la Verité, comme ils en dependent pour exercer la Iuftice, la Liberalité, & plufieurs autres Vertus Morales.

Apres auoir montré que la Vie Contemplatiue eft plus noble que l'Actiue, à l'égard de l'independance, nous deuons prouuer qu'elle luy doit être preferée, à l'égard de la Durée; & fi nous voulons bien exprimer vn des principaux auantages que nous pouuons attendre de la Contemplation, nous deuons faire connoitre que la Durée luy conuient particulierement.

Nous deuons prouuer deux chofes pour bien établir cette propofition.

Premierement que la Durée conuient à la Contemplation.

En fecond lieu qu'elle luy conuient particulierement; c'eft à dire que la Vie Contemplatiue a plus de Durée que l'Actiue.

Comme vne perfection peut auoir de la Durée, ou fuiuant fa Nature, ou par rapport au fujet qu'elle perfectionne, nous pouuons dire que la Contemplation a beaucoup de Durée, soit que nous considerions sa Nature, soit que nous ayons égard à celuy qui contemple la Verité.

La durée qui conuient à la Contemplation suiuant sa Nature peut être tirée, ou de la chose qui la precede, ou de celle qui la suit ; c'est à dire qu'elle peut être tirée de son Objet qui la precede, ou du Plaisir qui l'accompagne.

Il est tres-éuident que la Contemplation a beaucoup de durée, à l'égard de son Objet ; dautant qu'elle regarde des choses Incorruptibles, qui ne sont pas sujettes au changement.

Le Plaisir qu'elle produit prouue aussi qu'elle a beaucoup de durée : car ce Plaisir qui conuient à l'Homme suiuant sa Nature n'est point suiuy de Douleur.

La durée qui conuient à la Contemplation par rapport à celuy qu'elle perfectionne peut être tirée, ou de la Faculté qui contemple la Verité, ou de sa maniere d'agir : car puis que la Contemplation est vn Effet de l'Entendement, qui est vne Faculté Spirituelle ; & que cette diuine Faculté agit sans Organe Corporel, la Contemplation a beaucoup de durée par rapport à celuy qu'elle perfectionne, soit que nous considerions la Faculté dont il se sert pour contempler la Verité, soit que nous ayons égard à la maniere d'agir de cette Faculté.

Les quatre raisons qui ont étably la durée de la Contemplation nous enseignent que la Vie

Contemplatiue a plus de durée que l'Actiue.

Premierement la Vie Contemplatiue ayant pour Objet des choses Incorruptibles a plus de durée que l'Actiue, qui a pour Objet des choses Contingentes.

En second lieu il est vray que la Vie Actiue produit aussi bien que la Contemplatiue vn Plaisir qui n'est point accompagné de Douleur, entant qu'elle consiste dans la moderation des Passions: toutefois il est certain que la Vie Actiue est toute pleine d'agitation; & que la Contemplatiue est vne Image du Repos Eternel.

En troisiéme lieu les Facultez qui nous sont communes auec les Bestes contribuënt aux Actions Exterieures de la Vertu; mais la Contemplation n'appartient qu'à l'Entendement, qui n'est point sujet au changement; puis qu'il est du nombre des Facultez Spirituelles.

En quatriéme lieu cette diuine Faculté qui contemple la Verité agit sans Organe Corporel.

Toutes ces choses nous font connoitre que la durée de la Vie Actiue est limitée par la Durée de cette Vie; & que la Contemplatiue n'aura point d'autres bornes que celles de l'Eternité; c'est pourquoy nous deuons asseurer que la Vie Contemplatiue est plus noble que l'Actiue à l'égard de la durée. Il reste à prouuer qu'elle luy doit être preferée à l'égard du Repos.

Puis que la Vie Contemplatiue conuient à la Raison, entant qu'elle s'occupe seulement à la

Contemplation de la Verité ; & que l'Actiue conuient à la mesme Faculté, entant qu'elle connoit plusieurs choses que nous deuons pratiquer, il est certain que la Vie Contemplatiue est dans le repos, & que l'Actiue est dans vn continuel mouuement ; c'est pourquoy la seconde doit ceder à la Noblesse de la premiere : Car puis que la Fin est plus noble que le Moyen, suiuant les Principes de la Science Generale, le Repos est plus noble que le Mouuement qui est vn Moyen pour y arriuer.

Aprés auoir examiné l'Essence, & la Diuision de la Parfaite Felicité qui conuient à l'Homme suiuant sa Nature, l'Ordre de la Table que nous expliquons nous oblige à dire quelque chose de ses Conditions.

Nous pouuons dire auec Aristote, que la Felicité dont nous parlons icy est parfaite ; qu'elle est la Possession de tous les Biens ; & qu'elle est de longue Durée.

La Felicité Naturelle de cette vie est Parfaite, lors que celuy qui en joüit regarde directement Dieu, qui est le principal Objet de sa Connoissance, & de son Amour.

Quand Aristote dit au cinquiéme Chapitre du premier Liure de sa Morale que la Felicité est la Possession de tous les Biens, il veut nous faire connoitre que la parfaite Felicité qui arriue naturellement à l'Homme contient tous les Biens qui luy sont necessaires pour le rendre Heureux en cette Vie.

Il semble qu'il se contredit, lors qu'il soutient au mesme Chapitre que la Felicité se peut augmenter.

Pour montrer que l'vne de ces Conditions de la Felicité Naturelle ne detruit pas l'autre il faut supposer que le Bien qui contient absolument tous les Biens, & qui ne peut receuoir aucune perfection n'est autre que Dieu: car comme la Partie ne peut étre plus grande que le Tout qui la contient, les Biens Particuliers ne peuuent adiouter à Dieu aucune perfection ; puis que celle qui leur appartient est vne participation de la premiere Bonté.

La Felicité que l'Homme peut obtenir par l'effort de sa Nature ne possede pas de cette maniere toute sorte de Biens. Elle n'enferme pas tous les Biens qui peuuent arriuer à l'Homme; mais elle contient seulement tous ceux qui luy sont necessaires pour le Repos qu'il peut attendre en cette Vie, il est donc tres-éuident qu'elle se peut augmenter: car l'Homme peut touiours receuoir quelque Bien qu'il n'a pas, & vn Bien étant adiouté à vn autre Bien l'augmente.

Aristote nous apprend dans l'vnziéme Chapitre du premier Liure de sa Morale, que la Felicité Naturelle de l'Homme est de longue durée, pour combattre l'Opinion de Solon, qui soutenoit qu'elle étoit tres-inconstante.

Si nous voulons bien expliquer le sentiment d'Aristote sur ce sujet ; nous deuons prouuer qu'il est difficile d'aquerir la Felicité ; mais qu'il est difficile de la perdre, lors qu'elle est aquise.

Puis que la Felicité Naturelle de l'Homme contient essentiellement la perfection de son Entendement, & celle de sa Volonté, il ne la peut obtenir qu'auec beaucoup de peine : dautant qu'il luy est difficile d'aquerir la Science, & la Vertu qui sont les Veritables Qualitez qui perfectionnent son Entendement, & sa Volonté.

Il est difficile de perdre la Felicité lors qu'elle est aquise ; pource que les Habitudes s'augmentent par leur vsage.

Nous pouuons tirer deux Conclusions de cette proposition Generale.

Premierement que la Science, & la Vertu ont beaucoup de durée : car nous pouuons toujours mettre en vsage ces deux qualitez, dont l'vne perfectionne notre Entendement, & l'autre est vne perfection de notre Volonté.

En second lieu que celuy qui est Heureux peut l'étre tout le temps de sa Vie, soit que nous considerions ses Actions, soit que nous ayons égard aux choses qui luy peuuent arriuer.

La Fortune ne peut pas s'opposer à la naissance des Actions de celuy qui est Heureux ; pource qu'elles ne releuent pas de son Empire.

Les choses qui arriuent à celuy qui est Heureux sont ou petites, ou grandes.

Les petites ne font aucune impression dans son Ame.

Explication de la quatriéme Table.

Les grandes font du nombre, ou des Biens, ou des Maux.

Les Biens qui arriuent à celuy qui eſt Heureux feruent d'ornement à ſa Felicité, & la peuuent augmenter; dautant qu'vn Bien étant adiouté à vn autre Bien l'augmente.

Les Maux qui arriuent à l'Homme ne peuuent pas l'empeſcher de pratiquer toute ſorte de Vertus; dautant qu'ils luy peuuent ſeruir de Matiere pour exercer quelque Vertu.

Il ſemble que nous ne puiſſions pas toujours mettre en vſage la Science, & la Vertu; & que la Felicité de cette Vie ne ſoit pas de longue durée; puis qu'elle eſt interrompuë par le ſommeil.

Il eſt facile de répondre à cette difficulté: car lors que nous aſſeurons, que nous pouuons toujours mettre en vſage les Vertus Morales, nous voulons dire ſeulement que nous pouuons pratiquer ces Qualitez dans toutes nos Actions.

Il ne conuient qu'à ceux que Dieu a éleuez à la Ioüiſſance de ſa Gloire de contempler continuellement ſon Eſſence; mais quoy que la Felicité de cette Vie ſoit interrompuë par le ſommeil, il y a pourtant quelque difference entre le ſommeil des gens de bien, & celuy des méchans; pource que le ſommeil des gens de bien ſe rapporte en quelque façon à l'Honneſteté, entant qu'il repare les Eſprits qui ſont neceſſaires pour s'addonner à la Contemplation de la Verité, & à la pratique des Actions Exterieures de la Vertu.

Pour se ressouuenir facilement de toutes les Diuisions qui ont été faites en ce Chapitre il faut ietter les yeux sur la quatriéme Table de la Philosophie Morale, où elles sont disposées par Ordre.

Puis que le But que la Morale Chrétienne se propose est de nous conduire à notre derniere Fin, nous y deuons traiter de la Felicité Surnaturelle de cette vie, qui est necessaire à l'Homme pour le conduire à celle de l'autre vie.

La cinquiéme Table de la Philosophie Morale, que nous deuons expliquer pour auoir vne claire connoissance de la Felicité Surnaturelle de cette Vie, nous enseigne que cette Felicité consiste essentiellement dans l'Amour de Dieu.

La preuue de cette Verité peut étre tirée, ou d'vne proposition commune à toute sorte de Felicité, ou d'vne raison propre à la Felicité Surnaturelle de cette Vie.

DE QUELLE MANIERE UNE proposition commune à toute sorte de Felicité peut servir de Fondement, pour montrer que la Felicité Surnaturelle de cette Vie consiste essentiellement dans l'Amour de Dieu.

CHAPITRE XXXVII.

NOus pouuons facilement connoitre l'Ordre de la premiere Diuision de la Table que nous expliquons : car puis que nous deuons descendre des propositions Generales aux propositions Particulieres qui en dependent pour discourir clairement de toutes choses, suiuant le Precepte de la Methode que nous auons étably sur ce sujet dans la quatriéme partie de la Logique, nous deuons premierement prendre vne proposition commune à toute sorte de Felicité pour montrer que le Bon-heur Surnaturel de cette Vie consiste essentiellement dans l'Amour de Dieu, & nous deuons en suite tirer la Verité de cette Conclusion d'vne raison propre à la Felicité Surnaturelle de cette Vie.

La premiere de ces deux choses sera executée en ce Chapitre, & la seconde le sera dans le Chapitre suiuant.

I'ay dit dans le vint-quatriéme Chapitre de la premiere partie de cét ouurage, que nous ne deuons pas discourir de la Felicité qui arriue à l'Homme en cette Vie de la mesme façon que nous deuons traiter de celle dont il ioüira en l'autre Vie, & que nous deuons parler de la Felicité qui conuient à l'Homme suiuant sa Nature & de celle des Chretiens d'vne maniere grandement differante; d'où vient que dans le vint-troisiéme Chapitre de la mesme partie i'ay disposé par ordre des propositions Propres à chaque Felicité, pour éuiter l'Erreur, pour accorder les Philosophes, & pour discourir clairement de toute sorte de Felicité; il semble donc que ie tombe icy dans vne éuidente Contradiction, lors que i'entreprends de prouuer par vne raison commune à toute sorte de Felicité, que le Bonheur Surnaturel de cette Vie consiste essentiellement dans l'Amour de Dieu.

Pour repondre à cette difficulté il faut supposer, que les Felicitez conuiennent en quelque chose & que nous y deuons mettre quelque differance.

Il est vray que nous deuons mettre en vsage des propositions propres à chaque Felicité, pour en bien raisonner entant qu'elles sont differantes, comme pour bien discourir de la Felicité

Naturelle, de la Surnaturelle de cette Vie, & de celle de l'autre Vie, nous deuons sçauoir; que la premiere est la perfection de l'Homme entant qu'il est Homme; que la seconde met l'Homme en état de posseder Dieu en l'autre Vie; & que la derniere est la Possession de Dieu; mais entant que ces Felicitez conuiennent en quelque chose, nous pouuons prendre vne proposition qui leur est commune pour parler de chaque Felicité.

Nous pourrons dire en General que la Felicité de l'Homme est la plus noble de ses Actions; c'est pourquoy nous pouuons employer cette proposition commune à toute sorte de Felicité, pour prouuer que le Bon-heur que les Chretiens peuuent obtenir en cette Vie consiste essentiellement dans l'Amour qu'ils doiuent porter à Dieu; dautant qu'il est plus noble d'aymer Dieu que de le connoitre par ses Effets.

On peut icy faire vne seconde difficulté beaucoup plus grande que la premiere: car s'il conuient à toute Felicité qui peut arriuer à l'Homme d'étre la plus noble de ses Actions, nous deuons asseurer que l'Essence de toute Felicité consiste seulement, ou dans l'Action de notre Entendement, ou dans celle de notre Volonté: toutefois nous auons prouué dans le vint-sixiéme Chapitre de la premiere partie de cét Ouurage, que la Felicité que nous pouuons obtenir par l'effort de notre Nature contient essentiellement la perfection de notre Entendement, & celle de notre Volonté.

Si nous voulons accorder toutes ces propositions ; c'est à dire que si nous voulons montrer qu'il conuient à toute Felicité qui peut arriuer à l'Homme d'étre la plus noble de ses Actions, & que celle qui peut étre vn Effet de sa propre industrie contient essentiellement la perfection de son Entendement, & celle de sa Volonté nous deuons disposer par Ordre quelques propositions.

La Fin peut étre prise principalement, ou pour vne chose qui peut exciter nos Desirs, ou pour l'Action de quelque chose.

La Fin étant prise pour l'Action d'vne chose en est vne perfection.

Puis que la Fin est vne perfection ; & qu'elle est vne derniere chose on void clairement qu'elle est la derniere perfection de chaque chose, il faut donc examiner qu'elle est la derniere perfection de chaque chose pour auoir la connoissance de sa Fin.

Pour sçauoir qu'elle est la derniere perfection de chaque chose il faut supposer que nous y deuons considerer deux sortes de perfections.

La premiere est la Forme qui la fait étre ce qu'elle est, & la seconde est l'Action qui en prouient.

La Forme, qui est la premiere perfection d'vne chose Naturelle; puis qu'elle l'établit dans
vne

Explication de la cinquiéme Table. 441

vne certaine Espece luy a été donnée pour agir; c'est pourquoy la propre Action d'vne chose Naturelle est sa derniere perfection, & en suite sa propre Fin.

Comme la propre Action d'vne chose est sa propre Fin, la propre Fin de l'Homme, qui reçoit le nom de Felicité, est l'Action qui luy conuient entant qu'il est Homme; c'est à dire entant que l'Ame Raisonnable le distingue des Bestes.

Les Actions qui conuiennent à l'Homme, entant que l'Ame Raisonnable le distingue des Bestes, sont celles qui viennent de son Entendement, & de sa Volonté: car il n'est releué au dessus de la Vie des Bestes que par les fonctions de ces deux Facultez.

Ces propositions qui ont été disposées par ordre dans le vint-cinquiéme Chapitre de la premiere partie de cet Ouurage, pour découurir le consentement des Philosophes sur l'Essence de la Felicité, nous enseignent que la Felicité proprement prise est vne Action qui nous vnit au Souuerain Bien.

La suite des mesmes propositions nous apprend qu'il conuient à toute Felicité qui peut arriuer à l'Homme d'étre la plus noble de ses Actions; dautant qu'elle luy appartient, entant que l'Ame Raisonnable le distingue des Bestes; mais si nous considerons les Felicitez en particulier, entant qu'elles sont differantes les vnes des au-

Kkk

tres, nous trouuerons, que celle que l'Homme peut aquerir par sa propre force contient essentiellement la perfection de son Entendement, & celle de sa Volonté; & que l'Essence de celle qu'il ne peut obtenir que par le moyen d'vn Principe Surnaturel que Dieu imprime dans son Ame depend seulement de l'Action de son Entendement, ou de celle de sa Volonté.

Ces Veritez nous font connoitre que nous pouuons dire en General que la Felicité de l'Homme est la plus noble de ses Actions; c'est à dire qu'elle doit étre mise dans l'Action qui le distingue des Bestes; mais si nous considerons les Felicitez en particulier, nous deuons dire qu'elles consistent dans les plus nobles Actions des plus releuées Facultez de l'Homme, ou qu'elles dependent seulement de la plus noble de ses Actions.

Cette diuersité est fondée sur les differantes propositions que nous deuons prendre pour discourir clairement de chaque Felicité, comme nous deuons asseurer que les Actions de l'Entendement, & de la Volonté composent la Felicité Naturelle de l'Homme : car puis qu'il peut être en mesme temps éclairé, & coupable de plusieurs Vices, la Felicité qu'il peut aquerir étant la perfection qui luy conuient entant qu'il est Homme contient essentiellement la perfection de son Entendement, & celle de sa Volonté, comme i'ay montré dans le vint-sixiéme Chapi-

Explication de la cinquième Table. 443
tre de la premiere partie de cét Ouurage ; mais comme la Felicité Surnaturelle de cette Vie met l'Homme en état de poſſeder Dieu en l'autre Vie, & que celle de l'autre Vie eſt la Poſſeſſion de Dieu, nous deuons ſoutenir ſuiuant ces deux propoſitions, que ces deux Felicitez ſont fondées ſur la plus noble Action de l'Homme.

On peut icy propoſer vne troiſiéme difficulté encore plus grande que les deux precedantes : car puis que le Bon-heur Surnaturel de cette Vie, & celuy de l'autre Vie doiuent étre attribuez à la plus noble Action de l'Homme, ſi l'Action de l'Entendement doit étre preferée à celle de la Volonté, ces deux Felicitez conſiſtent eſſentiellement dans l'Action de l'Entendement : au contraire ſi l'Action de la Volonté eſt plus noble que celle de l'Entendement, l'Eſſence de ces deux Felicitez depend de l'Action de la Volonté ; il ſemble donc que ie tombe dans vne éuidente Contradiction, lors que i'aſſeure dans cette cinquiéme Table de la Philoſophie Morale, que le Bon-heur Surnaturel de cette Vie conſiſte eſſentiellemement dans l'Amour de Dieu ; & que ie ſoutiens dans la Table ſuiuante, que les Hommes ſeront heureux en l'autre Vie, entant qu'ils connoitront Dieu ſans aucun Raiſonnement.

La Solution de cette difficulté peut étre tirée de la Table que nous expliquons, qui nous apprend qu'il eſt plus noble d'aymer Dieu que de

Kkk ij

le connoitre par ses Effets. Il faut remarquer que l'on n'y montre pas qu'il soit absolument plus noble d'aymer Dieu que de le connoitre ; mais que l'on y prouue seulement qu'il est plus auantageux à l'Homme d'aymer Dieu que de le connoitre par le moyen de ses Creatures.

Si nous prouuons qu'il est plus noble de connoitre Dieu par son Essence que de l'aymer, & qu'il est plus noble de l'aymer que de le connoitre par ses Effets, nous pourrons soutenir sans tomber en Contradiction ; qu'il conuient à la Felicité Surnaturelle de cette Vie, & à celle de l'autre Vie d'étre la plus noble Action de l'Homme ; que la premiere depend essentiellement de l'Amour de Dieu ; & que la Contemplation de cette premiere Cause établit l'Essence de la derniere.

Il est certain que les Hommes dont l'Esprit sera fortifié par la lumiere de Gloire seront éleuez au dernier degré de la perfection qui leur peut arriuer, lors qu'ils contempleront l'Essence Diuine par elle mesme sans aucune ressemblance. Il est vray qu'ils ne comprendront pas cette Essence adorable, qui sera la Source de leur Bon-heur: car le dernier auantage dont ils seront redeuables à la bonté de Dieu sera de le connoitre comme il est en luy mesme sans le pouuoir comprendre ; c'est à dire sans le pouuoir connoitre autant qu'il peut étre connu ; dautant qu'il n'appartient qu'à Dieu, qui est le seul Etre Infiny, de se connoitre d'vne maniere Infinie, comme ie montreray

Explication de la cinquième Table. 445
dans l'Explication de la Table fuiuante.

Puis que la derniere perfection qui puiſſe arriuer à l'Homme eſt de connoitre Dieu comme il eſt en luy meſme, la Felicité dont il ioüira en l'autre Vie, qui ſera la recompenſe de ſon Amour, étant la plus noble de ſes Actions conſiſte eſſentiellement dans la Contemplation de Dieu.

Nous pouuons connoitre, & aymer Dieu en ce Monde, nous deuons condamner l'Aueuglement de ceux qui s'arretent à la connoiſſance des choſes Naturelles ſans éleuer leur Eſprit à celle de Dieu; & nous deuons mépriſer la folie de ceux qui ont plus d'Amour pour les Biens de la Terre, qui les trompent, que pour Dieu qui les attire à la Ioüiſſance de ſa Gloire; mais ſi nous voulons comparer la connoiſſance que nous pouuons auoir de Dieu en cette Vie auec celle des Bien-heureux, & l'Amour que nous pouuons porter à Dieu auec celuy qui vnit la Volonté des Bien-heureux à la Bonté Diuine, nous trouuerons, que nous ne connoiſſons Dieu en ce Monde que tres-imparfaitement; & que l'Amour que nous y pouuons auoir pour luy eſt inferieur à celuy qui nous vnira en l'autre Vie à la Bonté Diuine.

Si nous voulons faire la Comparaiſon de la connoiſſance que nous pouuons auoir de Dieu en ce Monde auec l'Amour que nous y pouuons auoir pour luy, nous iugerons que la premiere de ces deux Actions eſt encore plus imparfaite

Kkk iij

que la feconde, & par ce moyen nous pourrons conclure qu'il eft plus noble d'aymer Dieu que de le connoitre par la confideration des merueilles de la Nature.

Nous connoiffons Dieu en ce Monde de la mefme façon que les Aueugles connoiffent le Soleil ; c'eft à dire que nous ne le connoiffons pas par la prefence de fon Effence; mais feulement par fes Effets, & nous deuons dire auec Saint Paul au treiziéme Chapitre de la premiere Epitre aux Corinthiens, que nous le voyons icy comme dans vn Miroir, entant que la reffemblance de ce premier Etre relüit dans fes Creatures ; mais l'Amour que nous portons à Dieu le regarde comme il eft en luy-mefme.

Puis que l'Action de l'Entendement doit être proportionnée à la façon d'agir de cette Faculté nous ne pouuons pas connoitre Dieu immediatement en ce Monde ; mais l'Amour que nous y pouuons auoir pour luy nous vnit immediatement à fa Bonté, à caufe que la Volonté tend aux chofes fuiuant leur Nature.

Ces Veritez qui ont été établies dans l'Explication de la vint-quatriéme Table de la Phyfique nous enfeignent qu'il eft plus noble d'aymer Dieu que de le connoitre par fes Effets.

Comme il eft plus noble de tendre à Dieu immediatement par l'Amour que de le connoitre par le moyen de fes Creatures, la Felicité Surnaturelle de cette Vie étant la plus noble de

Explication de la cinquième Table. 447
nos Actions consiste essentiellement dans l'Amour de Dieu.

I'ay prouué amplement dans l'Explication de la vint-quatriéme Table de la Physique qu'il est plus noble d'aymer Dieu que de le connoitre par ses Effets; c'est pourquoy ie me contenteray d'eclaircir icy en peu de mots cette Verité.

Pour arriuer à cette Fin & pour repondre aux difficultez que l'on peut faire sur ce sujet il faut disposer par ordre quelques propositions.

Pour bien iuger si l'Action de l'Entendement est plus excellente que celle de la Volonté, ou si l'Action de la Volonté doit être preferée à celle de l'Entendement, il faut sçauoir de quelle Source la Noblesse de ces Actions doit être tirée.

La Noblesse de l'Action de l'Entendement, qui attire à soy son Objet, est fondé sur la maniere d'agir de cette Faculté; mais la Noblesse de l'Action de la Volonté, qui se porte aux choses qu'elle ayme, doit être tirée de l'Excellence des choses qui sont l'Objet de cette Action.

Quelqu'vn pourroit dire que la Noblesse de l'Action de l'Entendement est aussi bien que celle de l'Action de la Volonté appuyée sur l'Excellence de son Objet.

Il est vray que si nous voulons comparer les Connoissances les vnes auec les autres, nous deuons tirer leur perfection de celle de leurs Objets; d'où vient que nous deuons asseurer que la connoissance des choses Spirituelles surpasse celle des choses Corporelles; & que la Contemplation de Dieu est la plus noble Action de l'Entendement mais lors que nous comparons l'Action de l'Entendement auec celle de la Volonté, nous pouuons discourir de la Noblesse de ces Actions par rapport à la maniere d'agir des Facultez qui les produisent.

L'Entendement, & la Volonté agissent d'vne maniere grandement differante : car l'Entendement attire à soy son Objet; mais la Volonté s'y porte.

Quand l'Entendement connoit, il passe de la Puissance à l'Acte, & cette perfection luy arriue, entant qu'il est determiné par la ressemblance de son Objet; c'est à dire entant qu'il produit vne Image Spirituelle à la presence de l'Image Corporelle qui vient de son Objet, nous pouuons donc dire qu'il attire à soy l'Objet qui est hors de luy ; mais comme la Volonté passe de la Puissance à l'Acte, entant qu'elle cherche les choses qui sont hors d'elle, nous deuons asseurer qu'elle se porte aux choses qu'elle ayme.

Puis que nous pouuons discourir de la Noblesse des Actions de l'Entendement, & de la Volonté par rapport à la maniere d'agir de ces Facultez ; que l'Entendement attire à soy son Objet; & que la Volonté s'y porte, nous deuons iuger de la Noblesse de l'Action de l'Entendement par la maniere en laquelle la chose connuë s'y rencontre, & de la Noblesse de l'Action de la Volonté

Explication de la cinquième Table. 449
Volonté par l'Excellence de la chose qu'elle poursuit.

Suiuant ces Veritez nous pouuons facilement accorder les Philosophes qui disputent sur la preéminence de la Connoissance, & de l'Amour: car elles nous enseignent clairement, que la Connoissance doit être quelquefois preferée à l'Amour ; & que l'Amour est quelquefois plus Noble que la Connoissance.

La Connoissance que nous auons des choses qui sont au dessous de nous doit être preferée à l'Amour que nous auons pour elles; mais il est plus Noble d'aymer Dieu que de le connoitre par ses Effets.

Pour montrer que la Verité de ces deux Conclusions est contenuë dans les Principes precedans, il faut disposer par Ordre quelques propositions.

Tout ce qui est en quelque chose y est receu suiuant la proportion de la chose qui le reçoit.

Ce Principe nous apprend, que les choses Corporelles que nous connoissons ne sont pas dans notre Entendement d'vne façon Corporelle ; mais qu'elles s'y rencontrent par vne Image Spirituelle, qui est vn Effet de l'Entendement, comme i'ay montré dans l'explication de la vintdeuxiéme Table de la Physique.

Comme les choses Corporelles que nous connoissons sont dans notre Entendement par vne Image Spirituelle, il est certain qu'elles s'y ren-
Lll

contrent plus parfaitement qu'elles ne font en elles mefmes : c'eft pourquoy nous deuons conclure que la connoiſſance que nous en pouuons auoir doit être preferée à l'Amour que nous auons pour elles ; dautant qu'il faut iuger de la Nobleſſe de l'Action de l'Entendement par la maniere en laquelle la choſe connuë s'y rencontre, & de la Nobleſſe de l'Action de la Volonté par l'excellence de la choſe qu'elle pourſuit.

Il eſt tres-éuident que Dieu eſt d'vne plus noble façon en ſoy meſme que dans l'Entendement des Hommes qui ne le connoiſſent que par ſes Effets : c'eſt pourquoy il faut conclure que l'Amour qu'ils ont pour luy eſt plus noble que la connoiſſance qu'ils en peuuent auoir par la conſideration des Merueilles de la Nature.

Puis qu'il eſt plus noble d'aymer Dieu que de le connoitre par ſes Effets, la Felicité Surnaturelle de cette Vie étant la plus noble de nos Actions conſiſte eſſentiellement dans l'Amour de Dieu.

Ce n'eſt pas aſſez d'auoir tiré cette Verité d'vne propoſition commune à toute ſorte de Felicité ; il ſera encore tres-vtile de la prouuer par vne raiſon propre à la Felicité Surnaturelle de cette Vie.

Explication de la cinquiéme Table. 451

DE QUELLE MANIERE ON
doit montrer par vne raison propre à la
Felicité Surnaturelle de cette Vie
qu'elle consiste Essentiellement dans
l'Amour de Dieu.

Chapitre XXXVIII.

Es Chretiens qui doiuent tirer leur Gloire des afflictions qui les preparent à receuoir la Patience sont heureux en ce monde lors qu'ils sont agreables à Dieu, & leur Felicité est vn moyen qui les conduit à celle de l'autre Vie; c'est pourquoy elle consiste essentiellement dans l'Amour de Dieu.

Il faut disposer par Ordre quelques propositions pour faire connoitre la Verité de cette Conclusion.

Si nous voulons prouuer clairement, que la Felicité Surnaturelle de cette Vie étant vn Moyen qui nous conduit à celle de l'autre Vie depend essentiellement de l'Amour de Dieu, nous deuons auoir quelque connoissance du Bon-heur dont nous ioüirons en l'autre Vie: car puis que les Moyens doiuent être proportionnez à la Fin qu'ils regardent, nous deuons connoître la Nature de notre derniere Fin pour iuger des Moyens que nous deuons pratiquer pour y arriuer.

Lors que l'Homme est arriué à sa derniere Fin ses Desirs sont entierement bornez; & dautant qu'ils ne peuuent être entierement bornez que par la Ioüissance d'vn Bien Vniuersel, il est trescertain que nous ne pouuons trouuer notre derniere Felicité que dans la possession de Dieu.

Nous possederons Dieu en l'autre Vie par la Contemplation de son Essence, comme ie montreray dans l'Explication de la Table suiuante.

Quand nous possederons Dieu par notre Entendement, nous en ioüirons par notre Volonté.

La Ioüissance de Dieu est vn parfait Repos que nous n'auons pas de notre Nature.

Puis que la Ioüissance du Souuerain Bien est vn parfait Repos que nous n'auons pas de notre Nature, elle depend du Mouuement qui nous y peut conduire.

Il n'est pas difficile de sçauoir par quel mouuement nous deuons tendre à Dieu: car il est treséuident que le Desir de nous vnir à luy est le veritable mouuement que nous deuons mettre en vsage pour arriuer à la Ioüissance de sa Gloire.

Comme le mouuement qui nous porte à quelque chose suppose l'Inclination que nous auons pour elle, le Desir de nous vnir à Dieu suppose

Explication de la cinquième Table. 453

l'Amour que sa Bonté fait naitre dans nos Ames; disons donc que la Felicité Surnaturelle de cette Vie étant vn Moyen qui nous conduit à celle de l'autre Vie, consiste essentiellement dans l'Amour de Dieu.

Quelques Philosophes ne demeurent pas d'accord de la Verité de cette Conclusion, & ils soutiennent que le Bon-heur Surnaturel de cette vie étant vn Moyen pour obtenir celuy de l'autre vie depend essentiellement de la Connoissance de Dieu.

En effet cette Opinion paroît tres-probable à celuy qui acheue de faire la liaison de quelques propositions dont les premieres ont été disposées par Ordre auparauant; car si le Desir que nous auons de nous vnir à Dieu, qui est le Mouuement qui nous y porte, suppose l'Inclination que nous auons pour luy c'est à dire l'Amour que sa Bonté imprime dans nos Ames, il est aussi tres-certain que l'Amour que nous portons à Dieu suppose la connoissance que nous en auons; il semble donc que la Felicité Surnaturelle de cette Vie etant vn Moyen qui nous procure celle de l'autre Vie consiste essentiellement dans la Connoissance, & non pas dans l'amour de Dieu.

Ceux qui suiuent cette Opinion l'appuyent sur la Nature de la Felicité que nous prenons icy pour vne Action qui nous vnit au Souuerain Bien, & il semble que leurs discours soient veritables, lors qu'ils raisonnent en cette maniere.

Puis que la Felicité proprement prife eft vne Action qui nous attache au Souuerain Bien, fon Effence eft la premiere Action qui nous vnit à Dieu. Il eft tres-éuident que nous fommes plûtoft vnis à Dieu par la Connoiffance que par l'Amour; il faut donc mettre l'Effence de la Felicité Surnaturelle de cette Vie dans l'Action de l'Entendement, & non pas dans celle de la Volonté.

Il eft vray que la Connoiffance eft la premiere Action qui vnit l'Homme à Dieu; il ne faut pas dire pourtant que la Connoiffance de Dieu foit l'Effence de la Felicité Surnaturelle de cette Vie : car puis que cette Felicité met l'Homme en état de poffeder Dieu en l'autre Vie elle confifte effentiellement dans l'Amour de Dieu ; pource que le merite de l'Homme à l'égard de Dieu depend principalement de la Charité, qui eft la Forme de toutes les Vertus.

Il faut difpofer par Ordre quelques propofitions, pour éclaircir ces Veritez qui font dans la Table que nous expliquons & pour répondre aux difficultez que l'on peut faire pour les combattre.

Ie demeure d'accord que la Felicité proprement prife eft vne Action qui nous attache au Souuerain Bien ; mais ie foutiens que l'Effence de toute Felicité ne doit pas être mife dans la premiere Action qui nous vnit à Dieu : car comme i'ay montré dans le vint-troifiéme Chapitre de la

Explication de la cinquiéme Table. 455
premiere partie de cét Ouurage il faut prendre des propositions propres à chaque Felicité pour en discourir clairement, comme pour bien discourir du Bon-heur de l'autre Vie il faut sçauoir qu'il depend essentiellement de la premiere Action qui nous vnit tres-parfaitement à Dieu; mais pour bien parler de la Felicité Surnaturelle de cette Vie il faut supposer qu'elle nous met en état de posseder Dieu en l'autre Vie.

Cette proposition qui est propre à la Felicité Surnaturelle de cette Vie prouue clairement que son Essence ne doit pas étre mise dans l'Action de l'Entendement; mais qu'elle consiste dans celle de la Volonté.

Pour établir parfaitement la Verité de cette Conclusion il faut raisonner en cette façon.

Le Bon-heur Surnaturel de cette Vie est celuy qui met l'Homme en état de posseder Dieu en l'autre Vie.

L'Homme ne peut obtenir la Felicité de l'autre Vie sans la Charité, qui est le lien de toute perfection.

La Science, la Foy & les autres auantages qui peuuent arriuer à l'Homme luy sont inutiles sans la Charité, entant qu'il ne peut s'éleuer par ces seuls degrez au Bon-heur de l'autre Vie.

Saint Paul nous decouure tres-clairement cette Verité au treiziéme Chapitre de la premiere Epitre aux Corinthiens lors qu'il parle en ces termes.

Si ie parle le langage des Hommes, & des Anges, fans auoir la Charité, ie fuis femblable à l'airain qui refonne, & aux Cimbales fonnantes.

Si i'ay le don de Prophetie, & la connoiffance de tous les Myfteres. Si ie poffede toutes les Sciences, & fi ma Foy eft affez forte pour tranfferer des Montagnes, fi ie n'ay point de Charité, ie ne fuis rien.

Si ie diftribuë tout mon Bien aux Pauures pour leur nourriture, & fi ie fouffre que mon Corps foit expofé au feu pour étre bruflé, ie ne puis tirer aucun auantage de ces Actions, fi elles ne font pas animées par la Charité.

Saint Paul nous fait connoitre par ces propofitions, que nos Paroles, nos Connoiffances, & nos Actions Exterieures doiuent étre conduites par la Charité.

Comme la Parole, qui eft vne preuue tres-éuidente de la Nobleffe de notre Nature, peut étre dereglée, nous deuons aquerir des Sciences pour éuiter les défauts qui en peuuent détruire la perfection.

La Grammaire nous eft vtile pour bien parler; la Rhetorique pour bien dire, & nous auons befoin de la Logique pour bien difcourir, mais nous pouuons tirer de la Vanité de toutes ces Actions.

Celuy qui eft coupable de ce Vice, qui détruit l'Humilité, n'ayme pas Dieu: car puis que l'Amitié qui eft entre les Inegaux fe conferue

par

Explication de la cinquième Table.
par l'Inegalité, l'Humilité est la veritable marque de l'Amour que nous deuons porter à Dieu.

Lors que l'Homme n'a point d'inclination pour le Souuerain Bien il n'y tend pas, & le defaut de ce Mouuement le rend incapable d'en obtenir la Possession.

Comme le Souuerain Bien contient toute sorte de perfections, nous deuons abandonner la poursuite des Biens temporels pour tendre à ce Bien Vniuersel, qui peut borner entierement nos Desirs.

Cette Inclination que nous auons de la Nature nous incite à combattre les choses qui nous empeschent d'arriuer à notre derniere Fin.

Nous sçauons que les Vices, qui nous attachent à la Terre, nous éloignent du Ciel; nous les deuons donc regarder comme nos plus grands Ennemis, nous deuons resister à leur Violence, & nous deuons employer tous nos soins pour éuiter l'Orgueil, qui est le Commencement du Peché, comme ie montreray dans l'Explication de la vint-huitiéme Table de la Philosophie Morale.

L'Orateur qui rauit ses Auditeurs par les charmes de son Eloquence est en grand peril de se laisser vaincre par la Vanité : car tous les Mouuemens de ses Auditeurs, qui sont des preuues tres éuidentes de leur admiration, sont autant d'Ennemis qui entreprennent de luy faire la guerre. Il rendra pourtant tous leurs efforts inutiles s'il possede l'Humilité ; mais comme la Source de cette Vertu est la Reuerence que nous deuons porter à Dieu, comme ie montreray dans l'Explication de la quarantiéme Table de la Philosophie Morale, il est certain qu'elle depend de la Charité, qui est le lien de toute perfection: car celuy-là seulement qui est vny à Dieu par Amour le reuere parfaitement.

La liaison de ces propositions nous apprend que ce n'est pas assez d'auoir la connoissance de la Grammaire pour bien parler, de la Rhetorique pour bien dire, & de la Logique pour bien discourir ; mais qu'il faut encore auoir vne autre Qualité pour éuiter vn defaut que la perfection du discours peut engendrer dans nos Ames ; c'est à dire qu'il faut posseder l'Humilité, pour combattre l'Orgueil qui peut naitre des Charmes de l'Eloquence. L'Humilité depend de la Charité comme de son Origine ; nous deuons donc asseurer auec l'Apôtre que nos Paroles doiuent étre conduites par la Charité.

Nous deuons dire auec luy que nos connoissances doiuent leur derniere perfection à cette Vertu : car puis que les Lumieres les plus éclatantes ne sont des Biens qu'en Puissance, elles peuuent étre des Biens, ou des Maux, suiuant le bon, ou le mauuais Vsage que nous en pouuons faire ; c'est pourquoy elles doiuent étre reglées par la Vertu ; & d'autant que la Charité est la Forme de toutes les Vertus, entant qu'elle

Explication de la cinquième Table. 459
rapporte leurs Actions à leur derniere Fin, nous deuons conclure auec Saint Paul que toutes nos Connoiffances doiuent être conduites par la Charité.

Enfin nous deuons faire le mefme Iugement de nos Actions Exterieures; d'où vient que nous deuons blafmer ceux qui cherchent par leurs souffrances l'approbation des Hommes, & loüer les Chretiens, lors qu'ils fupportent les plus grands Maux auec beaucoup de Conftance, pour faire relüire la Gloire de Dieu.

Pour montrer plus parfaitement que toute la perfection Chretienne eft fondée fur la Charité, & pour donner vne plus claire connoiffance du fentiment de Saint Paul que nous expliquons fur ce fujet, nous deuons remarquer auec cét incomparable Apoftre, que ceux qui parlent comme des Anges, & qui n'ont point de Charité font femblables à l'airain qui refonne, & aux Cimbales fonnantes; que ceux qui penetrent dans les Connoiffances les plus releuées, & qui font priuez de Charité ne font rien. Enfin que celuy qui donneroit tout fon Bien aux Pauures, & qui fouffriroit que fon Corps fut expofé au feu pour être bruflé ne pourroit tirer aucun auantage de ces Actions fi elles n'étoient pas animées par la Charité.

Toutes ces paroles contiennent des Veritez tres importantes; c'eft pourquoy il faut tafcher de les bien entendre, pour fçauoir que la Cha-

M mm ij

rité doit conduire nos difcours, nos Connoiffances, & nos Actions Exterieures, & pour connoitre par ce moyen que toute la perfection Chretienne eft fondée fur cette Vertu.

Quand Saint Paul dit au commencement du treiziéme Chapitre de la premiere Epitre aux Corinthiens que celuy qui parle le langage des Hommes, & celuy des Anges fans auoir la Charité eft femblable à l'airain qui refonne, & aux Cimbales fonnantes, il veut condamner ceux qui incitent les autres à la pratique de la Vertu, & qui ne fuiuent pas les Lumieres qu'ils impriment dans l'Efprit de leurs Auditeurs.

Il femble que cette interpretation ne foit pas conforme au fentiment de Saint Paul: car puis qu'il veut condamner les defauts des Orateurs au commencement du Chapitre que nous expliquons il attaque plûtoft ceux qui fe feruent de leur Eloquence pour porter les autres au Vice, que ceux qui la mettent en vfage pour les conduire à la Vertu.

Ie demeure d'accord auec Ariftote au premier Chapitre du premier liure de fa Rhetorique que les vns fe peuuent feruir de l'Eloquence pour nuire aux autres.

Si nous confiderons l'vfage que les Hommes font ordinairement de l'Eloquence, nous trouuerons qu'ils s'en feruent plûtoft pour exciter vne Paffion dereglée dans le Cœur de ceux qu'ils veulent tromper, que pour faire naitre de bons mouuemens dans l'Ame de ceux qu'ils doiuent éclairer. Il arriue mefme fouuent que les Orateurs fe perfuadent qu'ils s'aquitent de leur deuoir, quoy qu'ils foient caufe d vn Mal pour en combattre vn autre, comme lors qu'ils font naitre l'Ambition dans le Cœur d'vn Prince pour y étoufer le Defir de Vengeance.

Puis que les vns fe feruent plus fouuent de l'Eloquence pour nuire aux autres, qui pour leur procurer quelque auantage il femble que Saint Paul voulant combattre les defauts des Orateurs attaque plûtoft ceux qui fe feruent de leur Eloquence pour porter les autres au Vice, que ceux qui l'employent pour les conduire à la pratique de la Vertu.

Pour répondre à cette difficulté, & pour montrer que Saint Paul attaque au commencement du Chapitre que nous expliquons ceux qui incitent les autres à la pratique de la Vertu, & qui ne fuiuent pas les lumieres qu'ils impriment dans l'Efprit de leurs Auditeurs, il faut auoir la connoiffance du deffein qu'il fe propofe en ce Chapitre.

Il eft tres-éuident qu'il y veut établir la neceffité de la Charité, & qu'il y veut faire connoitre, que cette Vertu donne la derniere perfection aux autres auantages qui peuuent arriuer aux Hommes.

Pour executer ce deffein il veut nous enfeigner, que nos Paroles doiuent étre conduites par la Charité ; que nous ne deuons pas nous contenter d'aquerir la perfection de l'Eloquence ; & que celuy qui s'en sert pour éclairer ses Auditeurs, & pour les conduire à la Vertu doit attendre sa derniere perfection de la Charité, qui luy fait suiure le chemin qu'il montre aux autres.

Si nous voulons expliquer plus clairement le sentiment de Saint Paul sur ce sujet, nous deuons dire auec luy qu'il ne suffit pas aux vns de surpasser les autres par la force de leur discours ; & qu'ils ne doiuent pas se contenter de faire naitre de bons Mouuemens dans l'Ame de leurs Auditeurs pour les conduire à la Vertu ; mais qu'ils doiuent auoir la Charité pour pratiquer ce qu'ils enseignent aux autres.

Pour montrer que cette interpretation est conforme à la pensée de Saint Paul il faut considerer qu'il condamne au commencement du Chapitre que nous expliquons ceux qui parlent le langage des Hommes, & des Anges, & qui n'ont point de Chatité. Il est tres-éuident que les Anges incitent les Hommes à la pratique de la Vertu, & qu'ils ne les conduisent pas au Vice ; il faut donc conclure que l'Apôtre attaque icy ceux qui employent l'Eloquence pour porter les autres à la Vertu, & qui ne suiuent pas les lumieres qu'ils impriment dans l'Esprit de leurs Auditeurs. Il les compare aux Cymbales sonnantes.

Pour entendre cette Comparaison il faut sça-

Explication de la cinquième Table. 463

uoir que les Cimbales s'vſent par le ſon qu'elles excitent; qu'elles ne font rien pour elles; & qu'elles peuuent ſeruir pour appeller les Hommes à leur deuoir.

Suiuant ces Veritez nous deuons aſſeurer que ceux qui font de beaux diſcours pour inſtruire les autres, & qui ne pratiquent pas ce qu'ils leur enſeignent ſont ſemblables aux Cimbales ſonnantes : car ils ſe conſomment en éclairant les autres, ils ne font rien pour leur Salut, & ils ſe contentent d'appeller les autres à leur deuoir.

Apres auoir montré auec Saint Paul que ceux qui parlent comme des Anges, & qui n'ont point de Charité ſont ſemblables aux Cimbales ſonnantes, il faut prouuer auec le meſme Apoſtre, que nos Connoiſſances doiuent être conduites par la Charité.

Pour bien expliquer ſa penſée ſur ce ſujet il faut remarquer qu'il aſſeure que ceux qui poſſedent les connoiſſances les plus releuées, & qui ſont priuez de Charité ne ſont rien.

J'auoüe que c'eſt vn grand auantage de connoitre les choſes Futures par le don de Prophetie, de penetrer dans toutes les Sciences, & d'auoir vne Foy aſſez forte pour transferer des Montagnes; mais ie ſoutiens auec Saint Paul que celuy qui a toutes ces perfections ſans la Charité n'eſt rien: car ces perfections doiuent auoir leur dernier auantage pour rendre les Hommes conſiderables. Il eſt certain qu'elles doiuent leur dernier auantage à la Charité, qui eſt la Forme de toutes les Vertus, entant qu'elle rapporte leurs Actions à leur derniere Fin, comme ie montreray dans l'Explication de la quarante ſeptiéme Table de la Philoſophie Morale; nous deuons donc aſſeurer auec Saint Paul, que celuy qui a les connoiſſances les plus releuées ſans la Charité n'eſt rien.

Ie ſçay que celuy qui diſtribuë ſon Bien aux Pauures executé les Ordres de la Diuine Prouidence, qui éleue les vns au deſſus des autres, ou pour les éclairer, ou pour les ſecourir. Ie demeure auſſi d'accord que les Chretiens doiuent tirer leur Gloire des afflictions qui les preparent à receuoir la Patience; puis qu'ils doiuent imiter Dieu, qui leur a donné pluſieurs Exemples de cette Vertu; mais ie ſoutiens auec Saint Paul, que celuy qui diſtribueroit tout ſon Bien aux Pauures, & qui ſouffriroit que ſon Corps fut expoſé au feu pour étre brulé ne pourroit tirer aucun auantage de ces Actions ſi elles n'étoient pas animées par la Charité; c'eſt à dire qu'il ne pourroit pas meriter par ces Actions la Ioüiſſance de Dieu, qui eſt la recompence de la Charité.

Puis que toute la perfection Chretienne eſt fondée ſur la Charité, la Felicité Surnaturelle de cette Vie conſiſte eſſentiellement dans l'Amour de Dieu: car cette Felicité met les Chretiens en état de poſſeder Dieu en l'autre Vie. Comme

ce

Explication de la cinquiéme Table. 465
ce dernier auantage qu'ils doiuent esperer est la recompence de leur Amour il faut conclure qu'ils sont Heureux en ce Monde lors qu'ils ayment Dieu.

Puis que le Bon-heur de cette Vie est vn Moyen pour obtenir celuy de l'autre Vie, quelque Action de l'Homme doit preceder en cette Vie la Felicité dont il ioüira en l'autre Vie ; c'est pourquoy le merite luy est necessaire pour arriuer à la ioüissance de Dieu.

QVE LE MERITE EST NEcessaire aux Hommes pour arriuer à la Ioüissance de Dieu.

CHAPITRE XXXIX.

Comme les Formes demandent quelques dispositions pour être introduites dans la Matiere, certaines dispositions doiuent aussi preceder le Bonheur des choses que Dieu a creées pour ioüir de sa Gloire.

Le Merite est la disposition qui est necessaire à l'Homme pour être éleué à la Contemplation de l'Essence diuine.

Pour bien établir cette Verité il faut supposer que Dieu étant tres-Bon, & tres-Sage se communique par Degrez à ses Creatures.

Pour entendre cette proposition, qui est dans la Table que nous expliquons il faut sçauoir, qu'il conuient à la Bonté de se communiquer; & que la Sagesse est la veritable Source de l'Ordre.

Ces Veritez nous enseignent, que Dieu étant tres-Bon, & tres-Sage se communique par Degrez à ses Creatures.

Explication de la cinquiéme Table.

Puis que le Souuerain Bien est possedé par Degrez, suiuant les Ordres de la Sagesse Diuine, le Merite est necessaire aux Hommes pour les rendre parfaitement heureux.

Pour découurir la Verité de cette Conclusion il faut disposer par ordre quelques propositions, & il faut remarquer que nous deuons icy commencer par les mesmes Principes qui ont été disposez par Ordre dans le Chapitre precedant pour montrer que la Felicité Surnaturelle de cette Vie étant vn Moyen qui nous conduit à celle de l'autre Vie consiste essentiellement dans l'Amour de Dieu : car puis que les Moyens doiuent être proportionnez à la Fin qu'ils regardent, nous deuons auoir quelque connoissance de la Felicité dont nous ioüirons en l'autre Vie, pour sçauoir si elle doit étre la recompence de notre Merite.

Lors que l'Homme est arriué à sa derniere Fin ses Desirs sont entierement bornez, & dautant, qu'ils ne peuuent étre entierement bornez que par la Ioüissance d'vn Bien Vniuersel, il est certain que nous ne pouuons trouuer notre derniere Felicité que dans la Possession de Dieu.

Nous possederons Dieu en l'autre Vie par la Contemplation de son Essence, comme ie montreray dans l'Explication de la Table suiuante.

Quand nous possederons Dieu par notre Entendement, nous en ioüirons par notre Volonté.

La Ioüissance de Dieu est vn parfait Repos que nous n'auons pas de notre Nature.

Puis que la Ioüiſſance du Souuerain Bien eſt vn parfait Repos que nous n'auons pas de notre Nature, elle depend du mouuement qui nous y peut conduire.

Le Mouuement qui nous peut conduire à la Ioüiſſance de Dieu depend de quelque Cauſe.

Pour découurir la Cauſe du Mouuement qui nous peut conduire à la Ioüiſſance de Dieu, il faut ſçauoir de quelle maniere les choſes Naturelles y peuuent tendre.

Les choſes Naturelles tendent à Dieu par les Qualitez qu'il leur a données pour s'y porter, & comme Dieu s'eſt communiqué à ſes Creatures d'vne differante façon, il eſt auſſi l'Objet de leurs Deſirs d'vne maniere grandement differante.

Toutes choſes tendent à Dieu; mais les vnes s'y portent plus parfaitement que les autres: car les vnes ne s'y portent qu'Indirectement; mais les autres y tendent directement.

Pour auoir vne claire connoiſſance de la diuerſité de ces Mouuemens qui conduiſent les choſes Naturelles à leur premiere Source, il faut conſiderer l'Ordre que Dieu a gardé en ſe communiquant à ſes Creatures pour faire reluire ſa Sageſſe: car les choſes Naturelles cherchent plus ou moins parfaitement Dieu, ſuiuant la diuerſité des Qualitez qu'il leur a données pour s'y porter.

Les Pierres ont receu de Dieu l'Etre ſeulement, & les Actions qui en prouuiennent ne ſont pas releuées au deſſus de la Matiere.

Explication de ta cinquième Table.

La Vie que Dieu a donnée aux Plantes nous apprend qu'elles sont dans vn degré de perfection qui surpasse celuy des Pierres.

Les Actions de la Veüe, & des autres Sens, qui sont receües dans la Faculté qui les produit, ne doiuent pas leur naissance aux premieres Qualitez, comme les Actions des Plantes, mais elles dependent des Images qui viennent des Objets : c'est pourquoy les perfections que Dieu a communiquées aux Bestes, qui connoissent le Bien, & le Mal Sensible, surpassent celles des Plantes.

Suiuant cét Ordre nous deuons asseurer que les Pierres, les Plantes & les Bestes ont quelque ressemblance de Dieu, par la participation de l'Etre de la Vie, & de la Connoissance du Bien Sensible.

Comme toutes ces choses ont vne Inclination Naturelle à leur Conseruation, nous pouuons dire qu'elles tendent en quelque façon à Dieu : car puis que les choses Creées sont à l'égard de Dieu ce que la Lumiere qui est produite dans l'Air est à l'égard du Soleil, il est certain qu'elles dependent de Dieu pour être conseruées.

Puis que Dieu s'est communiqué aux Hommes d'vne plus noble façon qu'aux Bestes les Hommes cherchent directement Dieu.

Pour auoir la connoissance de ces deux Veritez il faut considerer que les Hommes ont receu vne Lumiere qui est vne participation de la premiere Raifon qui les conduit à la Connoiffance, & l'Amour de Dieu.

L'Homme ne peut étre parfaitement heureux qu'il ne foit Vny à l'Effence Diuine ; mais il ne peut obtenir cét auantage par l'effort de fa Nature : car puis que les Moyens doiuent étre proportionnez à la Fin qu'ils regardent on ne peut arriuer à vne Fin Surnaturelle que par vn moyen Surnaturel.

Dieu ayant fait l'Homme pour le rendre parfaitement heureux par la Contemplation de fon Effence imprime la Grace dans fon Ame pour le conduire à cette Fin.

Comme toute perfection doit auoir du rapport auec le fujet qu'elle perfectionne, Dieu imprime la Grace dans nos Ames conuenablement à notre Nature ; d'où vient que ie montreray dans l'Explication de la feiziéme Table de la Philofophie Morale, que le Mouuement de notre liberté fe rencontre dans notre Iuftification ; & que le Merite eft vn Effet de la Grace, entant que cette Qualité eft le principe des Actions qui nous font meriter la Vie Eternelle.

Suiuant l'Ordre de ces propofitions nous deuons dire, que Dieu s'étant communiqué par Degrez à fes Creatures le Merite eft neceffaire aux Hommes pour étre éleuez à la loüiffance de fa Gloire.

Ie prouueray amplement cette Verité dans l'Explication de la feiziéme Table de la Philofo-

Explication de la cinquième Table. 471
phie Morale: c'est pourquoy ie me contenteray de repondre icy à vne difficulté que l'on peut faire pour la combattre.

Il semble que le Merite ne soit pas necessaire aux Hommes pour leur procurer la Possession du Souuerain Bien: car Dieu, dont la Puissance est Infinie, n'a besoin d'aucune disposition pour éleuer les Hommes à la Ioüissance de sa Gloire.

Il est vray que Dieu pouuoit éleuer les Substances Spirituelles à la Connoissance de son Essence dans le premier moment de leur Creation: toutefois nous deuons dire que le Merite est vne disposition necessaire aux Hommes pour obtenir la Possession de Dieu.

Cette disposition ne montre pas qu'il y ait quelque defaut dans la Puissance de Dieu; mais elle est vne preuue de l'Ordre que sa Sagesse a établie dans les choses qui possedent le Souuerain Bien.

QVE LE SOVVERAIN BIEN EST possedé par Degrez suiuant les Ordres de la Sagesse Diuine.

Chapitre XL.

LA Possession du Souuerain Bien conuient à Dieu, aux Anges, & aux Hommes; mais Dieu est Heureux de sa Nature, les Anges ont obtenu par vne seule Action de Charité la Felicité dont ils ioüissent dans le Ciel, & les Hommes y arriuent ordinairement par plusieurs Actions.

Il faut disposer par Ordre quelques propositions pour montrer que Dieu est Heureux de sa Nature.

Dieu étant le premier Etre est aussi le premier de tous les Biens; puis que l'Etre & le Bien ne sont qu'vne mesme chose.

Il est tres-euident que Dieu étant le premier de tous les Biens est absolument Independant.

Comme il est absolument Independant il ne peut rien receuoir.

Il est facile de reduire cette proppofition au premier

Explication de la cinquiéme Table. 473

premier Principe de Connoissance: car si ce qui est absolument Independant pouuoit receuoir quelque chose, il seroit absolument Independant, & ne le seroit pas, ce qui est impossible.

Les Principes de la Science Generale nous enseignent tres-clairement que Dieu ne pouuant rien receuoir a toute sorte de perfections: car puis que la Puissance de receuoir quelque chose ne peut étre otée que par l'Acte Dieu ne pouuant rien receuoir possede toute sorte de perfections.

Puis que le Bon-heur est vne perfection qui conuient aux Natures Intelligentes Dieu est Heureux. Comme il est absolument Independant il est Heureux de sa Nature, & nous deuons asseurer qu'il est l'Essence mesme de la Felicité.

Si quelqu'vn dit que cette Conclusion n'est pas bien tirée de la proposition qui la produit, il est facile de combattre son Erreur par ce Raisonnement.

Ou Dieu est Heureux par quelque chose differante de soy, ou il est l'Essence mesme de la Felicité.

Si Dieu est Heureux par quelque chose differante de soy, il n'est pas absolument Independant; il faut donc conclure qu'étant absolument Independant il est l'Essence mesme de la Felicité.

Dieu étant Heureux de sa Nature surpasse infiniment les Anges, & les Hommes, qui ne

Ooo

peuuent trouuer leur derniere Felicité que dans la Poſſeſſion de Dieu, c'eſt pourquoy les Stoïques ſe trompent, lors qu'ils raiſonnent en cette maniere.

Dieu eſt Heureux de ſa Nature, & le Sage aquiert ſa Felicité; donc le Sage eſt en quelque façon au deſſus de Dieu.

Cette Concluſion, qui découure l'Impieté des Stoïques, & de quelques Libertins qui ſuiuent leur Opinion ſur ce ſujet, eſt auſſi vne preuue tres-éuidente de leur Contradiction, & de leur Aueuglement : car celuy qui demeure d'accord que Dieu eſt Heureux de ſa Nature, & que le Sage aquiert ſa Felicité doit ſçauoir que ces propoſitions prouuent que Dieu eſt infiniment au deſſus du Sage.

Il faut diſpoſer par Ordre quelques propoſitions, pour faire parêtre la Verité de cette Concluſion.

Dieu étant Heureux de ſa Nature eſt Heureux independenment de tout Etre.

Comme Dieu eſt Heureux independenment de tout Etre, il eſt l'Eſſence meſme de la Felicité, & du Bien.

Puis que Dieu eſt l'Eſſence meſme du Bien, il eſt la Source de toute Bonté: car comme tout Bien participe en quelque façon l'Eſſence de la Bonté, Dieu étant l'Eſſence meſme du Bien eſt auſſi la Source de tous les autres Biens, qui ſont des Etres par participation du premier Etre.

Explication de la cinquiéme Table. 475

Celuy qui sçait que Dieu est la Source de tous les Biens qui peuuent arriuer aux Hommes iuge facilement que les belles Qualitez du Sage, qui sont les Principes de son Bon-heur, doiuent être attribuées à la Bonté Diuine.

Les Philosophes auoüent d'vn commun consentement, que les choses qui sont bonnes par elles mesmes doiuent être preferées à celles qui le sont par participation.

La suite de ces propositions nous apprend, que Dieu possedant de sa Nature des perfections infinies est infiniment au dessus du Sage, qui a seulement quelques perfections par dependance de Dieu.

Il est des Esprits qui possedent le Souuerain Bien, apres auoir produit vne seule Action de Charité : pource que les Ordres de la Sagesse Diuine demandoient que les Anges, qui n'ont point eu de commerce auec le Corps fussent parfaitement Heureux apres auoir produit la premiere Action de Charité.

La Verité de cette Conclusion peut être tirée de plusieurs propositions, qu'il faut disposer par Ordre.

Toute perfection doit auoir du rapport auec le Sujet qu'elle perfectionne.

Cette proposition Generale prouue, que la Grace est imprimée dans les Substances Spirituelles conuenablement à leur Nature ; il faut donc auoir quelque connoissance de la Nature

Ooo ij

des Anges, pour sçauoir de quelle maniere Dieu leur a donné la Grace.

Les Anges font d'vne Nature plus releuée que les Hommes : car les Hommes aquierent leur perfection Naturelle par le Raifonnement; mais les Anges ont eu de leur Nature leur perfection Naturelle, comme ie montreray dans l'Explication de la premiere Table de la Theologie Naturelle.

Puis que les Anges ont eu de leur Nature leur perfection Naturelle, la premiere Action de Charité leur a procuré le Bon-heur Surnaturel : dautant que le Merite fe rapporte à la Gloire de Dieu comme la Nature fe rapporte à la perfection Naturelle : car comme la Nature eft la Source de la perfection Naturelle le Merite eft vn Moyen pour arriuer à la Gloire de Dieu; donc puis que les Anges n'ont pas été obligez de chercher leur perfection Naturelle par le Raifonnement comme les Hommes, & qu'ils l'ont obtenüe incontinent qu'ils ont reçeu leur Nature, nous pouuons dire que la premiere Action de Charité leur a procuré le Bon-heur Surnaturel. Ie prouueray amplement cette Verité dans l'Explication de la troifiéme Table de la Theologie Naturelle.

Les Hommes, qui font Inferieurs aux Anges, arriuent ordinairement à leur derniere Felicité par plufieurs Actions, fuiuant les Ordres de la Sageffe Diuine ; d'où vient qu'vne longue vie

Explication de la cinquième Table. 477
leur' eſt promiſe comme vne recompenſe, afin qu'ils puiſſent faire pluſieurs bonnes Actions pour obtenir la Poſſeſſion du Souuerain Bien.

Il ſemble que les bonnes Actions ne ſoient pas neceſſaires pour arriuer au Bon-heur de l'autre Vie; car Saint Paul au quatriéme Chapitre de l'Epitre aux Romains dit que l'Homme eſt Heureux, lors que Dieu luy donne la Iuſtice qu'il n'a point meritée par ſes Actions.

Pour répondre à cette difficulté il faut ſuppoſer, que Saint Paul parle en ce lieu du Bon-heur d'Eſperance, qui vient de la Grace, qui eſt la prémiere choſe que nous deuons conſiderer dans la Iuſtification des Pecheurs. Il eſt certain que la Grace ne leur eſt pas donnée à cauſe de quelques bonnes Actions: car elle n'eſt pas le Terme de quelque Mouuement; mais elle eſt ſeulement le Principe du Mouuement qui conduit les Hommes à la Vie Eternelle, comme ie montreray dans l'Explication de la ſeiziéme Table de la Philoſophie Morale.

Pour auoir vne claire connoiſſance de toutes les choſes qui ont été dites dans l'Explication de la cinquiéme Table de la Philoſophie Morale, il faut ſçauoir l'Ordre des Diuiſions qu'elle contient.

L'ORDRE DES DIVISIONS QVI font contenuës dans la Cinquiéme Table de la Philosophie Morale.

Chapitre XLI.

Ovs pouuons facilement connoitre l'Ordre de la premiere Diuision de la Cinquiéme Table de la Philosophie Morale : car puis que nous deuons descendre des propositions Generales aux propositions Particulieres qui en dependent pour discourir clairement de toutes choses, nous deuons premierement prendre vne proposition commune à toute sorte de Felicité, pour montrer que le Bon-heur Surnaturel de cette Vie consiste essentiellement dans l'Amour de Dieu, & nous deuons en suite tirer la Verité de cette Conclusion d'vne proposition propre à la Felicité Surnaturelle de cette Vie.

La Felicité de l'Homme est la plus noble de ses Actions.

Cette proposition Generale nous apprend que le Bon-heur Surnaturel qui arriue aux Hommes en cette Vie consiste essentiellement dans l'A-

Explication de la cinquième Table.

mour de Dieu; car puis que Dieu est d'vne plus noble façon en soy-mesme que dans l'Entendement des Hommes qui ne le connoissent que par ses Effets, il est plus noble de l'Aymer que de le connoitre par ses Effets; dautant qu'il faut iuger de la Noblesse de l'Action de l'Entendement par la maniere en laquelle la chose connuë s'y rencontre, & de la Noblesse de l'Action de la Volonté par l'Excellence de la chose qu'elle poursuit.

Puis que toute la perfection Chretienne est fondée sur la Charité la Felicité Surnaturelle de cette vie consiste essentiellement dans l'Amour de Dieu : car cette Felicité met les Chrétiens en état de posseder Dieu en l'autre Vie. Comme ce dernier auantage, qu'ils doiuent esperer est la récompense de leur Amour il faut conclure qu'ils sont Heureux en ce Monde lors qu'ils ayment Dieu.

Comme le Bon-heur de cette Vie est vn moyen pour obtenir celuy de l'autre Vie, quelque Action de l'Homme doit preceder en cette vie la Felicité dont il ioüira en l'autre Vie: c'est pourquoy le Merite luy est necessaire pour arriuer à la Ioüissance de Dieu,

Puis que les Moyens doiuent étre proportionnez à la Fin qu'ils regardent nous deuons auoir quelque connoissance de la Felicité dont nous ioüirons en l'autre Vie pour sçauoir si elle doit étre la recompense de notre Merite.

Lors que l'Homme est arriué à sa derniere Fin ses Desirs sont entierement bornez; & dautant qu'ils ne peuuent étre entierement bornez que par la Ioüissance d'vn Bien Vniuersel, il est tres-certain que nous ne pouuons trouuer notre derniere Felicité que dans la Possession de Dieu.

Nous possederons Dieu en l'autre Vie par la Contemplation de son Essence.

Quand nous possederons Dieu par notre Entendement, nous en ioüirons par notre Volonté.

La Ioüissance de Dieu est vn parfait Repos que nous n'auons pas de notre Nature.

Puis que la Ioüissance du Souuerain Bien est vn parfait Repos que nous n'auons pas de notre Nature, elle depend du Mouuement qui nous y peut conduire.

Le Mouuement qui nous peut conduire à la Ioüissance de Dieu depend de quelque Cause.

Pour découurir la Cause du Mouuement qui nous peut conduire à la Ioüissance de Dieu il faut sçauoir de quelle maniere les choses Naturelles y peuuent tendre.

Les choses Naturelles tendent à Dieu par les Qualitez qu'il leur a données pour s'y porter, & comme Dieu s'est communiqué à ses Creatures d'vne differante façon, il est aussi l'Objet de leurs Desirs d'vne maniere grandement differente.

Les Pierres ont receu de Dieu l'Etre seulement.

Explication de la cinquième Table. 481

La Vie que Dieu a donnée aux Plantes nous apprend qu'elles sont dans vn Degré de perfection qui surpasse celuy des Pierres.

Les perfections que Dieu a communiquées aux Bestes, qui connoissent le Bien & le Mal Sensible surpassent celles des Plantes.

Toutes ces choses, qui ont vne Inclination Naturelle à leur Conseruation tendent en quelque façon à Dieu; mais l'Homme y tend directement; dautant qu'il a receu vne Lumiere qui est vne participation de la premiere Raison qui le conduit à la Connoissance, & à l'Amour de Dieu.

L'Homme ne peut étre parfaitement Heureux qu'il ne soit vny à l'Essence Diuine; mais il ne peut obtenir cét auantage par l'effort de sa Nature: car puis que les Moyens doiuent étre proportionnez à la Fin qu'ils regardent on ne peut arriuer à vne Fin Surnaturelle que par vn Moyen Surnaturel.

Dieu ayant fait l'Homme pour le rendre parfaitement Heureux par la Contemplation de son Essence imprime la Grace dans son Ame pour le conduire à cette Fin.

Comme toute perfection doit auoir du rapport auec le Sujet qu'elle perfectionne Dieu imprime la Grace dans nos Ames conuenablement à notre Nature; d'où vient que le Mouuement de notre Liberté se rencontre dans notre Iustification; & que le Merite est vn Effet de la Grace,

Ppp

entant que cette qualité est le Principe des Actions qui nous font meriter la Vie Eternelle.

Suiuant l'Ordre de ces propositions nous deuons dire que Dieu s'étant communiqué par Degrez à ses Creatures le Merite est necessaire aux Hommes pour être éleuez à la Ioüissance de sa Gloire.

Il est vray que Dieu pouuoit éleuer les Substances Spirituelles à la Contemplation de son Essence dans le premier moment de leur Creation: toutefois nous deuons dire que le Merite est necessaire aux Hommes pour obtenir la Possession de Dieu.

Cette disposition ne montre pas qu'il y ait quelque defaut dans la Puissance de Dieu; mais elle est vne preuue de l'Ordre que sa Sagesse a établi dans les choses qui possedent le Souuerain Bien.

La Possession du Souuerain Bien conuient à Dieu, aux Anges, & aux Hommes; mais Dieu est Heureux de sa Nature; les Anges ont obtenu par vne seule Action de Charité la Felicité dont ils ioüissent dans le Ciel, & les Hommes y arriuent ordinairement par plusieurs Actions.

Il faut disposer par Ordre quelques propositions pour montrer que Dieu est Heureux de sa Nature.

Dieu étant le premier Etre est aussi le premier de tous les Biens.

Explication de la cinquième Table. 483

Il est tres-éuident que Dieu étant le premier de tous les Biens est absolument Independant.

Comme il est absolument Independant il ne peut rien receuoir.

Dieu ne pouuant rien receuoir a toute sorte de perfections.

Puis que le Bon heur est vne perfection qui conuient aux Natures Intelligentes Dieu est Heureux, & comme il est absolument Independant il est Heureux de sa Nature.

Comme les Anges ont eu de leur Nature leur perfection Naturelle, la premiere Action de Charité leur a procuré le Bon-heur Surnaturel : Car puis que toute perfection doit auoir du rapport auec le Sujet qu'elle perfectionne, la Grace est imprimée dans les Substances Spirituelles conuenablement à leur Nature.

Les Hommes, qui sont Inferieurs aux Anges, arriuent ordinairement à leur derniere Felicité par plusieurs Actions ; suiuant les Ordres de la Sagesse Diuine ; d'où vient qu'vne longue Vie leur est promise comme vne recompense, afin qu'ils puissent faire plusieurs bonnes Actions pour obtenir la possession du Souuerain Bien.

Apres auoir parlé de l'Objet qui nous rend Heureux par sa Possession, & de l'Action qui nous y attache en cette Vie, nous deuons expliquer la sixiéme Table de la Philosophie Morale,

Ppp ij

pour donner quelque connoissance de la Félicité de l'autre Vie, dont il faut discourir dans la Morale Chrétienne.

QV'IL FAVT DISCOVRIR DE la Felicité de l'autre Vie dans la Morale Chrétienne.

CHAPITRE XLII.

Vis que la Fin est la mesure des Moyens qu'il faut prendre pour y arriuer, nous ne deuons traiter en chaque Science que des choses qui peuuent nous conduire à la Fin qu'elle se propose.

Cette proposition Generale nous apprend que nous ne deuons expliquer dans la Morale Chretienne que les choses qui peuuent seruir pour la conduite de notre Vie; il semble donc qu'il soit inutile d'y examiner si l'Essence de la Felicité de l'autre Vie doit étre mise dans l'Action de l'Entendement, ou dans celle de la Volonté: dautant qu'il semble que nous ne puissions tirer aucun auantage pour la conduite de notre Vie de la decision de cette Question.

On peut repondre à cette difficulté par les mesmes Principes que l'on prend pour combattre la Verité que nous voulons prouuer en ce Chapitre: car puis que les Moyens doiuent étre proportionnez à la Fin qu'ils regardent, nous deuons auoir quelque connoissance du Bon-heur dont nous iouïrons en l'autre Vie, pour bien iuger des Moyens que nous deuons mettre en vsage pour y arriuer.

Nous deuons auoir quelque connoissance de la Felicité de l'autre Vie pour en étre attirez, & il nous est tres-vtile de connoitre les auantages que nous en deuons attendre : car cette connoissance fait naistre dans notre Volonté vn Desir tres-ardant de pratiquer les Actions qui nous peuuent conduire à la Iouïssance du Souuerain Bien.

Si nous voulons connoitre les auantages que nous deuons attendre de la Felicité de l'autre Vie, nous deuons examiner en quelle Action elle consiste, & quand nous serons bien persuadez qu'elle consiste dans la Contemplation de l'Essence Diuine, nous employerons tous nos soins pour arriuer à ce dernier Degré de perfection.

Nous sçauons par les saintes Lettres, que les auantages que Dieu prepare à ceux qui l'ayment surpassent la pensée des Hommes; il semble donc qu'il soit inutile de chercher en ce Monde en quelle Action consiste la Felicité de l'autre Vie.

Pour répondre à cette difficulté il faut dire que nous pouuons montrer, que le Bon-heur de l'autre Vie consiste dans la Contemplation de l'Essence Diuine; mais qu'il nous est im-

Explication de la cinquième Table.
possible d'auoir vne parfaite connoissance des choses que nous conoitrons en Dieu, & du Plaisir que nous en receurons.

Puis que nous deuons traiter du Bon-heur de l'autre Vie dans la Morale Chretienne, nous deuons disposer par Ordre les principales propositions que nous deuons prendre pour en discourir clairement.

DES PRINCIPALES PROPOSI-
tions que nous deuons prendre pour
Discourir Clairement de la Felicité
de l'autre Vie.

CHAPITRE XLIII.

Vis que nous auons étably dans le vint-troisiéme Chapitre de la premiere partie de cét Ouurage les principales Propositions que nous deuons prendre pour parler clairement de l'Action qui nous vnit au Souuerain Bien, nous auons disposé par Ordre dans le mesme Chapitre celles que nous deuons employer pour discourir clairement de la Felicité de l'autre Vie.

Quand nous disons que la Felicité est la Possession de Dieu, nous exprimons le premier auantage que nous deuons attendre du Bon heur de l'autre Vie : car si la Felicité Surnaturelle de cette Vie nous met en état de posseder Dieu, celle de l'Autre Vie, qui est la recompense de notre Amour est la Possession de Dieu.

Nous possederons Dieu par quelque Action, c'est

Explication de la sixiéme Table. 489
c'est pourquoy la Felicité de l'autre Vie étant la Possession de Dieu consiste dans la premiere Action qui nous vnit à ce dernier Terme de nos Desirs.

Celuy qui est tres parfaitement vny à Dieu est vny à la Source de tous les Biens, d'où vient que la Felicité dont il iouit exclud toute sorte de Maux.

Si la Felicité de l'autre Vie exclud toute sorte de Maux, il est tres-évident qu'elle borne entierement nos Desirs: car si celuy qui possede Dieu pouuoit desirer quelque chose, il seroit priué du Bien qu'il pourroit desirer. Cette proposition prouue qu'il ne seroit pas exempt de toute sorte de Maux; dautant que le defaut de quelque Bien est vn Mal; donc puis que la Felicité de l'autre Vie exclud toute sorte de Maux, elle borne entierement nos Desirs.

Nous auons montré dans le vint-troisiéme Chapitre de la premiere partie de cét Ouurage que la suite de ces Conclusions nous apprend que les quatre principales Propositions que nous deuons prendre pour discourir clairement de la Felicité de l'autre Vie doiuent étre disposées en cét Ordre.

1. La Felicité de l'autre Vie est la Possession de Dieu.

2. Elle consiste dans la premiere Action qui nous vnit tres-parfaitement à Dieu.

3. Elle exclud toute sorte de Maux.

Qqq

4. Elle borne entierement nos Desirs.

Ces quatre Propositions seront les Fondemens des discours que nous ferons de la Felicité de l'autre Vie.

La premiere nous fera connoitre, qu'elle ne consiste pas dans les Actions de la Volonté; dautant que la plus noble Action de cette Faculté, qui en est le Repos, suppose la Possession du Souuerain Bien.

La seconde nous apprendra qu'elle consiste dans l'Action de l'Entendement; car comme cette Felicité est la premiere Action qui nous vnit tres parfaitement à Dieu, elle consiste dans la Contemplation de son Essence.

Enfin la troisiéme, & la quatriéme nous seruiront pour montrer qu'elle est Eternelle: car puis que les Desirs de celuy qui void Dieu sont bornez, & qu'il ioüit d'vne Felicité qui exclud toute sorte de Maux, il croit qu'elle ne finira iamais, & sa pensée est veritable.

Explication de la sixiéme Table. 491

QVE LA FELICITE DE L'AV-tre Vie étant la Poßeßion de Dieu ne Consiste dans aucune Action de la Volonté.

CHAPITRE XLIV.

COMME le Desir que nous auons de nous vnir à Dieu est vn Effet de notre Volonté, il semble aussi que nous possederons Dieu en l'autre Vie par quelque Action de la mesme Faculté.

Ceux qui suiuent cette Opinion la peuuent defendre par le rapport qui est entre la Felicité Surnaturelle de cette Vie, & celle de l'autre Vie.

La Felicité Surnaturelle de cette Vie est vn Mouuement qui nous conduit à celle de l'autre Vie, qui est vn Parfait Repos. Le Mouuement, & le Repos appartiennent à vne mesme Faculté; nous pouuons donc asseurer que nous possederons Dieu en l'autre Vie par quelque Action de notre Volonté; puis que le Desir que nous auons de nous vnir à cét Objet Infiny est vn Effet de la mesme Faculté.

Qqq ij

Cette Opinion peut être encore fondée sur vne Condition de la Felicité de l'autre Vie.

La Felicité de l'autre Vie bornera entierement nos Desirs, à cause que notre Volonté ioüira d'vn Bien Vniuersel qui auoit été en ce Monde le principal Objet de son Amour. Comme nous tendons à Dieu en cette Vie par vne Action de notre Volonté, nous le possederons en l'autre Vie par vne Action de la mesme Faculté.

Pour répondre à ces difficultez il faut sçauoir que notre Volonté peut tendre à plusieurs choses Corporelles, ou Spirituelles qu'elle obtient par quelqu'autre Faculté, & non pas par elle mesme, comme elle peut desirer la douceur qu'elle n'obtient que par le Goust. Elle peut chercher la Science qu'elle ne peut obtenir que par l'Entendement. Nous deuons dire aussi que notre Volonté, qui tend à Dieu en cette Vie, en obtiendra la Possession en l'autre Vie par le moyen de notre Entendement.

Apres auoir répondu aux difficultez qu'on peut faire pour combattre la Verité que nous voulons prouuer en ce Chapitre, nous deuons montrer que la Felicité de l'autre Vie étant la Possession de Dieu ne consiste dans aucune Action de la Volonté.

Pour établir clairement la Verité de cette conclusion il faut supposer que nous pouuons considerer dans la Volonté, ou son Inclination au Bien qui conuient à sa Nature, qui peut receuoir

Explication de la sixième Table. 493

le nom de Vouloir, ou d'Amour; ou son Mouuement vers ce Bien à qui nous donnons le nom d'Intention, ou son Repos dans le mesme Bien, qui reçoit le nom de Ioüiſſance.

Il faut prouuer que notre Volonté ne poſſedera Dieu en l'autre Vie par aucune de ces trois Actions.

Premierement la Poſſeſſion de Dieu, qui depend de la plus noble Action que nous puiſſions exercer, ne peut étre vn Effet de l'Amour : car cette Action regarde le Souuerain Bien, ou lors qu'il eſt abſent, ou lors qu'il eſt preſent.

Elle eſt imparfaite en la premiere façon, & la perfection qui luy conuient en la ſeconde ſuppoſe la Poſſeſſion de Dieu.

Il eſt vray que l'Amour qui vnit la Volonté des Bien-heureux à la Bonté diuine eſt tres parfait; mais ſi nous ſçauons pourquoy il eſt tres-parfait, nous ſçaurons auſſi que ce n'eſt pas par cette Action que nous poſſederons Dieu en l'autre Vie.

L'Amour des Bien-heureux eſt tres-parfait, à cauſe que Dieu leur eſt preſent. Il eſt tres-éuident que Dieu leur eſt preſent par quelque Action par laquelle ils le poſſedent ; diſons donc que l'Amour des Bien-heureux ſuppoſe la Poſſeſſion de Dieu.

Comme l'Amour que nous pouuons auoir pour quelqu'vn peut preceder, ou ſuiure la recompenſe que nous en pouuons receuoir, l'Amour que les Chrétiens peuuent auoir pour Dieu peut être le merite, ou la suite de la derniere recompence qu'ils doiuent attendre de sa Iustice; c'est pourquoy nous deuons asseurer que la Felicité de l'autre Vie étant la Possession de Dieu ne peut être vn Effet de l'Amour, qui suit l'Action par laquelle les Bien-heureux possedent Dieu.

En second lieu le Mouuement de la Volonté vers le Souuerain Bien montre clairement que celuy qui s'y porte ne le possede pas ; disons donc que la Felicité de l'autre Vie étant la Possession de Dieu ne consiste pas dans le Mouuement de la Volonté vers le Souuerain Bien : car ce Mouuement precede la Possession de Dieu.

Enfin puis que la Felicité de l'autre Vie est la Possession de Dieu, elle ne consiste pas dans la Ioüissance de cét Objet Infiny ; car cette Action, qui est le Repos de la Volonté, suppose la Possession du Souuerain Bien.

Pour entendre cette Verité il faut sçauoir, que lors que la Volonté se repose dans vn Bien qu'elle auoit cherché par son mouuement elle s'y rapporte autrement qu'elle ne faisoit auparauant, entant que ce Bien luy est present par quelque Action.

La Ioüissance, qui est le Repos de la Volonté, ne rend pas le Souuerain Bien present ; mais elle suppose qu'il est present ; c'est à dire qu'il

Explication de la sixième Table.

est possedé par quelque Action, c'est pourquoy nous deuons conclure que la Felicité de l'autre Vie étant la Possession de Dieu ne consiste pas essentiellement dans la Ioüissance de Dieu: car la Ioüissance de ce Bien Vniuersel, qui est le parfait Repos de la Volonté, suppose quelque Action par laquelle les Bien-heureux possedent Dieu

Nous pouuons donner vne claire Connoissance de cette Verité par vne Comparaison tirée des choses sensibles.

Si quelqu'vn prend les Richesses pour le Souuerain Bien, il met sa Felicité dans leur Possession. Il est certain qu'il ne les possede pas par l'Action de sa Volonté, & qu'il les possede de quelqu'autre maniere, qui precede le Repos de sa Volonté.

Nous tendons en cette Vie à la Possession de Dieu, nous le possederons en l'autre Vie lors que son Essence sera vnie à notre Entendement, & le Repos de notre Volonté sera vne suite de cét auantage; c'est à dire que notre Volonté sera en Repos, à cause que nous aurons trouué ce que nous auions cherché ; il est donc tres-évident que le parfait Repos de la Volonté suppose la Possession du Souuerain Bien ; c'est pourquoy il faut conclure que la Felicité de l'autre Vie étant la Possession de Dieu ne consiste essentiellement dans aucune Action de la Volonté.

Puis que le Bon-heur de l'autre Vie est la premiere Action qui nous vnit tres-parfaitement à Dieu, son Essence depend de l'Action de l'Entendement.

QVE

Explication de la sixiéme Table. 497

QVE L'ESSENCE DV BON-HEVR de l'autre Vie depend de l'Action de l'Entendement.

CHAPITRE XLV.

LEs Hommes seront heureux en l'autre Vie, entant qu'ils connoitront Dieu sans aucun raisonnement. Ils ne comprendront pas pourtant l'Essence Diuine ; pource qu'il n'appartient qu'à Dieu, qui est le seul Estre Infiny, de se connoitre d'vne maniere infinie.

Il faut prouuer trois choses pour donner vne claire connoissance de ces Veritez qui sont dans la Table que nous expliquons.

Premierement que la Felicité de l'autre Vie depend essentiellement de l'Action de l'Entendement.

En second lieu qu'elle consiste dans la plus releuée Action de l'Entendement, entant que les Bien-heureux connoissent Dieu sans aucun Raisonnement.

En troisiéme lieu que les Bien-heureux ne peuuent pas comprendre l'Essence Diuine.

Premierement puis que la Felicité de l'autre Vie est la premiere Action qui nous vnit tres-parfaitement à Dieu, comme i'ay montré dans le vint-troisiéme Chapitre de la premiere partie de cét Ouurage, il est tres-éuident que son Essence depend de la Contemplation de l'Essence Diuine, qui sera la recompense de notre Amour.

En second lieu comme la Felicité de l'autre Vie bornera entierement nos Desirs, nous ne possederons pas Dieu par l'Opinion, ny par la Foy, ny par la Demonstration; mais nous le possederons par vne simple vision de son Essence.

En troisiéme lieu pour comprendre vne chose il la faut connoitre tres-parfaitement; c'est à dire qu'il la faut connoitre autant qu'elle peut être connuë. Pour obtenir cét auantage il la faut connoitre entierement; c'est à dire qu'il la faut connoitre toute entiere, & de la façon qu'elle doit être connuë; d'où vient que celuy qui connoit vne Conclusion Demonstratiue par vne raison probable ne la comprend pas; puis qu'il ne la connoit pas de la maniere qu'elle doit être connuë.

Ces Veritez nous enseignent que les Bien-heureux ne peuuent pas comprendre l'Essence Diuine; dautant qu'il n'appartient qu'à Dieu, qui est le seul Estre Infiny, de se connoitre d'vne maniere infinie, comme ie montreray dans l'Ex-

Explication de la sixième Table. 499
plication de la huitiéme Table de la Theologie Naturelle.

Celuy qui connoit vne Conclusion Demonstratiue par vne raison probable la connoit toute entiere ; dautant qu'il connoit son Sujet, son Attribut, & la composition de ces deux Termes: toutefois nous deuons asseurer qu'il ne la comprend pas : pource qu'il ne la connoit pas de la façon qu'elle doit être connuë.

Il est vray que ceux qui voyent l'Essence Diuine la voyent toute entiere ; puis qu'elle est Simple ; nous deuons dire pourtant qu'ils ne la comprennent pas ; puis qu'ils ne la connoissent pas d'vne maniere infinie. Ils ne souhaitent pas de la connoitre de cette façon ; dautant que leurs Desirs ne peuuent tendre à ce qui est impossible.

Pour répondre à plusieurs passages de la Sainte Ecriture où il est dit que les Bien-heureux comprendront Dieu il faut sçauoir que le mot de Comprehension est Equiuoque : car il se prend, ou proprement, entant qu'il appartient à l'Entendement, & en cette façon les Bien-heureux ne comprendront pas Dieu, comme j'ay montré auparauant, ou improprement, entant qu'il appartient à la Volonté, & en cette maniere les Bien-heureux comprendront Dieu ; c'est à dire qu'ils auront la Puissance de le contempler éternellement.

Nous voyons souuent des choses qui sont éloignées de nous ; nous n'auons pas tout ce que nous voyons. Enfin puis que les choses que nous auons ne peuuent pas entierement borner nos Desirs, nous n'en ioüissons pas proprement: Car comme la Ioüissance est le parfait Repos de notre Volonté, elle suppose la possession du Souuerain Bien; Mais la parfaite Contemplation de la premiere Verité, la Puissance de la contempler toujours, & la Ioüissance du Souuerain Bien sont des auantages inseparables de la Felicité des Bien-heureux; d'où vient que nous deuons conclure que la Vision, la Comprehension, & la Ioüissance de Dieu sont les veritables recompenses de leur Foy, de leur Esperance, & de leur Charité.

Apres auoir montré que les Hommes seront Heureux en l'autre Vie, entant qu'ils verront Dieu, il faut examiner de quelle façon ils verront son Essence.

DE QVELLE FAÇON LES
Bien-heureux voyent l'Essence Diuine.

CHAPITRE XLVI.

IL faut disposer par Ordre plusieurs propositions pour donner vne claire connoissance de la Verité que nous voulons prouuer en ce Chapitre.

Pour connoitre de quelle façon les Bien-heureux voyent l'Essence diuine il faut sçauoir de qu'elle maniere nous pouuons voir quelque chose.

Il est certain que nous auons besoin d'vne Faculté pour exercer cette Action.

Nous voyons proprement par vne Faculté Corporelle; à sçauoir par la Veüe, & nous pouuons dire que nous voyons quelque chose par vne Faculté Spirituelle, lors que nous la connoissons sans raisonner.

Quand on void quelque chose par vne Faculté Corporelle, ou Spirituelle, la chose Visible est vnie à la Faculté qui la void.

Il est tres-éuident que les choses Corporelles que nous voyons ne sont vnies à notre veüe que par leur Image ; mais il eſt difficile de ſçauoir ſi les Hommes qui poſſederont Dieu en l'autre Vie verront ſon Eſſence par elle meſme, ou par quelque reſſemblance.

Pour decider cette queſtion il faut ſçauoir qu'il y a vne grande Differance entre les Objets que nous voyons en ce Monde, & Dieu que nous verrons en l'autre Vie.

Les choſes Viſibles ſont le Principe de la Forme qui les fait voir ; c'eſt à dire qu'elles ſont la Cauſe Efficiente de l'Image par laquelle nous les voyons ; mais elles ne ſont pas le Principe de la Veüe qui les Void.

Dieu n'eſt pas ſeulement le Principe de la Lumiere qui nous éleue à ſa connoiſſance ; mais il eſt auſſi le Principe de la Faculté par laquelle nous le connoiſſons : car comme il eſt infiniment Intelligible, & Intelligent, il eſt la ſource de la Faculté Intellectuelle.

La Faculté Intellectuelle Creée n'eſt pas de l'Eſſence de Dieu ; mais elle en eſt vne participation.

Comme la Veüe Corporelle reçoit les Images des Objets par le moyen d'vne Lumiere qui eſt vne participation de la Lumiere du Soleil, l'Eſprit Creé connoit la Verité par le moyen d'vne Lumiere qui eſt vne participation de la premiere Raiſon.

La liaiſon de ces propoſitions nous enſeigne clairement qu'vne reſſemblance de Dieu eſt necessaire pour le connoitre, à l'égard de la Faculté Intellectuelle, qui ne pouuant connoitre par sa Lumiere Naturelle l'Essence Diuine, qui est Infinie, est éleuée à ce dernier degré de perfection par vne Qualité Surnaturelle.

Cette Qualité, qui fortifie l'Esprit des Bien-heureux, & qui les dispose à voir Dieu, ne les empesche pas de voir immediatement son Essence : car elle n'est pas vn Moyen dans lequel ils voyent l'Essence Diuine ; mais elle est seulement vne perfection qui releue l'Esprit Creé au dessus de sa Nature, pour luy faire connoitre cette Essence adorable qui luy est vnie par elle mesme, sans aucune ressemblance.

Comme l'Vnion qui se fait par la presence de quelque chose est plus parfaite que celle qui se fait par son Image, les Bien-heureux voyent l'Essence Diuine par elle mesme sans aucune ressemblance : car si les Images des choses qui sont d'vn Ordre inferieur ne peuuent donner la connoissance de celles qui sont d'vn Ordre Superieur, comme si les Images des choses Corporelles ne peuuent representer l'Essence des choses Spirituelles, il est impossible qu'vne Image creée puisse representer l'Essence Diuine.

L'Essence Diuine n'ayant point de bornes ne peut être representée par vne forme determinée.

Il faut icy remarquer que celuy qui asseure que les Bien-heureux voyent l'Essence Diuine par quelque ressemblance asseure qu'ils ne voyent pas l'Essence Diuine.

Suiuant l'Ordre de ces propositions nous deuons dire que ceux qui aymeront Dieu en ce Monde le verront en l'autre Vie par quelque ressemblance, & sans ressemblance ; qu'ils le verront par quelque ressemblance, à l'égard de leur Esprit, qui sera releué au dessus de sa Nature, par la lumiere de Gloire ; & qu'ils le verront sans aucune Image, à l'égard de l'Essence Diuine, qui sera vnie par elle mesme à leur Entendement.

Puis que l'Essence Diuine est vnie à l'Esprit des Bien-heureux la Felicité dont ils ioüissent est éternelle.

QVE

QVE LA FELICITÉ DE L'AV-tre Vie est Eternelle.

CHAPITRE XLVII.

Es raisons qu'il faut prendre pour montrer que la Felicité de l'autre Vie est Eternelle peuuent étre tirées, ou de celuy qui est Heureux, ou de Dieu, ou de quelqu'autre Agent : c'est à dire qu'il faut montrer que les Bien-heureux ioüissent d'vne Felicité Eternelle à l'égard de leur pensée, & de leur Volonté; que Dieu ne priuera iamais de la Ioüissance de sa Gloire ceux qui auront reçeu cét auantage; & qu'il n'est point d'Agent qui puisse détruire l'vnion de l'Essence Diuine auec l'Esprit des Bien-heureux.

Comme les Desirs de ceux qui voyent Dieu sont bornez ils pensent qu'ils ioüiront éternellement de cét auantage ; & puis que leur Felicité exclud toute sorte de Maux, leur pensée est Veritable : car si elle étoit fausse, ils ne seroient pas parfaitement Heureux: pource que la fausseté est vn Mal, étant opposée à la Verité qui perfectionne l'Entendement.

Il est impossible que celuy qui est vny à la

Source de tous les Biens puisse l'abandonner : car ceux qui veulent abandonner vn Bien qu'ils possedent le quittent à cause des defauts qui l'accompagnent, ou pource qu'il ne contient pas tout ce qu'ils peuuent desirer.

Il faut disposer par Ordre quelques propositions pour montrer que Dieu ne priuera iamais de la Ioüissance de sa Gloire ceux qui auront receu cét auantage.

Comme la peine suppose l'offence lors qu'elle est imposée par celuy qui est iuste, si les Bien-heureux ne peuuent pas offenser Dieu, il est certain que Dieu ne les priuera iamais de la Ioüissance de sa Gloire.

Pour montrer que les Bien-heureux ne peuuent pas s'éloigner de Dieu il faut sçauoir qu'ils sont tres-heureux, à cause que l'Essence Diuine est vnie à leur Esprit.

Puis que l'Essence Diuine est l'Essence mesme de la Bonté, ceux qui la contemplent s'y rapportent de la mesme façon que les Hommes regardent en cette Vie le Bien en General.

I'ay montré dans l'Explication de la vint-troisiéme Table de la Physique que les Hommes ne peuuent pas quitter en ce Monde le Bien en General.

Cette proposition nous enseigne que les Bien-heureux ne peuuent pas s'éloigner de Dieu : c'est pourquoy il faut asseurer que Dieu, qui est tres-iuste, ne les priuera iamais de la Ioüissance de sa Gloire.

Explication de la sixiéme Table.

Enfin puis que l'esprit qui est vny à Dieu est au dessus de toutes choses, il n'est point d'Agent qui puisse détruire cette vnion.

Pour auoir vne claire connoissance des choses qui ont été dites dans l'explication de la sixiéme Table de la Philosophie Morale, il faut sçauoir l'Ordre des Diuisions qu'elle contient.

L'ORDRE DES DIVISIONS QVI sont contenuës dans la sixiéme Table de la Philosophie Morale.

CHAPITRE DERNIER.

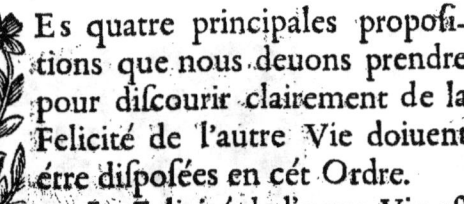Es quatre principales propositions que nous deuons prendre pour discourir clairement de la Felicité de l'autre Vie doiuent étre disposées en cét Ordre.

1. La Felicité de l'autre Vie est la Possession de Dieu.

2. Elle consiste dans la premiere Action qui nous vnit tres-parfaitement à Dieu.

3. Elle exclud toute sorte de Maux.

4. Elle borne entierement nos Desirs.

La Felicité de l'autre Vie étant la Possession de Dieu ne consiste dans aucune Action de la Volonté

Pour établir clairement la Verité de cette Conclusion il faut supposer que nous pouuons considerer dans la Volonté ; ou son Inclination au Bien qui conuient à sa Nature, qui peut receuoir le nom de Vouloir, ou d'Amour ; ou son

Explication de la sixième Table. 509

Mouuement vers ce Bien à qui nous donnons le nom d'Intention; ou son Repos dans le mesme Bien qui reçoit le nom de Ioüissance.

Il est vray que l'Amour qui vnit la Volonté des Bien-heureux à la Bonté Diuine est tres-parfait; mais si nous sçauons pourquoy il est tres-parfait, nous sçaurons aussi que ce n'est pas par cette Action que nous possederons Dieu en l'autre Vie.

l'Amour des Bien-heureux est tres-parfait, à cause que Dieu leur est present. Il est tres-éuident que Dieu leur est present par quelque Action par laquelle ils le possedent; disons donc que l'Amour des Bien-henreux suppose la Possession de Dieu.

La Felicité de l'autre Vie étant la Possession de Dieu ne consiste pas dans le Mouuement de la Volonté vers le Souuerain Bien: car ce Mouuement precede la Possession de Dieu.

La Ioüissance, qui est le parfait Repos de la Volonté, suppose que Dieu est possedé par quelque Action; c'est pourquoy il faut conclure que la Félicité de l'Autre Vie étant la Possession de Dieu ne consiste essentiellement dans aucune Action de la volonté.

Puis que le Bon-heur de l'autre Vie est la premiere Action qui nous vnit tres-parfaitement à Dieu, il est tres-éuident que son Essence depend de la Contemplation de l'Essence Diuine, qui sera la recompense de notre Amour.

Sss iij

Comme la Felicité de l'autre Vie bornera entierement nos Desirs, nous ne possederons pas Dieu par l'Opinion, ny par la Foy, ny par la Demonstration ; mais nous le posederons par vne simple vision de son Essence. Toutefois nous ne la comprendrons pas ; d'autant qu'il n'appartient qu'à Dieu, qui est le seul Estre Infiny, de se connoitre d'vne maniere infinie.

Ceux qui aymeront Dieu en ce Monde le verront en l'autre Vie par quelque ressemblance, & sans ressemblance. Ils le verront par quelque ressemblance, à l'égard de leur Esprit, qui sera releué au dessus de sa Nature par la Lumiere de Gloire, mais ils le verront sans aucune Image, à l'égard de l'Essence Diuine qui sera vnie par elle mesme à leur entendement.

Ceux qui voyent l'essence Diuine, qui est l'essence mesme de la Bonté, l'ayment necessaiment. Dieu étant tres-Iuste ne priuera iamais de la Ioüissance de sa Gloire ceux qui auront receu cét auantage. Enfin il n'est point d'Agent qui puisse détruire l'Vnion de l'essence diuine auec l'esprit des Bien-heureux ; c'est pourquoy ils ioüiront eternellement des Plaisirs de la Diuinité.

Le Plaisir qui se forme dans l'Ame de ceux qui s'addonnent en cette Vie à la Contemplation de la premiere Sagesse est admirable, entant qu'il surpasse les Plaisirs ordinaires des Hommes, mais nous receurons en l'autre Vie vn torrent de Plaisirs, lors que l'essence diuine sera vnie par elle mesme à notre entendement.

Celuy qui suit en cette Vie le mouuement de sa Volonté qui l'attache à la Contemplation de Dieu reçoit vn grand Plaisir, qui n'est point detruit par la Douleur; dautant qu'il exerce volontairement vne Action qui luy est commune auec les Intelligences. Il n'est pas pourtant à couuert de toute sorte de Maux; mais la Contemplation de l'autre Vie étant semblable à vn torrent détruira tout ce qui peut donner de l'inquietude.

La Contemplation est agreable en cette Vie, par la Sagesse qui nous ayde à l'exercer. La Sagesse nous éleue par degrez à la connoissance de Dieu; mais nous receurons en l'autre Vie vn torrent de Plaisirs, quand nous contemplerons l'Essence Diuine sans aucun raisonnement.

Enfin la Contemplation est agreable en cette Vie, à cause de l'Amour qui nous y conduit; mais en l'autre Vie l'Amour sera vne suite de la Contemplation de l'Essence Diuine qui est infinie; c'est pourquoy les Bien-heureux receuront vn torrent des Plaisirs. On ne peut assez condamner l'aueuglement de ceux qui preferent des Plaisirs qui passent dans vn moment, & qui leur sont ordinairement communs auec les Bestes aux Plaisirs eternels de la Diuinité.

FIN.

EXTRAICT DV PRIVILEGE du Roy.

PAR Lettres Patentes du Roy, signées PAR LE ROY EN SON CONSEIL BERAVLD, du dixiéme iour d'Aoust, mil six cens quarante-huit : Il est permis à *Louis de Lesclache*, faire Grauer, Imprimer son Cours de Philosophie en Tables, & l'Explication desdites Tables Diuisée en Cinq Parties par tel Imprimeur, & Libraire, & en telles Marges, ou Caracteres qu'il voudra, pendant l'Espace de dix Ans entiers : à comter du iour qu'il sera acheué d'Imprimer : & deffenses sont faites à tous Graueurs, Imprimeurs, ou Libraires de Grauer, Imprimer, ny Debiter ledit Cours de Philosophie en Tables, ny l'Explication desdites Tables Diuisée en Cinq parties, ensemble, ou separées, sous quelque pretexte que ce soit, sans le Consentement dudit Sieur de Lesclache à peine de trois mil liures d'amande, & de confiscation des Planches & Exemplaires : Nonobstant toutes autres Lettres de Priuilege qui sont Cassées & Reuoquées, comme obtenuës sans le Congé dudit Sieur de Lesclache.

Acheué d'Imprimer pour la premiere fois, le quinsiéme May mil six cens cinquante-cinq.

Registré sur le Liure de la Communauté le 15. May 1655. conformément à l'Arrest du Parlement du 9. Auril mil six cens cinquante-cinq. Signé, BALLARD, Scindic.

www.ingramcontent.com/pod-product-compliance
Lightning Source LLC
Chambersburg PA
CBHW051403230426
43669CB00011B/1747